西湖生死学

何仁富 著

图书在版编目（CIP）数据

西湖生死学 / 何仁富著. --北京：中国商务出版社，2021.10

ISBN 978-7-5103-4083-3

Ⅰ.①西… Ⅱ.①何… Ⅲ.①哲学—通俗读物 Ⅳ.①B-49

中国版本图书馆 CIP 数据核字（2021）第 230591 号

西湖生死学
XIHU SHENGSIXUE

何仁富 著

出　　版	中国商务出版社
地　　址	北京市东城区安外东后巷 28 号　邮　编：100710
责任部门	教育事业部（010-64283818）
责任编辑	刘姝辰
直销客服	010-64283818
总 发 行	中国商务出版社发行部（010-64208388　64515150）
网购零售	中国商务出版社淘宝店（010-64286917）
网　　址	http：//www.cctpress.com
网　　店	https：//shop162373850.taobao.com
邮　　箱	347675974@qq.com
排　　版	北京贝壳互联科技文化有限公司
印　　刷	天津雅泽印刷有限公司
开　　本	710 毫米×1000 毫米　1/16
印　　张	14.25　　　　　　　　　字　数：264 千字
版　　次	2021 年 10 月第 1 版　　印　次：2022 年 9 月第 1 次印刷
书　　号	ISBN 978-7-5103-4083-3
定　　价	70.00 元

凡所购本版图书如有印装质量问题，请与本社印制部联系（电话：010-64248236）
版权所有 盗版必究（盗版侵权举报可发邮件到本社邮箱：cctp@cctpress.com）

| 目 录 |

第一章　现代人的生死困顿与生死学 ················· 1

第一节　现代人的生命困顿 ·························· 1
第二节　现代人的死亡困惑 ·························· 4
第三节　生死尊严与生死学 ························· 15

第二章　西湖边的生死智慧与生死学 ················ 24

第一节　读懂西湖边的生死叙事 ····················· 24
第二节　西湖边无尽的生死智慧 ····················· 29
第三节　对生死学应有的态度 ······················· 39

第三章　从苏小小说生死学的大哉问 ················ 44

第一节　西湖边的红颜苏小小 ······················· 44
第二节　现代生死学的大哉问 ······················· 50

第四章　从秋瑾说生死传播与传承 ·················· 65

第一节　秋瑾的生与死 ····························· 65
第二节　死亡报道与媒介死亡学 ····················· 68
第三节　秋瑾墓葬十迁及丧葬的生命意涵 ············· 76

第五章　从白居易说生死困顿与超越 ················ 88

第一节　白居易与西湖文化代言人 ··················· 88
第二节　生育作为生命事件的困顿 ··················· 92
第三节　爱情作为生命事件的困顿 ··················· 97
第四节　生活作为生命事件的困顿 ·················· 107

1

第六章　从苏轼说生死体验与态度（上） …………………… 112

第一节　苏轼与诗意西湖缔造者 …………………………… 112
第二节　苏轼的人生地图和人生精神 ……………………… 117
第三节　婚姻与家庭：生死之爱的多种样子 ……………… 125

第七章　从苏轼说生死体验与态度（下） …………………… 135

第一节　父子与兄弟：千里共婵娟的人伦之情 …………… 135
第二节　好死与死亡准备：止于不可不止的生死态度 …… 142
第三节　现代人的死亡准备 ………………………………… 147

第八章　从岳飞说生死情怀与家国 …………………………… 154

第一节　"西湖三杰"与岳飞的英雄人格 ………………… 154
第二节　岳飞的人生悲剧及《满江红》的悲剧精神 ……… 157
第三节　从岳飞庙看中国的祀庙文化 ……………………… 159

第九章　从李叔同说生死学 …………………………………… 172

第一节　绚烂一生李叔同 …………………………………… 172
第二节　律宗大师弘一法师 ………………………………… 175
第三节　弘一法师的生死学 ………………………………… 180

第十章　从马一浮说生死智慧与哲学 ………………………… 184

第一节　今世颜子与一代儒宗 ……………………………… 184
第二节　传统文化的生命精神 ……………………………… 191
第三节　哲学式的生死与死亡超越 ………………………… 199
第四节　中国传统哲学生死智慧 …………………………… 202

主要参考文献 …………………………………………………… 209

生死教育的人文性与人文生死教育（代后记） ……………… 213

第一章　现代人的生死困顿与生死学

现代人生活于科学技术、市场体制创造的日新月异的世界中，享受着现代科学技术带给我们的诸多好处，同时也不得不在相当程度上成为技术和制度的奴隶，让自己的生活乃至生命深陷于存在性危机而不能自拔，由此不得不面对诸多全新的生死难题[①]。

第一节　现代人的生命困顿

科学技术的发展极大地丰富和拓展了人的生活空间和领域，促进和提高了人类生活的便利性和生命的成就感，为改善人的生命质量创造了机遇和条件。可是技术理性带来的并不是美好与幸福，人类在享受自身发明创造成果的同时，也承受着前所未有的重负。不少青年人逐步丧失了支撑其生命活动的价值资源和意义归宿，从而陷入一种"存在性危机"中，处于深深的"和自然疏离""和社会疏离"及"和自身疏离"的困境与焦虑之中[②]。

社会生活的节奏越来越快，使我们疲于奔命，身心不适。现代社会的问题就在于出现的社会生活领域越来越多，内容也越来越繁杂，以人们有限的精力和生存时间无法把握变化如此之大、之多的社会生活。所以，在现代社会中，许多人深感身心疲惫。

人与人的交往更加便捷和频繁，人际关系却日益疏离。现代人太忙碌，现代人事务太多，尤其是现代人各顾各的存在方式和生活习惯，使人际关系越来越疏离。亲情的淡薄，友情的冷漠，爱情的变质，已经成为现代社会人际关系的突出特征。现代的通讯方式左右了人们之间的交往，隐去了语言所蕴含的丰富情感，人们面对面的交流机会逐渐减少，这越来越稀释人们之间的亲密感

[①] 胡宜安. 现代生死学导论[M]. 广州：广东高等教育出版社，2009：361—391.
[②] 孙志文. 现代人的焦虑和希望[M]. 陈永禹，译. 上海：生活·读书·新知三联书店，1994：82—83.

情。许多人沉溺在虚拟的网络世界、动画世界、影视世界、现代神话里不能自拔，以致不愿面对真实的世界，甚至丧失了实际生活的能力。

现代生活方式的巨变形成了新的生活问题。有研究者指出，目前已出现了两种人类，一种是"电视机前长大的一代"，叫"Generation"。这一代人只会坐着看电视，历史不知道，道德也不要，只爱唱流行歌曲、追明星、喝饮料、吃零食等。另一种是电脑前长大的一代，称"Generation Y"。与电视机相比，电脑提供的更是一个虚幻的世界。这一代人非常容易把现实世界与虚幻世界混为一谈。有些小孩甚至以为只要按个电钮就可以把刚刚杀死的人唤醒。

同时，"傻瓜文化"在社会上蔓延，而且越来越普遍。所谓"傻瓜文化"，就是在高科技时代，尖端科技产品都大众化了，人们使用这些高科技产品并不需要很多的高科技知识。不会计算，可以用计算器；写不好字，可以用电脑；没有知识，可以上网站查……于是，一切生活技术化了，一切问题似乎只需点点鼠标就行了。个人素质的高低在人生过程中似乎越来越不重要，人们只要会用越来越"傻瓜"的高科技产品就行了。文化涵养在个人的生活中已渐渐地失去了其重要性。培养深厚的文化积淀，多学点历史文化传统知识，提升自我的道德素养等曾经受到社会普遍推崇的价值，越来越成为多余之物。

在永无休止的追求中，"没意思"的人生空虚感和"没感觉"的人生状态油然而生。现代人一般都太忙，无暇顾及什么人生的意义与价值问题。但有时猛然抬头，回顾过去，常常会生出一种虚幻感，觉得过去的时光完全没有意义，而未来人生的价值似乎也寻觅不到。人活着真是没劲，不知为什么活，也不知活着是怎么回事。人生中的一切都不可能把握，于是，我们涌现出强烈的人生虚无感、幻灭感和无助感。

为了"弥补"这种虚无与无助感，人们把自己"全身心"投入到对各种身外之物的依恋之中。当代社会越富足，物质越丰富，我们对物质基础的依赖也越深，我们一天都不能离开物质、技术及资讯，而且越陷越深，并日渐成瘾，形成了强迫购物症、电子依赖症、资讯焦虑症等各种病症。许多人患上了"物欲症"，将"美好生活"等同于"物质生活"。电视、电话、计算机、手机、电子邮件、互联网、QQ、微博、微信等各种现代化的通信设备和传播手段给我们的日常生活和工作带来方便，同时也给我们带来新的困扰。我们时刻沉浸在信息的海洋里，却又时刻面临信息过剩的苦恼。由于信息化时代知识更新过快，人们不得不拼命学习新知识。有些人因担心跟不上时代的发展，出现惶恐不安、失眠健忘、食欲不振、心悸气短等症状，甚至会产生厌学厌世情绪。

现代人的生命在相当程度上已经物化。现代人为了金钱、房子、车子、享受高档次的物质生活而拼命劳动与工作，似乎没有了这些，人活着就没有意义。占有越多，活着就越有意义。生命变成了对象化的存在物，迎合与占有成了生命的内涵。人面对物质欲望和物化趋势，失去了反思的能力。现代人沉溺于感性与物化的存在而放弃本质的超越，这就是马尔库塞的"单向度"。同时，由于社会分工的进一步发展，技术手段不断更新，物质条件不断丰富，现代生活丰富多彩。但是，生活有内容却无内涵，有广度却无深度，有技术却没有想象，有感觉却没有记忆：生命平面化了。这种生活的基础是健忘与缺乏想象，用以观察过去和将来的视域严重萎缩，以至于除了当下，大脑几乎留不下任何痕迹。这种生活沿着既无记忆又无预见的道路流逝，它缺乏一种活力与生机。雅斯贝尔斯称之为"无生存的生命"[1]。

现代人的生命变得平面化。生命成为简单的生活事件的堆积物，生活事件不断变幻就成了活着的全部，如同播放幻灯片的屏幕，无数镜头过后，上面什么也没有留下。过去、现在与未来之间，在存在与本质之间不再是内在统一的，生命就是生活的平面展开。而且，在工具理性支配下，在技术强制的统治下，人的生命开始丧失其本质内涵。马克思一针见血地指出："我们的一切发现和进步，似乎结果总是使物质力量具有理智生命，而人的生命则化为愚钝的物质力量。"[2] 现代技术条件下，人以一种量的精确化与可操作性来界定自我，技术及其需要成为衡量人的一切尺度，从而使得人的自身性变成纯粹的外在化的实在，"由于技术生产，人本身和他的事物遭受到日益增长的危险，即成为单纯的物质，成为对象化的功能"，"人变成了人力物质，被用于预先规定的目的"[3]。人对自我变成开发利用的关系，名之"人力资源开发"。

由于生活意义的失落，现代人的生存变得越来越空虚。现代人的痛苦，从表面上看源于自己的需求得不到满足，源于生存的困境，根本却源于生活意义的失落。人是一种"发问的存在"，即使人在大部分时间为了生存疲于奔命，忙忙碌碌，对生存无所疑虑，他也不可能像动物那样饱食终日便无忧无虑。只要人活着，他就要去寻求活着的意义，追求有意义的生活，美好的生活。"人的存在从来就不是纯粹的存在，它总是牵制到意义。意义的向度是做人所固有的。"[4] 人们在生活中，不断在求这求那，没有达到时，顿感活着没什么意思；所求得到了，可是却发现得到的东西不过如此，也填充不了人生的空白；所求

---

[1] 雅斯贝尔斯. 现时代的人 [M]. 周晓亮，宋祖良，译. 北京：社会科学文献出版社，1992：6.
[2] 中共中央马克思恩格斯列宁斯大林著作编译局. 马克思恩格斯选集 [M]. 第1卷. 北京：人民出版社，1995：775.
[3] 绍伊博尔德. 海德格尔分析新时代的科技 [M]. 宋祖良，译. 北京：中国社会科学出版社，1993：15+26.
[4] 赫舍尔. 人是谁 [M]. 隗仁莲，译. 贵阳：贵州人民出版社，1994：46-47.

的东西又失去了，令人感觉生命的无常和虚幻，只意识到人生不可久留，没有什么可以永驻。当然，还有些人根本就不知道自己要什么，到手的东西又有何益；不知自己想干什么，也不知自己是为什么干。

生活中到手及没有到手的状态都变得没有意义，并进一步潜入生命的层次，使人之生命的价值也随之消失，这就形成了人类生存危机。人们不知要怎样行，如何走，到哪里去，要干什么。彷徨、无奈、消沉、活得没有意思等状态成为现代人生的鲜明标识。此外，正如弗兰克所指出的，有时求意义的意志受到挫折，于是用其他代替者作为补偿，例如求权力的意志。也有时候，这种受挫的求意义意志被求享乐的意志所取代。这就是现代社会许多人对金钱、权力、美色疯狂追求，甚至不惜犯罪的内在原因。

现代人普遍性的信仰缺失导致"真空精神病"。一些青少年常称自己什么都不信，是个无信仰的自由人。实际上没有任何信仰的人是不存在的。这些号称什么都不信的人，常常是放弃精神上的信仰和追求，把某种有限的物质神圣化，并以此作为自己的追求目标。"现在搞市场经济，面临着过度的物质主义和实用主义吞没理想主义和真诚信仰的危机，最迫切的问题，不是信仰什么，而是没有信仰。最可怕的是没有任何信仰而只会信仰金钱，法律和道德将因此而受到冲击。"[①] 无信仰就无法找到生活的终极目标，感觉不到幸福，不知道生活的意义和价值所在。无信仰，就无所惧；无所惧，就无法在心中形成时时约束自己的道德律令。这样，侵害他人生命、毁灭自我生命的事情发生也就不足为怪。

因此，人必须有信仰，信仰应该是高远的，指向终极目标。而信仰所谓"现实利益"，过度关注自我价值的人，则会终生纠缠在"小我"的得失和悲欢中不能自拔。没有信仰就没有生活的根基，就如同建筑物没有基础，表面上的物质生活的丰富多彩无法掩盖内在的空虚，最终导致精神家园的失落。这就是"真空精神病"。弗兰克认为，真空精神病的产生完全是由于缺少行动精神以及普遍的无聊与绝望。

第二节 现代人的死亡困惑

死亡是与人类社会相伴随的，在某一侧面反映着人类历史的变迁。如果可以说，一部人类历史就是人类生命的演绎史，同样也可以说，一部人类史就是一部死亡史。现代社会处于一个急剧变动的时代，这一点体现在人类生命的方

---

① 牟钟鉴.关于宗教与社会主义社会相互关系的思考[J].中央民族大学学报，1999（5）.

方面面。在这个剧烈变动的时代，要"把持住"生命，便不能不充分了解死亡。可是，我们身处的这个时代，又是一个"没有死亡的时代"。死亡似乎是一个奇怪、异常的事件，在我们的生活中不占有任何恰当的位置。虽然死亡已经不再是一种禁忌，但它仍然是一个隐蔽的话题。但是，诚如库布勒·罗斯在她的《论死亡与濒死》一书中指出：在现代社会，"死亡仍旧是恐惧、吓人的事情，而且死亡的恐惧是全球性的恐惧，尽管我们认为我们已经在许多层次上控制了它。改变了的是：我们应付及处理死亡和濒死，以及我们的濒死病人的方法。"[①] 因此，我们必须从变化了的、现代科技左右着的时代状况出发，了解现代人的死亡问题及其彰显的生命伦理问题。

一、现代人的死亡难题

1. 现代人的死亡境遇：时间、地点、方式上的非自然化

在传统社会，死亡时间完全是生命自然流程的内在表现，不存在将生与死绝对分开对待的时间界限。由此，死亡来临也不会给人们带来多大的震撼。但是，随着现代医学技术和诊断标准的发展，死亡有了可以预期的时间。比如，一般说来，癌症患者能存活一个月到半年甚至更长，但是，可以肯定的是，大多数患者都不可避免地要步入死亡这条不归之路。死亡时间来临的可预期性，明明白白地告诉我们：即使你现在你还活着，但是，不能抱任何希望了，你必须由希望转入绝望。这就意味着：一方面，患者本人只能"数着日子"过活，随时感受到死亡阴影不断加深所带来的极度恐惧；另一方面，亲属和朋友们也只能眼巴巴地看着患者一天不如一天而无能为力，内心如刀绞，哀痛与日俱增，没有止息。

传统社会尤其是中国农村社会，家庭是寿终正寝的理想之地。除了人们观念上暴力死亡或被视为凶死的死亡之外，正常死亡、好死、善终都是发生在家里的。"善终"是中国传统讲的"五福"之一，其中又分为："小善终"是无疾而终；"中善终"不仅无疾而终，而且是无憾而终；"大善终"则是不仅无疾、无憾而终，而且自觉自己所终。即使是最基本的"小善终"，所呈现的"终"的状态也是：濒死之时，躺在老屋里的老床上，子孙环绕，亲朋好友探视，不慌不忙地沐浴、更衣、交代后事，最后在浓厚的亲情、乡谊的安抚中"安然"瞑目。这叫作"寿终正寝"。很显然，中国人所企盼的死亡状态，是生命"自然而然"地终止，而不是可预期的"技术上"的结束；是一种个人自然生命尽管结束，但其血脉亲情的人文生命仍然在家庭、家族甚至家乡永存的状态。在

[①] 罗斯. 论死亡与濒死[M]. 谢文斌, 译. 台北: 牧童出版社, 1979: 28.

这种情况下，个人之死，绝不是完全的毁灭；相反，个人之死这个事件，因为家人的"在场"，成为家庭、家族"大生命"延续的一个独特环节。这样一种对待死亡的观念和方式，在相当程度上减轻了死亡带给死者的孤独、无助感，也在一定程度上可以减轻对死亡的恐惧。但是在现代社会，由于生活方式、生活场景的变化，以及人们对死亡的观念的变化和医疗技术的发展，死在家里的人越来越少了，越来越多的人"选择"死在医院。

在传统社会，一个人的自然生命衰老到一定程度，按正常的速度终止它的存在，通常也称为"天年已尽"，因而"无疾而终"或"寿终"。死亡在根本上是"自然死亡"。现代人已远离了自然死亡，死亡变成了技术死亡。人们在强制性的医疗照管之下，"不能不把死亡看作一种疾病"。就像医学鉴定书上说的"经抢救无效死亡"，死亡不再是自然的生命流程而是技术干预失败的结果。在现代社会，老年人无疾而终的事是不被承认的。在中国人口的死因统计中，寿终或老死同样是不作为死因的。[①] 在现代社会，"自然死亡"的观念已经在一定程度上被驱逐出人们的头脑了。即使是那些年龄非常大，很明显是因为衰老而死的老人，人们也不认为其死是"自然死亡"；因为，"衰老"在现代社会医疗体系中，已经不被当作"自然现象"，而是被看成由某种或某些病症造成的现象。

2. 现代人的死亡恐惧：拥有、技术和无信仰的恐惧强化

客观上说，人的死亡，便是与世间一切割断联系。中国民间谚语曰："生不带来，死不带去"。正因为有这样一种"割断"，人的"死"就意味着失去在这个世界上所拥有的现实的一切；人死时的痛苦，大部分就是源于这种"丧失一切"所呈现的可怕与可悲。相对于"过去"而言，现代人拥有的东西要更多而且更好。在生之时，拥有越多，似乎也带来更多因为"拥有"而获得的快乐和幸福感受；相应地，到死之时，拥有越多也就意味着失去越多，由"丧失一切"所带来的痛苦也就越甚。由此，当死神不可避免地降临，人不得不"丧失一切"时，人也就不可避免地遭受更大的痛苦。正是这样一种因为"拥有"和"丧失"所呈现的生与死的辩证关系，引起了现代人面对死亡的更大恐惧。

除了"拥有"与"丧失"强化了现代人的死亡恐惧外，现代技术也强化了人们对死亡的恐惧。相比于传统社会，现代医学的发达程度，已经可以在很多情况下挽救人的生命，从而使人在技术支持下免于死亡；但即使如此，医疗仍然无法治愈某些疾病，比如癌症、艾滋病等。可是，虽然无法治愈，医疗技术却可以延长患者的生命时限；如此，便增加了患者"自觉"地"步向死亡"的

---

① 游允中，郑晓瑛. 中国人口的死亡和健康[M]. 北京：北京大学出版社，2005：110.

时光。换言之，医学通过药物和技术手段，可以人为地延长患者"数着日子过活"的时长。在这段从知道自己要死亡到最终死亡的时间里，一方面，患者因为无法治愈，感受到死亡阴影的迫近，无时无刻不浸透于浓厚的死亡气息之中；另一方面，特别清晰的自我意识，又大大增加了人对死亡的恐惧和由此而感受到的痛苦的强度，也增加了患者亲属对死亡的害怕与哀恸。有研究者通过观察临终前病人的生命状态发现："老年人涉历艰辛，十分向往安度晚年。中年人多有妻子儿女、白发父母，虑及自己死后上不能尽孝送终老人，中不能与妻子白头偕老完成自己的事业，下不能为儿女成家立业。青年人则为其美好的恋爱、婚姻和事业之终止而遗憾终生，因而病人极度痛苦、恐惧，从而加速病情恶化和死亡。"[①] 由此可见，不同年龄阶段的绝症患者各有其"丧失"带来的痛苦与恐惧。现代医学技术客观上大大延长了患者临终到死亡的时间，给患者提供了"充分的时间"来"思前念后"、对比"拥有"与"丧失"；这种"思前念后"的"对比"，实际上是任由"死神"在"人生"中肆虐，使得人不得不深深地品尝死前的痛苦与恐惧，从而强化了人对死亡的恐惧。

与此同时，许多现代人的无信仰状态，也在一定程度上强化了人的死亡恐惧。在传统社会，由于没有丰富的科学知识，人们对现实世界的理性认知较少，因而更关心精神及灵魂上的事情；而且，也更加相信古老的传说、神秘的传统风俗或者各种宗教的教义。因此，他们基本上能够用一些神秘的观念或者超验的看法，来帮助自己了解死亡、解释死亡，甚至认识死后世界。但是，对于许多现代人来说，占主导地位的科学理性，使得人们很难有对死后世界的信仰，因而也就无法了解"死后"自己终将如何；这种对死后世界的"无知"，也在一定程度上催生着死亡恐惧。人人都必然死亡，因此，关于死亡的知识，客观上有很大的社会需求。但是另一方面，依据科学理性，死亡在本质上又是不可知的，因为人的任何知识都被界定为源于经验，而人活着的时候是不可能有关于死的经验的，人死后又不能言说其"死之经验"，所以，"死"及"死后之事"，都不在人们基于经验建构起来的知识体系之中，而只能存在于知识体系之外。由此，对于以"知识"为最高标准的现代理性人来说，缺少关于死亡的知识与对死亡的知识需求，就必然造成人们思想上的极度困惑和心理上的高度紧张。这种紧张与困惑，不仅使生者常常处于对死亡及死后世界的认知苦恼中，也使临终者面对死亡时无所适从，从而强化了死亡恐惧。

3. 现代人的死亡品质：孤独、无尊严和神圣性的丧失

现代人的死更加孤独。"现代医疗环境让一个濒临死亡的人在全无菌的环

---

① 陈蕃，李伟长. 临终关怀与安乐死曙光 [M]. 北京：中国工人出版社，2004：187-188.

境中死去，与家人、朋友、子孙、宠物，与自己熟悉的环境隔离。我们自以为运用最新医学科技和消毒设备，便已做到极力抢救生命；殊不知我们只是用一种野蛮的方式，逃避自己对死亡的恐惧和罪恶感。"① 其结果无疑是增添了死者的孤独与痛苦。有数据表明大约七成五的人在医院或疗养院咽下最后一口气。可是，"大多数的人皆在视死为寇雠的环境中辞世。我见过许多人在身心孤绝的情况下步向死亡，鲜少受到鼓励去放开心怀，卸下想象的恐惧。他们在心灵上往往与原本可以共享这宝贵时刻的亲爱之人发生阻隔。由于无法依赖自己的内在本质，他们怀着极度的惶惑不安进入另一个生存世界"② "现代人很难像过去那样平静地面对死亡，死亡的过程变得孤独而没有人情味。"③

现代人的死更加没有尊严。死亡的尊严是死亡品质的本质。人的尊严就在于，人是独立的主体，决不可把他贬抑为客体。只要他还是他自身的载体，人就是独立的主体。这就是说，人自我意识地、自我支配地拥有自身，人是自身特性的独立拥有者，是为自己行为负责的代表。现代社会技术统治一切，死亡也在技术支配之下。现代社会对死亡的处理方式使得"现在死在家里的人越来越少，越来越多的人死在医院里。不再死在家里而更多地死在医院里，这趋势大大改变了我们对死亡的观念。因为人们不可能不把死亡看作一种疾病"④。人就是医院的一个病号——几号床甚至简化成号数，你首先就是病号，而不是一个独立的主体人。死是由医生、专业人员所决定的死，不是由死者本人决定的死。"这种无面无形的死亡丧失了自身的尊严。"⑤ 以医疗体系为代表的社会，有权决定病人在什么时间、遭受何种屈辱和手术致残以后才可以死。社会的医疗化，结束了自然死亡时代。这种情形不单是在西方而且在东方也存在，个体丧失了断气以前的自主权。健康即控制生命的动力，遭到了剥夺，直到生命的最后一息。所以，"人不再死了，而是让人死亡"⑥，死亡就是被宣告"医治无效"。

现代人的死已经失去了神圣性。从根本意义上讲，死亡是生命的反面。人的生命是身心灵三位一体的。正是这种人类生命的系统复杂性决定了人的死亡的丰富内涵。人的本质就是它的精神性与社会性存在，因此，死亡还有其体现人的更本质方面的内涵，这才是死亡神圣性的体现。现代人的死亡，由于违背

---

① 雷文. 生死之歌 [M]. 汪芸, 于而彦, 译. 北京：东方出版社, 1998：1.
② 同上, 第4页.
③ 罗斯. 论死亡与濒死 [M]. 谢文斌, 译. 台北：牧童出版社, 1979：6.
④ 韦热里. 禁止死亡 [M]. 李健英, 译. 深圳：海天出版社, 2004：22.
⑤ 贝克勒等. 向死而生 [M]. 张念东等, 译. 北京：三联书店, 1993：39.
⑥ 韦热里. 禁止死亡 [M]. 李健英, 译. 深圳：海天出版社, 2004：23.

了人的生命本质，也就失去了它的神圣性。现实生活中引起人们焦虑万分的死亡，仅仅是肉体的毁灭，它成了人们逃避与关注的焦点。技术死亡也正是由此成了支配着一切的当代死亡概念。在消费主义文化盛行的今天，生命成为消费机器，"我消费，故我在"。我拼命工作，挣越来越多的钱，目的就是消费。活下去的动力就是消费，作为生命本质的需要已降到次要地位。不仅生命被物化，死亡也被物化。

4. 现代人的死亡态度：遗忘、边缘化和非我性的游戏化。

英国哲学家罗素曾指出，现代人往往既相信来世，又恐惧死亡。他认为，这是自相矛盾的，如果相信来世，就不必恐惧死亡；如果恐惧死亡，就是不相信来世。现代人一方面拒绝死亡，另一方面又对死亡游戏化。"一是人们在现在的言行、态度和实践上已明显地把死者排除在外了，而且往往很粗暴；一是在背景中，在'集体想象'中，则模糊不清，不是一律不谈死，而是有一片呼声和窃窃私语。"[①]

现代生活水准的显著提高，使死亡远离人们日常生活的表层。人类平均寿命有了惊人的增长，医学技术也有了飞速发展，人们临终时肉体的痛苦被相当程度地减轻了。由于科学进步，可以达到的不是长生不老，而是将死置之度外，漫长的生命无痛苦，似乎是自愿地结束。非但如此，由于社会设施的完善，尸体的处理被美化，死亡也不再丑陋。现代生活改变了人类原先所认知的死亡意义，对于古代曾经如何一天到晚地担心死亡而活着，现代人已经无法想象了。现代人是如此执着于生命的自信，遗忘死亡而活着。"生命变得更长久了，死亡被推迟得更远了，垂死者和死者将不再是司空见惯的家常事，人们正常的生命过程中更容易忘却死亡。"[②]

现代化减少了死亡，在一些文化中，死亡已经不是生命的中心问题，而是越来越被边缘化了。如在美国，"现代美国人把死亡看作与无性色情一样令人倒胃的东西，我们拒绝死亡，对濒临死亡的人掩盖他们的处境，并把死亡的所有蛛丝马迹都从我们的日常生活中赶走；我们把濒死的人送到医院，不仅仅是减轻垂死者的痛苦，也是将其从我们的视线中移开。我们压抑自己的哀思并把死亡带来的影响尽可能快地从我们的生活中去除。"[③]

尽管通过死亡遗忘、死亡边缘化，死亡被从人们的生活中心排除了，可是在事实上，现代社会的死亡现实比以往任何时代都离人们更近，交通事故、自

---

① 沃维乐. 死亡文化史［M］. 高凌翰，蔡锦涛，译. 北京：中国人民大学出版社，2004：632＋667.
② 贝克勒等. 向死而生［M］. 张念东，等，译. 北京：三联书店，1993：403.
③ 波普诺. 社会学（第10版）［M］. 李强，等，译. 北京：中国人民大学出版社，1999：165.

然灾害、自杀，以及媒体传播的影响，现代人随时随地都可能成为死亡的旁观者和执行者。面对这一死亡现实处境，现代人奉行鸵鸟哲学，对死亡视而不见、听而不闻，将死之必然还原为死之偶然。"我们习惯于强调死亡的偶发原因——意外事故、疾病、感染以及年纪老迈，这样，我们暴露了那种把死亡从一种必然性还原为一种偶然事件的努力。"[①] 在死亡现实中，我们看到事故、意外、车祸灾难等无不是非正常死亡，其基本特征就是作为一种事件的偶发性与不确定性，自然死亡已完全为技术死亡所取代，技术死亡本质上就是认可非正常死亡，而作为必然的自然死亡在现代社会是不予以承认的。现代人的这种逃避死亡的努力已成为一种社会机制，一种话语权。

我们几乎每天都能接触到死亡事件，死亡总出现在我们生活中，但是，我们现代人决不会让死亡进入人的思想。我可以听，可以看，但不可以想，不可以思考，所谓"视而不见，听而不闻"。更不会去思考"我的死"的问题。与此同时，埋首于日常生活进而将自己物化。压抑并不能抵抗死亡的无孔不入，于是与对死亡压抑相伴随的必然就是死亡游戏。

我们分享"幸存者的新闻"，强化"众人皆死，唯我独活"的想法；阅读旁人死亡的消息，使我们放心，相信自己是活着的，是不死的。旁人不幸的消息在头版占据相当大的篇幅，制造了我们是幸运者的假象。我们绝少借旁人的死讯来承认众生皆短暂、万物均无常的法则。人们在报纸上天天读到死亡的消息，一边吃饭，一边欣赏电视里的死亡，没有什么可怕的。在网络游戏里，死亡更是以逼真的画面让游戏者参与死亡，这从某一角度缓解了现代人的死亡焦虑，但另一方面却造成了现代人面对死亡无动于衷的冷酷情感。现代人甚至还发明了比如死亡之旅、挑战死亡等游戏，以另一种形式与死亡接触。

总之，现代人已经从自然死亡被驱赶到技术死亡处境，在死亡的非生命化、非我化的话语中，人们不再体验死亡、思考死亡，可又不得不遭遇死亡、经历死亡，并且还不得不忍受医疗技术延长和加剧了的死亡恐惧，并在孤独、无尊严、非神圣的死亡中，牺牲死亡品质，亦即牺牲生命品质。这在本质上是一种"存在性危机"。这种"存在性危机"逼问着我们："死亡"还是我的生命的一个部分吗？我可以掌控"我"的"死亡"吗？由此，"死亡权"便成为一个似乎从生命里层冒出来的、人们不得不关注的理论和现实问题。

二、死亡权的生命意义

责任伦理学创始人约纳斯指出："历来所有关于一般权利的言谈都要追溯

[①] 南川，黄炎平. 与名家一起体验死 [M]. 北京：光明日报出版社，2001：265.

到所有权利中最基本的权利——生存权,如今我们却要谈死亡权,这是件很特别的事。"[1] 但是,"死亡权"的提出,并非没有依据,这是指哲学上理性的、先验的依据,尽管"死亡"之成为权利,确实只是现代医学技术发展"逼迫"出来的。

"死亡权"是作为生命的人之最基本权利"生存权"的延伸。生存权是人之为人的最基本权利,所有其他每每被考虑、要求、保障或者放弃的权利,都可以被看作对这种首要权利的一种延伸。因为事实上,每一项特殊的权利都和某种生存能力的实现、某种生存需要的达成、某种生存愿望的满足有关。换言之,尽管生命本身并不是根据某种"权利"而存在的,可是生命中其他任何权利却都是围绕生命的存在即生存而存在的。这当然包括作为生命存在的必然的一部分——死亡,因为死亡是内涵在生命之中的,甚至说,"死亡"是让生命之为生命的最直接最有力的"证据"。生命存在,死亡必然存在,因为生命要靠死亡来证明。由此,"生存"既然成为一种权利,作为其证明依据的"死亡"当然也应该是一种权利。"有死性是生命一个不可分割的性质,而且不是对生命的一种陌生-偶然的侮辱。"[2] 生命是有死的,虽然这是其基本矛盾,但却不可分割地属于其本质,而且甚至无法从生命中消除。死亡与生命一起到来,而且有死性是一种代价,是新的可能的存在本身必须付出的代价。

"死亡权"是作为类存在之一员的个体生命之于类存在的一种道德权利。人是一种类存在物。作为一个生命种类,种得以存在和延续,除了新生命个体的不断诞生和成长外,还需要原来存在的生命个体让出在此世界存在的"空间",否则,后来的生命个体便无法生存、无法存在,种族的延续也就不可能。而"死亡",作为新陈代谢的最根本形式,恰恰是已经存在的生命个体向未来存在的生命个体提供"生存空间"的直接活动。而且,已经存在的生命个体通过"死亡"这种方式,向未来存在的生命展现了其道德的勇气和品质——为了你的生存和存在,我愿意放弃我自己的生存和存在。"我们伴随着死亡对世界不提任何要求了……我们放弃了任何可能的要求。"[3] 所以,"死亡权"实际上是作为类存在所具有的一种天然的道德权利。现代新儒家唐君毅将"死亡"本身的道德意义以儒家道德的"仁义礼智"四德来概括:"自然生命之自向于命终而有死,正见自然生命之不自觉地具一'由其死以使继起之生命存在,得有其世间之位'之一自然之仁德与礼让之德之表现;亦'使其自己之生命存在与

---

[1] 约纳斯. 技术、医学与伦理学 [M]. 张荣,译. 上海:上海译文出版社,2008:198.
[2] 同上,第208页.
[3] 同上,第199页.

其他生命存在，分别得其在时间中之位'之一义德之表现；而其中亦可说有一不自觉地求自超越其生命之执着之一不自觉地智德之表现，而使其后世之生命存在之超升成为可能者也。"①

"死亡权"是一种让自己生命的尊严获得最终实现的一种权利。人的生命不只是一堆肉体，而是一个身心灵的整体。由此，人的生命有了自己的存在价值体验，这种体验最基本的表现就是尊严感。人的生命的尊严体现在肉体、情感、灵性等多个层面与维度。不管不同的人类群体将这种尊严具体理解为什么，但对尊严本身的渴望则是内在的。这种尊严不仅体现在"活"的状态与场景，也体现在死的方式与环节。所以，死亡不只是一个"生命结束"的事实，同时也是人实现或者保有自己人格尊严的一个环节。个体生命有权利要求通过"好死"（不管这种好死的具体内容如何）来保证甚至升华自己生命的尊严。这便是各种宗教为什么大多在人弥留之际给予"临终关怀"，"将死者"通过自己与"未来世界"的灵性沟通，以有尊严的方式放弃"此岸世界"，进入新的存在状态。

"死亡权"表现为个体生命面对可能死亡的情形时的知情权。海德格尔曾经反复强调，"死亡"是个体生命最本己的可能性。死总是"自己的"死。由此，每个人有了解和知道自己死亡的权利。死亡权（只要这种权利被授予主体本身执行，而不是被他的一个代言人执行）和对真相的知情权是不可分离的。这一点是建立在人的自主性基础上的。每一个个体生命都具有为自己的生命负责的权利和义务，这是生命的基本自主权的体现。因为，尽管生命的存在是"历史性"的，而不是"选择性"的；但是，生命作为个体形式一旦存在，其所从事的一切活动，包括对自己切身相关的一切活动，便必然是"选择性"的，而不只是"历史性"的。因为，人是有自主性的，是有自由意志的，是可以说"不"的，是可以有不同选择和决定权的。因此，"死亡权"首先应该表现为个体生命在面对死亡时对真实信息的知情；只有在这种真实信息的知情基础上，个体生命才可能作出自己的思考、判断以及抉择。

"死亡权"表现为个体生命面临死亡必然性时的"拒绝治疗权"。如果没有直接牵涉到公共利益，疾病或者健康就完全是私人事务，应在自由契约中租用医疗服务。这一信念在不同国家是普遍存在的。因此，从法律上看，每个人（除了未成年人和精神病人）为了各式各样的疾病寻求或不寻求医生的治疗是完全自由的，而且同样自由的是，放弃治疗（在临界阶段的治疗除外）。但是，在道德上，这种权利的界定就要复杂得多。比如，作为一个"家庭成员"，作

---

① 唐君毅. 生命存在与心灵境界 [M]. 北京：中国社会科学出版社，2005：496—497.

为"孩子的父母",作为"公共任务的权威的承担者",这些"责任"尽管没有在法律上限制人"拒绝医生帮助"的自由,但是却在道德上限制了人"拒绝医生帮助"的自由。因为人对"他们"承担着道德上的责任和义务,生命甚至死亡都不只是"一个人"的,而是关乎"他们"的。这样的"道德逻辑"往往就会导致这样的后果:强迫一个绝望的病人继续接受一种维持性治疗,这种治疗为他换来了生命,而他并不认为这是值得的。因此,对"死亡权"的承认,在这里就必然或者说必须表现为"拒绝治疗权"。"不论世界对人有什么要求,这种权利(除了宗教以外)在道德上和法律上都和生存的权利一样不可转让。"[1]也就是说,在人类生存的理性世界里,"生存权"和"死亡权"是同等重要的对称权利。人们不应该在一个人"生不如死"的必然死亡中将"死亡权"强行转变为"生存权",让他"不得不生";也不应该在一个人正常生存状态下强行将"生存权"转变为"死亡权",让他"不得不死"。权利作为权利,权利拥有者应该自己做主,只要他在意识上还可以做主;不能随便剥夺或者强迫让渡。

"死亡权"表现为在自己走向死亡的过程中为了避免痛苦带来的人格尊严受损的"结束生命权"。在前面两种权利都得到满足的情况下,即假定病人知道事实真相,并且已经决定反对采取治疗手段拖延其濒临死亡的状况,通过直言不讳的"实情告知",人们让病人作出决定并且同意他的这种决定,由此,他的死亡权受到了尊重。但是此时却可能出现新的问题,因为,病人反对拖延的选择在其他情况下也是一种反对痛苦的选择,因而包含一个愿望:应该减轻他的痛苦,或者通过加速死亡进程或者在弥留之际减少疼痛。与此同时,后者有时候导致前者,因为它所需要的麻醉剂量太大。对这一愿望的满足似乎就包含在下面的事实中了:已经承认病人有"死亡权"本身,并且认可他的决定。这一"死亡权"的表现,便是"结束生命权"的行使。

"死亡权"尽管在形而上学意义上是与"生存权"对等的"人权"。可是,在理论上承认这一权利的存在,并不意味着在实践中就可以运用好这一权利。比如,既然死亡是个人权利,那么我是否有权在任何意义上在任何时间自杀"死亡"?"死亡权"表现为面对极端的临终痛苦的"结束生命权",那么"安乐死"到底应该在那种界限内实施?"死亡权"表现为对自己生命死亡状况的真实信息的"知情权",那么如何把握这一"知情"对当事者带来的好或者坏的影响?对那些意识长期昏迷者而言,"死亡权"如何实施?

"自杀"是否属于"死亡权"的一部分?

---

[1] 约纳斯. 技术、医学与伦理学 [M]. 张荣, 译. 上海:上海译文出版社, 2008:203.

回答当然是否定的。在约纳斯看来,"死亡权"成为一个"权利问题"是有先决条件的,即由于一些特殊情况,死亡或者不死亡进入了选择的领域。换言之,"死亡权"问题是在一个人因为身患绝症而被动遭遇到生死抉择时才出现的"权利问题"。这与"自杀"作为一种"自由地死"的先决条件是完全不一样的。"死亡权"和自杀这样一个主动性主体的行为无关,而与身患绝症的、被动地遭遇现代医学的延缓死亡技术的病人的处境有关。换言之,"死亡权"只是"临终病人"才享有的"选择权",而不是一个自由活动的主体所具有的"选择权"。尽管在伦理学意义上,"自杀"和"死亡权"问题似乎具有大致相同的"形式",但"自杀"不具有"死亡权"问题的"先验基础"。致命的疾病作为真正的死因,它的存在允许我们在"坚持不死"和"自杀"之间做出区分,正如在"让死亡"和"导致死亡"之间做出区分一样。

"安乐死"作为"死亡权"的实现界限在哪儿?

"安乐死"是"死亡权"的最后实现环节即"结束生命权"的具体实施方式。尽管病人为了避免痛苦带来的人格尊严受损,有权选择"结束生命",但是,满足这些愿望要求他人的配合,甚至需要他人独自发挥作用,因此,这是一个十分严肃的问题。首先,让病人在家庭护理条件下"安乐死"是不适当的,因为我们不知道什么是人们可能私下在无人看守的亲密仁爱中做或忍受的,而医院至少将病人直截了当地推向公共领域并且使之处于规范和监督之下。其次,就医院来说,人们也不可能要求医生怀着这一目的采取某种积极措施,也不可能要求医务人员通过"调转目光"参与其中,不仅法律禁止这样做(这可能被改变),而且更是医生天职的最内在意识,医生的天职绝不可能归于医生是带来死亡的人这一角色,即便是应病人的要求。"安乐死"作为医生的"医疗行为",只有在一个永久昏迷的和人工维持着的生命垂危者的情况下才能讨论。在这种情况下,病人的人格已经不复存在,当事人"死亡权"行使和表现的"知情权"基础和前提已经不成立。否则,就变成了"谋杀"。如此限定"安乐死",可以保证医生所具有的使用这些药物的"特权"不会被"最善意的滥用"伤害。

"不具有清晰意识"者的"死亡权"如何实现?

由于缺乏潜在的、在自己的事情中可以选择的主体,严格说来,在这里无法谈论死亡权。这完全是一个涉及理性和人性的法律-伦理死胡同。但是,既然这样一种状况确实出现了,那么"死亡权"问题就必须得到回答。约纳斯认为,"存在着走出这种法律-伦理的死胡同的两条出路"[①]。第一条路:对死亡

---

① 约纳斯.技术、医学与伦理学[M].张荣,译.上海:上海译文出版社,2008:213.

及其症状学进行新的界定，按照这种定义，一定程度的昏迷恰恰就意味着死亡。"脑死亡定义"就是试图走这一条路。但是，"脑死亡定义"的出路具有强烈的功利主义和工具主义色彩，尽管也考虑了"医疗资源的公平分配问题"，但是却更直接地将"病人本身"也当作"医疗资源"了。第二条路：人们可以直接考虑这个问题，即通过我们的医术去延长某种东西究竟是否合法？在这种不可逆的昏迷状态下的生命是否就是真正的生命？因为其生命的维持是靠现代医术人为地保持着的。对这种情况，或许"终止人工维持不是许可性的（可以），而是义务性的（应该）"[①]。一方面，为了病人（最后是死者）人格的完整性、统一性和尊严性，我们不应该继续坚持维持手段，这种维持手段恰恰会降低我们对病人的人格记忆而使其人格受到损伤；另一方面，出于正义而公平分配紧缺的医疗资源，以便不否定其他人的生命保存。

死亡权作为现代医疗科技逼迫出来的一种权利，本质上也是一种天赋人权。这种天赋人权表明，人的生命是一种向死而生的过程，我们不仅需要清清楚楚地生，也需要明明白白地死。这就需要我们在还可以自主的时候为死亡做好准备，以避免自己无意识地丧失掉自己对死亡权的自主权。

第三节 生死尊严与生死学

一、死亡尊严与生命尊严

现代医学科技对终末期病人尊严的威胁，最主要的就是来自违背终末期病人意愿的"生命维持疗法"，而生命维持疗法的使用，又是造成延迟死亡的主要原因。生命维持疗法，"是指能够延长病人生命的所有医疗干预技术，包括人工呼吸装置、起搏器、鼻饲或静脉营养装置、透析仪、心血管药物等，用于自主呼吸、循环、消化等重要生命功能衰竭的病人"[②]。因为"生命维持疗法"的使用，"死亡"就成了并非生命存在的"自然"事件，而是可以"延迟死亡"。

在传统中国社会，基于对"善终"之福的追求，人们在心理上是更愿意接受"自然死亡"的。所谓"全生为上，亏生次之，死次之，迫生为下"，"迫生不若死"（《吕氏春秋·仲春纪·贵生》）。依古人的观点来看，在生命维持技术下勉强生存的终末期病人的状况，即是所谓的"迫生"。此种状况不仅不能满足人的日常欲望，而且还被痛苦、孤独、压抑、丧失感、恐惧感等折磨，人格

---

① 约纳斯. 技术、医学与伦理学 [M]. 张荣, 译. 上海: 上海译文出版社, 2008: 215−216.
② 王云岭. 现代医学与尊严死亡 [M]. 济南: 山东人民出版社, 2016: 82.

受辱，尊严丧失殆尽。由于"迫生"违反人性，因此"迫生不若死"。这种"贵生"思想，在现代医学情境下，实际上就是主张对终末期病人不使用人工手段勉强延长生命，而是让其自然死亡。可是，现代医学情境下的实际情况却是，总是希望对终末期病人运用各种"生命维持疗法"，塑造出让人战栗的"ICU病人形象"。

"ICU病人"，并非专指在ICU接受重症监护的病人，而是指以此类病人为代表的接受现代医疗干预的病人。在这类病人身上，我们能窥见被高新科技武装起来的医护人员是如何像对待物品一样操控置身于现代医学手段下的病人的最后生命过程的。现代社会中的终末期病人常常处于这样的生存状态：身上插满管子，身体极度衰弱，床头的心电、脑电监视仪器时刻向医护人员报告着他的生理指标，鼻饲管供应着他赖以为生的营养，呼吸机给他提供着氧气；他不能活动，哪怕一个微小的翻身动作也不可能；周围没有亲人陪伴，除非得到医院的特许才能在很短的时间里探视。这就是所谓的"ICU病人形象"[①]。很多人这样孤独地死去，而这正是身处现代工业社会的人们的死亡群像。

这样一种死亡前景，对大多数人来说显然是不合意的。一方面，这种具有延迟特点的死亡过程，会令病人经历较长时间的痛苦；另一方面，终末期病人"ICU病人形象"的存在状态，也无法让病人继续实现人生价值和体验生活本身的幸福，因而对于当事人来说毫无意义。可是，现代医学的巨大成就，加上人们对死亡的天然排斥心理，使得医学对死亡的斗争实际上受到了社会各界的支持。因而，现代社会的人们也越来越倾向于"延迟地"死在医院里，而不是"自然地"死在家里。医院似乎已经成为现代社会最标准的死亡地点。

终末期病人之所以陷入这样一种"不得好死"的无尊严死亡状态，根本原因在于现代医学的异化及其导致的病人主体地位的被消解。"现代医学日益表现为一个庞大的技术体系，现代医学建制则表现为一种工业化的医疗保健程序。在现代医学情境下，终末期病人不能决定自己的医疗事项，甚至不能安排自己的剩余时光。其主体地位丧失，死亡的尊严被消解。"[②] 在现实情境中，病人在医疗机构琳琅满目的机器和器械面前，总是难免产生畏惧和胆怯的心理。而面对自己几乎一无所知的各种诊断、检查和治疗程序，病人也自然会产生一种自我丧失感。用哲学的话语说，当一个人躺在检查床上接受CT照射扫描或者被B超探头从身体某个部位划过时，病人的身体，连同他们自己，都成为实实在在的、医疗保健人员和他们所操纵的器械下没有生命和知觉的客

[①] 王云岭. 现代医学与尊严死亡 [M]. 济南：山东人民出版社，2016：80.
[②] 同上，第102页。

体。这样的医疗情形实际上是"医学的异化"。

现代医学对尖端技术的追求，在一定程度上忽略了人的价值。这种忽视集中表现在现代医学体系中医务人员消解病人主体性的两种行为：见物不见人和见病不见人。"见物不见人"，是指医务人员在诊疗行动中只关注那些诊断、检查、治疗仪器及其所提供的数据信息，而较少甚至根本不关注病人的情绪、感受、个性、人格等人性价值的行为。"见病不见人"，是指医务人员在诊疗行动中只关注病人的患病部位、病理变化、病变原因、病程转归等，而较少甚至根本不关注作为病痛承受者的病人的情绪、感受、个性、人格等人性价值的行为。这种对病人主体性的消解，对终末期病人来说几乎是灾难性的。"因为在异化的医学中，终末期病人对自己痛苦的表达和满足自己主体需求的呼吁往往被视为类似神经质的无理取闹，而难以唤起医务人员的有效回应。医务人员的医疗干预仍然按照既定的程序有条不紊、按部就班地进行。"[①] 这种状况使得终末期病人往往不再能够对如何处置他们、如何安排他们最后的生命时光发表任何意见或者做出决定，而彻底沦为毫无自主性和尊严的"被操控"的"医疗对象"。

由于病人的主体地位被消解，对于终末期病人来说，"ICU病人形象"似乎就成了他们无法逃离的"被动选择"；可是另一方面，病魔所带来的痛苦以及"ICU病人形象"所呈现的无尊严与孤独，又是一些有自主的自我意识的病人不愿意面对和接受的。在这样一种两难情境下，不少病人为了护守自己的尊严而最后选择了自杀。

在现代社会，人们过分迷信医学的权威，醉心于高科技医学抢救生命的功绩。人们把经过高科技医学的支持或干预后才死去视为现代社会人们的常态生命结局，而对那些所谓"高科技医学手段"对病人尊严的戕害和终末期病人对维护自身尊严的呼吁却视而不见。这是一种高科技迷信造成的社会悲剧。终末期病人并不是可以随意支配的客体性存在，而是仍然具有与其他人相同道德地位的主体性存在。他们对自己的死亡方式和死亡过程拥有支配和决策权利。否认终末期病人的决策权，漠视他们的意志需求，就构成了对终末期病人的侮辱，从而侵犯了其死亡的尊严。

疾病本身并不必然会激发人求死的意念。在一定意义上，疾病是人类生命的伴随物，是人类生命的表现方式之一，或者说是人类的一种生活方式[②]。真正让人产生自杀意念的是疾病所带来的某些东西，或者说疾病所导致的某些东

[①] 王云岭. 现代医学与尊严死亡 [M]. 济南：山东人民出版社，2016：106.
[②] 同上，第112页。

西。在所有病人中，癌症病人属于自杀的极高危人群。虽然导致癌症病人自杀的因素很多，但最为根本的，其实是他们生活质量的持续下降。而在所有影响癌症病人生活质量的因素中，疼痛则是最重要的因素。持续的疼痛或疼痛加重，使本来就承受巨大心理压力的癌症病人以为是病情加重的一个信号，更容易产生悲观、失望的情绪；严重者可能会导致抑郁情绪，从而影响患者的生活质量。对于癌症病人来说，一方面，不能解除的癌症痛苦对癌症病人来说是一种侮辱，是对癌症病人尊严的贬损；另一方面，出于逃避无法控制的躯体或精神痛苦的自杀，又是对尊严死亡的争取。因此，如何让癌症病人及其他终末期病人摆脱这种矛盾和冲突，是面对"现代医学情境"获得"尊严死亡"必须解决的问题。

西方社会的"生命教育"与"死亡学"便是由这种背景催生的。

美国的华特士是"生命教育"（Life-Education）这一概念的提出者，他被称为"美国生命教育之父"。华特士以真正意义上的"生命成熟"为基点，批判美国传统的学校教育，对整个教育领域的改革提出了建设性的主张。他不仅在理论层面上构建了"生命教育体系"（Education for Life System），而且通过开办阿南达学校，积极投身生命教育实践，促成了教育理论与实践的有效结合。华特士的生命教育理论对现代教育的批判，主要集中在三个面：（1）忽视人的本质需求；（2）忽视生活在教育中的作用；（3）忽视儿童内在生命的发展。在华特士看来，教育是为了使人获得真正意义上的"成熟"。成熟意味着一种特定关系的建立，"意味着能和自己，和其他存在建立起愉快和谐的关系，不成熟则好像由于愿望不能满足而躺在地上撒泼的孩子"。在华特士看来，人们天然的通过四种方式同世界建立联系：身体、情感、意志力和智力。由此，华特士认为，人们能否与世界建立起和谐关系，关键在于能否使身体、情感、意志力和智力发展出成熟的品质，成为个体走向成熟的有效方式。"生命成熟"是追求幸福，获得真正成功的方法。华特士的生命教育旨在帮助个体发展出生命成熟所必需的成熟工具，促使他在人生中做出一次次正确的选择，并最终将其引向永恒的幸福。很显然，华特士的生命教育理念和内容，与"死亡"没有直接关系，目的也不是为了解决自杀危机等生命困顿。

而"死亡学"（Thanatology）一词，则比"生命教育"这一概念更早提出，是由梅欣尼克夫在1912年提出的。作为一门研究死亡的学问，它调查死亡的外在环境与状况，相关生还人士的心理状况，以及社会对死亡的态度。大多数情况下，死亡学的研究是为了帮助临终者，或是罹患不治之症者以及他们的家属得到舒缓性的照顾，这样的照护被称为安宁疗护。通常来说，死亡学研究的内容主要包括：（1）研究死亡的基本问题；（2）研究人类死亡的心理；

(3) 研究死亡学的相关学科；(4) 研究死亡教育问题；(5) 研究长生不死问题。而以死亡学为基础发展出来的死亡教育，则主要是为了：(1) 帮助人们正确地面对自我之死和他人之死，理解生与死是人类自然生命历程的必然组成部分，从而树立科学、合理、健康的死亡观；(2) 同时，帮助消除人们对死亡的恐惧、焦虑等心理现象，教育人们坦然面对死亡；(3) 进而，使人们思索各种死亡问题，学习和探讨死亡的心理过程以及死亡对人们的心理影响，为处理自我之死、亲人之死做好心理上的准备。

因此，从起源和产生背景、解决问题、实现目标来说，原初在西方的"生命教育"和"死亡学"及"死亡教育"是没有内在联系的。死亡学并不直接地探索生命或死亡的意义，因为在医学上这样的问题并不适合用来研究死亡学，一些医学文章甚至提到，探寻生死的意义不但荒谬而且无济于事。但是，关于生命和死亡的意义等问题，却非常适合被放在死亡的过程中，以思想、哲学性的方式来研究，研究对象包括个体、家庭、社区、文化等的关系，探究这些因素如何影响一个正在经历死亡的人。由此，"死亡学"的内涵和外延都得到了大大的拓展，从而进入了涵括"生命"本身的而不只是关乎"死亡"的学问。这一发展，一方面，为打通"生命教育"与"死亡学"及"死亡教育"铺平了道路；另一方面，也非常契合中华文化"未知生焉知死"的生死感通的文化心理传统；从而，也为华人社会发展出"生死学取向的生命教育"提供了学理基础和心理基础。

由此，研究死亡学，就不只是为了关注死亡，而是因为相信生命可贵；不仅是对临终者，也针对相关的人及所有的人。而基于这样一种"死亡学"的"死亡教育"，名义上谈死亡，实质上则是谈论生。比如：死亡教育可以缓解病人恐惧、焦虑的心理；死亡教育针对病人的心理特点，可以提高对生命质量和价值的认识；死亡教育使病人真实表达内心感受，认识到生命的意义，保持平衡的心理状态及健全的人格；死亡教育还可帮助病人对死亡有正确的认识，直言不讳地谈论死亡的问题，这一方面有利于病人积极配合治疗，另一方面为自己的后事做妥善安排，保持病人的尊严，提高生命阶段的质量；死亡教育也可引发人们对死亡必然性的反思。——这样的死亡教育已经是一种生死学取向的生命教育了！

二、从死亡学到生死学

华人社会的生命教育，一开始就有了自己的"本土化"改造和努力方向，那就是将西方各自开展起来的"生命教育"与"死亡教育"融合在一起，创设出"生死学"，并发展出极为重要的生命教育的"生死学取向"。

很显然，华人世界兴起的生命教育，与华特士以"生命成熟"为目标的生命教育，不管是在背景还是内涵上，都已经有所不同。

生死学是华人学术界创设的一门独特学问/学科。客观上说，在将西方死亡学以"生死学"名义转义后，对死亡学本身已是一个重大发展，也将生命学做了重要拓展，将生死哲学或者死亡哲学做了经验化的落地。而这也特别契合华人的文化心理及生死态度。

与此同时，"生死学取向的生命教育"，一方面大大拓展、丰富和深化了生命教育的内容，在不同取向的生命教育实践中，或许生死学取向的生命教育是最有学理基础的；另一方面，尤其是在大专院校，似乎生死学取向的生命教育课程成为占主导地位的生命教育类课程。生死学取向的生命教育，也因为生死学的发展和学科化，有了自己相对明晰的研究方法、研究对象。在相应的生命教育中，不管是课程还是专著，或者教学设计，所关注的主题也基本被定位在以下四个基本方向或议题：（1）生命视域的死亡认知与态度；（2）死亡视域的生命认知与态度；（3）死亡历程与临终关怀及策略；（4）死亡事件与悲伤辅导及方法。

考虑到华人社会推展生死学及生死教育的使命，华人生命教育应该有三个基本的实践目标，这就是成就个体生命成为一个真实的"人"、"中国人"、"现代世界的中国人"。要实现这样的实践目标，在理论上，一方面当然要在一般意义上建构生死内在关系的学理，实现对"人"的基本理解；一方面要引入现代西方死亡学及其他相关学科的最新成果，彰显"现代世界"的特性；一方面还必须深入挖掘中华传统文化的生死智慧、生死礼俗，建构"中国人"的生死安顿。相对而言，在华人生死学的建构中，如何梳理和重建已经支离破碎的中国人的生死观念、生死智慧、生死礼俗，似乎更为重要和迫切。这种梳理和重建，不该只是简单的理论逻辑建构，还应该是实践逻辑的建构，是可以真正让现实生活中的中国人、"现代世界的中国人"安身立命的建构。因此，华人生死学的建构，必须充分关注、关照并回应当下中国人在现实生活中的重大生死话题，包括生、死、殡、葬、祭、传等各方面重大话题。

同时，应该从生命的存在、死亡、传承中建构生死学。现有的生死学理论和生死教育中呈现的生死理论思考、临终关怀以及悲伤辅导几个主要的议题，尽管基本上可以照顾到作为个体生命面对生与死的生命课题，但是，给人的感觉，还欠缺生命"永续经营"的维度。就中国人的生死存亡的深刻智慧而言，生死学不应该只是安顿临终者的死亡过程以及丧亲者的悲伤情绪，还必须建构生者与死者之间的永续沟通和内在的生命连接。正因为此，传统中国社会对于祭祀和祭礼的重视，甚至超过丧葬本身。因而，回应生命个体追求不朽的渴望与死亡焦虑的冲突,不能不成为生死学建构中直面的根本性话题。临终关怀及悲伤辅导,只是在安顿死者和生者当下的生命存在,而祭祀则是在建构真正的生死连接,实现幽明感通和生命的永续。电影《寻梦环游记》,其实也彰显了中国传统生死共存、生死传承的重要智慧。

从生命教育视域来说,生死学的建构不是为了建构本身,而是为了生命教育包括生死教育,是具有实践导向的学理建构。因此,生死学建构必须时刻关照生命教育对象、生命教育实践的现实需要,当然首先是生命需要。生命教育是一项全人类终身教育的社会事业,不只是大学生和中小学生需要生命教育,任何一个人、任何一个人际群体、任何一个生命阶段,都需要相应的生命教育,因为都有相应的生命课题、生命困顿和需要激发的生命力和需要彰显的生命意义。由此,生死学建构也必须既有一般的理论建构,又有特定对象的实践话语;既有学理展开,又有生死教育的情怀。因此,生死学的理论建构应该与已经蓬勃开展的生命教育理论研究和教学实践做充分对接,了解生命教育过程中所面对的生命话题、生死课题,做出理论上的说明和应对,而不能闭门造车,就学理言学理。同时,为了满足现实的生命教育需要,生死学的建构还应该尽可能针对不同教育对象和不同阶段的生命群体,解决对应的生死困顿、启迪相应的生死智慧、提出相应的解决策略、拟定恰当的教育实践方案。

生死学不是生死哲学,尽管必然有关乎生死的哲学思考和理论梳理;生死学立足于生死的经验现象,对生死的相关话题做理论上的思考并提出实践上的应对策略。因此,生死学本质上是一门基于经验的实践性学科,而不是纯粹抽象的理论学说。由此,生死学的理论建构在依托于哲学、心理学、宗教学等传统学科的相关理论的同时,还必须充分地依托于现实的实践经验,必须从经验中去获得对生死的体悟和把握。由此,生死学取向的生命教育或者说生死教育,除了一般的生死文化理论探究,教育者和受教育者确实需要有真切的实践面向,需要在真正的生死实践中去观察、了解、学习、思考,并进一步对相关话题做出回应。这对老师和学生都是挑战。从这个意义上说,医学及护理院校的教师和学生,在直面生死事件时,是最需要也最恰当的生死教育团队。而人文学者和社会工作者们,则必须放下身段,参与相应的生死事件的经验实践,以突破自己的生命限度,对生死有真切感受,可能更有利于生死学落实在真切的生死教育、生命教育中。

生死学及生死教育(生死学取向的生命教育)具有重要的现实意义。我们之所以需要生死教育,首先是要唤醒人们的死亡意识。唤醒人们的死亡意识,是要让人们了解两个常常被人们忽略的生命事实,一是人的生命是有限的,二是人生无常。按理,这两个"事实"近乎生命经验中的常识。但是,恰恰因为它近乎常识，人们也就习焉不察，而更容易忽视它。生死学及生死教育试图给习惯于经验常识的人"当头棒喝"，要我们充分自觉这两个常识：我们每一个人都是会死的，人的生命是有限的而不是无限的；什么时候会死？什么时候会遭遇什么样的生活场景？不知道！因为人生"无常"。"有限性"（一定会死）和"无常性"（不知何时会死），将我们当下的生命置于一种尴尬和紧张中，这种尴尬和紧张就逼迫我们认真反思我们过去和当下的人生，并规划未来的人生。

用存在主义的话语来说，"常人"在没有被唤醒死亡意识之时，只是沉沦于日常经验生活，将一切都当成"理所当然"的，我们只是一个"在者"，"如此这般"地生活着。而死亡意识被唤醒后，我从"常人"状态下惊醒，我意识到我是一个"有死"的存在，我的生命是有限的，而且这个本来就属于我的"有死性"到底什么时候会降临自己，自己并不清楚，换言之，它可能随时降临。这就给自己的当前生活一种警醒！由此我会对我当下的"日常性"做一种反省，这是不是我希望的和应该的生活状态?! 这样，我就从一种纯粹的"在者"状态"在起来"了，而成为只有人才能成为的"此在"，即进入一种自觉谋划、筹划自己生活的生命状态。生死学以及生死学取向的生命教育，便具有这样的警醒作用。这也就是海德格尔所说的"先行到死中去"的生存论意义。

我们需要生死教育，是要教育人们接纳死亡。"接纳死亡"的意识的培育，主要是对症现代社会在"死亡"问题上的三个迷思：一是不愿意谈论死亡，以为谈论死亡不吉利；二是将死亡看作消极的、坏的东西，看成对我们美好生活的否定；三是现代医学和医疗技术至上主义将死亡看作敌人。所谓"接纳死亡"，就是强调确立一种新的死亡观念（其实应该是原本的死亡与生命的真相）：我们要把死亡作为生命的必要组成部分来接受；我们要承认，死亡是人生的正常的、必然的结局；我们要承认，逃避死亡、抗拒死亡既是徒劳的又是不必要的；我们应该在生活中心平气和地、坦然地面对和接受死亡。

在现代社会，由于社会生活方式的变化、医疗技术的发展、社会生活内容的变化等等原因，死亡作为我们生命的一部分的真实性在相当程度上被遮蔽了，死亡不再是人们生活中的日常事件，而是成为医院、殡仪馆、墓园等地方的"专门"事件。正是由于人们无法在生活中经验到死亡事件，死亡被"想象为"十分不吉利的、邪恶的、否定的、消极的、坏的东西，人们试图将死亡从自己生活中剥离掉，甚至从自己生命中剥离掉。可是，问题在于，死亡作为生命的天然部分，又是每一个人剥离不掉的。由此，现实中的人就生活在一种十分别扭的焦虑和恐惧之中。这种焦虑进一步让人们将死亡推向生命的反面、生活的反面。与此同时，医生"救死扶伤"的理念和现代医学技术的进步，让医生和大众都多了一份"医学万能主义"的幻想，从而让死亡成为生命中"非自然"的事情。生死学与生死教育，就是要通过不断地去谈论死亡、谈论与死亡相关的各种事情、观念、思想、事件，让人们对"死亡"脱敏，进而在一定程度上接受这样的观念：死亡是生命中本然的东西，是每一个人都必然面对的生命事件，它并不是绝对的消极的、坏的、可怕的东西，而是我们生命的最终"完成"。"接纳"就会在一定程度上消解焦虑和恐惧。

我们需要生死教育，是要帮助人们达到生死两安。诚如云岭教授在书中分析的，由于对死亡的无知，以及死亡本身具有的神秘性、超经验性等特征，几乎没有人不恐惧死亡。而死亡又是每一个人必然要经历的生命事件，没有人可以帮忙，必须自己亲自去完成自己的死亡。由此，"将要死亡"以及"死亡"这件事情，不但会吓坏将死的病人，也会在相当程度上吓坏将要或者正在失去亲人的家属。因为被"吓坏"，许多人面对绝症匆忙应对，所做的医疗决策缺乏理性；一些人则可能在"将要死亡"这个事实面前完全丧失生活的信心，而选择放弃生命；亲人面对失去亲人这样的让自己生活关系不得不重新界定的事件也必然有巨大的失落感和悲伤。将死的病人和健康的病人家属面对"将死"和"死亡"，都必然经受十分沉重的内心煎熬，情绪难以平静，心灵难以安顿。

通过对死亡事件的必然性的理解，通过对死亡过程中各种可能性的分析和预想，通过预先对自己或亲人死亡的准备，我们实际上可以让逝者和生者完成相对平和的离别，逝者可以心安，生者也可心安。死亡是人类生活中的大事，"生死事大"！我们到底应该以什么样的心态去面对自己或亲人的死亡？"如果身患绝症，是在痛苦的挣扎中死去还是在坦然的心态下宁静、优雅地离去？如果亲人处于疾病的终末期，是平静地接纳亲人离开的事实，还是动用一切现代技术手段勉力维持亲人的存在？如果亲人去世，是通过哀悼来恰当地表达亲人离去带来的悲伤，还是呼天抢地抑或长期痛不欲生？"这些问题，对每个人都是考验，又并不是每个人可以天生具有的。生死学及生死教育，恰恰是致力于教给人们恰当的生死智慧，传达适切的生死态度，帮助我们事先生死两安。

第二章　西湖边的生死智慧与生死学

"生死学"的概念似乎很现代，但"生死"却很悠久。因为有生命，就有生死。只是，要读懂"生死"，需要找一个恰当的载体。西湖，便是一个很好的载体。

第一节　读懂西湖边的生死叙事

一、人文西湖的诗意历史

西湖最早称武林水。《汉书·地理志》：

> 钱唐，西部都尉治。武林山，武林水所出，东入海，行八百三十里。

后又有钱水、钱唐湖、明圣湖、金牛湖、石涵湖、上湖、潋滟湖、放生池、西子湖、高士湖、西陵湖、龙川、销金锅、美人湖、贤者湖、明月湖诸般名称。但是，只有两个名称为历代公认，并见诸文献记载：一是因杭州古名钱塘，故称钱塘湖；一是因湖在杭城之西，故名西湖。

2000多年前，西湖还是钱塘江的一部分，由于泥沙淤积，在西湖南北两山——吴山和宝石山山麓逐渐形成沙嘴，此后两沙嘴逐渐靠拢，最终连接在一起成为沙洲。沙洲西侧形成了一个内湖，即为西湖，此时大约为秦汉时期。自从隋朝大业六年（610年）开凿江南运河，与北运河相接，沟通南北五大水系，便捷的交通也促进了杭州的经济发展和旅游活动。唐代，西湖面积约有10.8平方公里，比近代湖面面积大近一倍，湖的西部、南部都深至西山脚下，东北面延伸到武林门一带。

建中二年九月（781年），李泌调任杭州刺史。为了解决饮用淡水的问题，他创造性地采用引水入城的方法，即在人口稠密的钱塘门、涌金门一带开凿六井，采用"开阴窦"（即埋设瓦管、竹筒）的方法，将西湖水引入城内。

长庆二年十月（822年），白居易任杭州刺史。在任期间，白氏兴修水利，拓建石涵，疏浚西湖，修筑堤坝水闸，增加湖水容量，解决了钱塘（杭州）至盐官（海宁）间农田的灌溉问题。白居易主持修筑的堤坝，在钱塘门外的石涵桥附近，称为白公堤，并非近代的白堤。白氏在钱塘门外修堤，建石涵闸，把湖水蓄积起来，还书写《钱塘湖闸记》刻于石碑，写明堤坝的功用，以及蓄放水和保护堤坝的方法。如今白公堤遗址早已无存，但后人却借白堤（当时称"白沙堤"）以缅怀白公。

白氏不仅留下了惠及后世的水利工程，还创作了大量有关西湖的诗词。最为著名的作品有《钱塘湖春行》《春题湖上》和《忆江南》。最早出现的"西湖"名称，便是在白居易的《西湖晚归回望孤山寺赠诸客》和《杭州回舫》这两首诗中。

钱塘湖春行

孤山寺北贾亭西，
水面初平云脚低。
几处早莺争暖树，
谁家新燕啄春泥。
乱花渐欲迷人眼，
浅草才能没马蹄。
最爱湖东行不足，
绿杨阴里白沙堤。

春题湖上

湖上春来似画图，
乱峰围绕水平铺。
松排山面千重翠，
月点波心一颗珠。
碧毯线头抽早稻，
青罗裙带展新蒲。
未能抛得杭州去，
一半勾留是此湖。

忆江南·江南忆

江南忆，最忆是杭州。
山寺月中寻桂子，郡亭枕上看潮头。何日更重游？
江南忆，其次忆吴宫。
吴酒一杯春竹叶，吴娃双舞醉芙蓉。早晚复相逢？

西湖晚归回望孤山寺赠诸客

柳湖松岛莲花寺，晚动归桡出道场。
卢橘子低山雨重，棕榈叶战水风凉。
烟波澹荡摇空碧，楼殿参差倚夕阳。
到岸请君回首望，蓬莱宫在海中央。

《西湖晚归回望孤山寺赠诸客》是白居易创作的一首七言律诗。此诗描绘了杭州西湖孤山寺周围的美景，记录了作者与"诸客"参加法会归来的感受，表达了作者对西湖美景的留恋和喜爱之情。全诗句句写景，句句含情，犹如一幕幕湖光山色的画图。

杭州回舫

自别钱塘山水后，不多饮酒懒吟诗。
欲将此意凭回棹，报与西湖风月知。

《杭州回舫》是白居易的诗作之一，描写了西湖的景色，抒发了自己的情感。

历史上对西湖影响最大的，是杭州发展史上极其显赫的吴越国和南宋时期。西湖的全面开发和基本定型正是在此两朝。进入五代十国时期，吴越国（907—960）以杭州为都城，促进与沿海各地的交通，与日本、朝鲜等国通商贸易。同时，由于吴越国历代国王崇信佛教，西湖周围兴建大量寺庙、宝塔、经幢和石窟，扩建灵隐寺，创建昭庆寺、净慈寺、理安寺、六通寺和韬光庵等，建造保俶塔、六和塔、雷峰塔和白塔，一时有佛国之称。灵隐寺、天竺等寺院和钱塘江观潮是当时的胜景。

由于西湖的地质原因，淤泥堆积速度快，西湖疏浚成了日常维护工作，因此吴越国王钱镠于宝正二年（927年）置撩湖兵千人，芟草浚泉，确保了西湖水体的存在。

北宋后期，著名诗人苏轼对西湖治理做出了极大贡献。从五代至北宋后期，西湖长年不治，葑草湮塞占据了湖面的一半。宋元祐四年（1089）七月，苏轼第二次来杭州，出任知州之职。其时西湖已半为葑田，雨水多时无法蓄积；而干旱年月，则湖枯水涸。苏轼认为，保西湖就是保杭州。在上呈朝廷的《乞开杭州西湖状》中，他从历史、政治、利益、筹资方式、时机等角度论述了疏浚西湖的重要性与可行性。其中写道：

> 杭州之有西湖，如人之有眉目，盖不可废也。唐长庆中，白居易为刺史。方是时，湖溉田千余顷。及钱氏有国，置撩湖兵士千人，日夜开浚，自国初以来，稍废不治，水涸草生，渐成葑田。熙宁中，臣通判本州，则湖之葑合盖十二三耳。至今才十六七年之间，遂堙塞其

半。父老皆言十年以来，水浅葑横（成为不可用的湿地），如云翳空，倏忽便满。更二十年，无西湖矣。使杭州而无西湖，如人去其眉目，岂复为人乎？

同年四月，动员20万民工疏浚西湖，并用挖出来的葑草和淤泥，堆筑起自南至北横贯湖面2.8公里的长堤，在堤上建六座石拱桥，自此西湖水面分东西两部，而南北两山始以沟通。后人为纪念他，将这条长堤称为"苏堤"。相传杭州名菜"东坡肉"，就是苏东坡犒赏疏浚民工的美食。

北宋以后，名家诗文大都以西湖为名，钱塘湖之名逐渐鲜为人知。而苏轼的《乞开杭州西湖状》，则是官方文件中第一次使用"西湖"这个名称。

与白居易一样，大诗人苏轼也在杭州留下了众多诗篇，其中最有名的有《饮湖上初晴后雨二首》《六月二十七日望湖楼醉书》。

饮湖上初晴后雨二首·其一

朝曦迎客艳重冈，
晚雨留人入醉乡。
此意自佳君不会，
一杯当属水仙王。

饮湖上初晴后雨二首·其二

水光潋滟晴方好，
山色空蒙雨亦奇。
欲把西湖比西子，
淡妆浓抹总相宜。

《饮湖上初晴后雨二首》是苏轼的组诗作品。这两首赞美西湖美景的七绝，写于诗人任杭州通判期间。其中第二首广为流传，此诗不是描写西湖的一处之景、一时之景，而是对西湖美景的全面描写概括品评，尤其是后二句，被认为是对西湖的恰当评语。第一首一般选本不收录，其实这首诗也写得不错，其首句就把西湖晨曦的绚丽多姿形容得美不胜收。两首对照，能更好地把握作者写诗时的思想感情。

六月二十七日望湖楼醉书

黑云翻墨未遮山，
白雨跳珠乱入船。
卷地风来忽吹散，
望湖楼下水如天。

《六月二十七日望湖楼醉书》是苏轼谪居杭州期间创作的一组七言绝句，共有 5 首，其中第一首最为著名。

诗人苏轼先在船中，后在楼头，迅速捕捉住湖上急剧变化的自然景物——云翻、雨泻、风卷、天晴，写得有远有近，有动有静，有声有色，有景有情。读起来，会油然产生一种身临其境的感觉——仿佛自己也在湖心经历了一场突然来去的阵雨，又来到望湖楼头观赏那水天一色的美丽风光。

好的诗人善于捕捉自己的灵感，本诗的灵感可谓突现于一个"醉"字上。醉于酒，更醉于山水之美，进而激情澎湃，才赋成即景佳作。才思敏捷的诗人用诗句捕捉到西子湖这一番别具风味的"即兴表演"，绘成一幅"西湖骤雨图"。

1127 年，南宋定都临安后，杭州成为全国的政治、经济、文化中心，人口激增，经济繁荣，进入了发展的鼎盛时期，"西湖十景"便是这时提出的。

西湖十景名称之沿革

南宋时期	康熙题字	现代通用名	新西湖十景	三评西湖十景
平湖秋月	沿用	沿用	云栖竹径	灵隐禅踪
苏堤春晓	沿用	沿用	九溪烟树	六和听涛
断桥残雪	沿用	沿用	虎跑梦泉	岳墓栖霞
雷峰夕照	雷峰西照	雷峰夕照	黄龙吐翠	湖滨晴雨
南屏晚钟	南屏晓钟	南屏晚钟	满陇桂雨	钱祠表忠
曲院风荷	沿用	沿用	玉皇飞云	万松书院
花港观鱼	沿用	沿用	龙井问茶	杨堤景行
柳浪闻莺	沿用	沿用	宝石流霞	三台云水
三潭印月	沿用	沿用	吴山天风	梅坞春早
两峰插云	双峰插云	双峰插云	阮墩环碧	北街梦寻

清代，康熙、乾隆两皇帝多次南巡到杭州，促进了西湖的整治和建设。

康熙五次到杭州游览，并为南宋时形成的"西湖十景"题字，地方官为题字建亭立碑，使"双峰插云""平湖秋月"等未定点的景目，有了固定的观赏位置。

雍正年间，还推出"西湖十八景"，使杭州的游览范围进一步拓展。

乾隆六次到杭州游览，又为"西湖十景"题诗勒石；又题书"龙井八景"，使偏僻山区的龙井风景为游人注目。

乾隆年间，杭州人翟灏、翟瀚兄弟合著《湖山便览》一书，记载西湖游览景点增加到 1016 处，为杭州最早的导游书。

2002 年 2 月至 10 月，杭州对西湖南线的四大公园（柳浪闻莺、老年公园、少年公园、长桥公园)进行整合。共拆除围栏 2.25 公里，拆除建筑 6.57 万平方米，开挖水系 2.60 万平方米，新种乔木 8000 株，草坪和地被植物 4.5 万平方米。四大公园均实现二十四小时免费开放。杭州西湖是中国首家也是至今唯一不收门票的 5A 级景区。

同年 10 月 25 日，在 78 年前倒塌的雷峰塔旧址上，71.7 米高的新雷峰塔建成竣工。从此，雷峰塔与保俶塔"南北相对峙，一湖映双塔"的美景重现西湖，缺失了近 80 年的西湖十景自此成为完整的全景。

2011 年 6 月 24 日在法国巴黎举办的第 35 届世界遗产大会上，"杭州西湖文化景观"正式列入世界文化遗产名录。

第二节　西湖边无尽的生死智慧

当然，西湖之为西湖，作为世界文化遗产，并不只是存在于历史视野里；实际上，更重要的是存在于无数真实的个体生命里。西湖造就了众多文化名人，而名人也同时塑造了西湖。只有透过西湖文化名人，才能真正体悟到西湖的精神！

一、个体生命中的西湖

如果没有白居易和苏东坡杭州为官时的故事，如果后来没有那么多或真或幻的传奇，那西湖不过是地球上一个普普通通的湖；如果没有"最忆是杭州"和"若把西湖比西子"这样属于白居易、苏东坡的千古绝唱，西湖的传播度就一定会逊色不少。

湖山还要才人捧，如果说千古西湖是一部交响大合唱，那参与西湖大合唱的不仅仅是文人墨客，还有仁人志士。其中既有对湖光山色的咏怀，又有对家国情怀的抒发，更有骊歌怀古的悲怆和惆怅。

当我们历数杭州西湖的名人事略时，可以发现每个杰出的人都留下了独特的声音，但这同时又是一部多声部的交响。白居易开创了审美的时代，苏东坡让西湖之美深入寻常百姓。在白居易的记忆里，始终"未能抛得杭州去"，而"一半勾留是此湖"。

苏东坡的登场是在白居易之后，这是一种传承也是一种考验，因为苏东坡如果没有独特性，必然会屈居白的盛名之下。

然而正如那两条堤，白堤之外又有苏堤，而且从史料看，苏堤跟这位姓苏的杭州地方官是真的有关系了；更为重要的是，他找到了一个绝佳的比喻："欲把西湖比西子，淡妆浓抹总相宜。"若把西湖比西子，这等于把美的个性和共性给打通了。西湖之美，美到什么程度呢，我们难以言述；同样的，西施之美，又美到什么程度呢，还是难以言述。苏东坡的高明就在于一语道破"美"机，他把两个美合体为一个美，且给了这种美以想象的空间。从此一年四季无论什么天气，西湖都是美的。直到千年之后，我们发现西湖也还是像苏东坡笔下的西湖，这是诗人的高明，更是西湖的高明，也是西湖边子民的高明。

一位唐朝诗人，一位宋朝诗人，他们不约而同地喜欢并歌咏西湖，这说明了什么问题呢？古往今来到杭州来做官的人应该有成百上千，为什么独独这两位被人纪念呢？因为他们的诗句让人有美感，有幸福感，有获得感。世世代代的人从他们的诗文中获得了美感。这是一种比其他的获得更高层次的获得感。

但是千百年来，白居易只有一个，苏东坡也只有一个。不是所有的官员都能亦官亦文，也不是所有的文人官员都能在地方留下英名，两手抓两手都要硬这是不容易的，所以这里就得有所取舍。有舍官取文的，也有舍文趋官的。虽然总体上说，文官制度是两千年中国社会的一个基本框架，但仍有不少人是游离于官本位之外的，其中最有代表性的人物就是林和靖。

林和靖，这位隐居于西湖孤山的诗人，应该是凭"疏影横斜水清浅，暗香浮动月黄昏"的诗句成为咏梅第一诗人。关键的是，人们津津乐道的是他的处世方式。在前人的记述中，他是一位真正的隐士，而且是个著名的独身主义者，所谓梅妻鹤子，便是最好的诠释。

林和靖是个榜样，特别对于文艺小青年来说，这算是开了个头，他的邻居便是大名鼎鼎的冯小青。在著名心理学家潘光旦的眼中，冯小青是个被解剖的标本，是自恋和抑郁症的综合体。传说中她是被冯家大老婆囚禁在孤山的。她只能郁郁寡欢，在这样的日子里，她的精神动力就是林处士的梅花。

冯小青的同道中有一个叫苏曼殊的人。苏曼殊，他是文人中的和尚，和尚中的文人，这一点跟弘一是相似的。苏曼殊之墓曾在杭州西湖边的孤山脚下，与秋瑾和苏小小两位为邻，后来被迁到十里之外的山里去了。现在，孤山西泠印社旁的导游牌上留有这么一行字——"苏曼殊墓地遗址"。

当年的明星人物苏曼殊，如今只在小圈子里被人谈论，人们反而更多地知道李叔同先生，一是因为他曾经任教于杭州贡院的浙江两级师范学校，二是那一首由他填词的《送别》实在是太优美太有名了。他在杭州只教"副课"音乐和美术，但是他的国文比国文老师好，他的外语比外语老师好。李叔同喜欢杭州，跟当时好多文人墨客喜欢西湖是一样的道理。因为这里有一个气场，有一种延续了千年的文脉。或者用今天的话来说，是有一种文化生态。

西湖又似佳人，总有那么好的性情，所以即使做一介书生，李叔同也心淡如水。特别是我们读到他写西湖的文字之后，真的会被打动，此种文字有张岱之神韵，尤其是他的《西湖夜游记》。

> 壬子七月，予重来杭州，客师范学舍。残暑未歇，庭树肇秋，高楼当风，竟夕寂坐。越六日，偕姜、夏二先生游西湖。于时晚晖落红，暮山被紫，游众星散，流萤出林。湖岸风来，轻裾致爽。乃入湖上某亭，命治茗具。又有菱芰，陈粲盈几。短童侍坐，狂客披襟，申眉高谈，乐说旧事。庄谐杂作，继以长啸，林鸟惊飞，残灯不华。起视明湖，莹然一碧；远峰苍苍，若现若隐，颇涉遐想，因忆旧游。曩（nǎng，以往，从前，过去的）岁来杭，故旧交集，文子耀斋，田子毅侯，时相过从，辄饮湖上。岁月如流，倏逾九稔（ren 庄稼成熟，也指年，古代谷一熟为年）。生者流离，逝者不作，坠欢莫拾，酒痕在衣。刘孝标云："魂魄一去，将同秋草。"吾生渺茫，可唏然感矣。漏下三箭，秉烛言归。星辰在天，万籁俱寂，野火暗暗，疑似青磷；垂杨沉沉，有如酣睡。归来篝灯，斗室无寐，秋声如雨，我劳如何？目溟意倦，濡笔记之。

李叔同这样的人，是大时代中的精英分子。而他留给杭州的，不仅仅有美文佳句，更有他的一帮学生——丰子恺、潘天寿、刘质平，还有他的同事夏丏尊、姜丹书等，这些人对李叔同之后的中国的教育和艺术产生了不可估量的影响。

曾经，杭州有一个引起了争议的称谓：女性化城市。其实，所谓"引起争议"，根本上是一个"你怎么看"的问题。如果说"小气"或"小富即安"或"心思缜密"，那可能是贬多于褒了，因为杭州人会反驳说我们素来是有杭铁头精神的；如果你将之当作"补食"，说杭州"小家碧玉"，"精致和谐"，再加上苏小小的传说，又是"欲把西湖比西子"，不是"女性化"又是什么呢？

苏小小的传说是美轮美奂且完全跟西湖山水相得益彰的，特别是那一首抒写小小心曲的小诗：

> 妾乘油壁车，郎骑青骢马，何处结同心，西陵松柏下。

虽然苏小小的故事最后是以悲剧结尾，所谓男人都是"负心郎"，这在传说中尤其明显，只有"卖油郎独占花魁女"中的那一位卖油郎，好像没有文人和官人的坏毛病。似乎男人在美面前都是无一例外地会败下阵来，这也是苏小小的传说以及她的坟墓尚能留在西湖边的原因，因为人人心中都有一个苏小小。

在"女性化城市"里，有一位女性就持剑伫立在西湖边，这是一位真正的女侠，她就是秋瑾。而她的塑像和苏小小重修的坟墓相距不过百米。秋瑾站在

31

西泠桥畔，算是给西湖平添了一丝剑气。人称"鉴湖女侠"的她，生前对闺蜜说过死后要葬在西湖，因为她太爱西湖了。秋瑾之后，再无秋瑾；秋瑾之前，女人有两条路可成名，要么做妓女，要么做才女，也有合而为一者。但秋瑾选择了第三条道路，即暴力革命的道路，只可惜革命没有成功，女侠就香消玉殒了。在她为国杀身成仁之后，闺蜜实现了她的愿望，但其过程却是屡经曲折，因为这其中有十次"迁徙"，令人感慨！

离秋瑾塑像不足千米，有一位她的老乡——坐着的相对低调的鲁迅先生。就其生平文字来看，鲁迅好像并不钟爱西湖，甚至还有点不喜欢，这跟秋瑾的志趣是完全不一样的。但是，他从日本归来后便任教于浙江两级师范学校，这一点跟李叔同相似，只不过他在贡院的名气并没有那么大。他当时主要是教植物和生理，并担任日籍老师的助教兼翻译。他在贡院期间数次在湖山之间采集植物标本，其中以孤山和栖霞岭为最多，所以孤山建有他的塑像是完全有道理的。鲁迅写了著名的《论雷峰塔的倒掉》和"再论"两文，实际上是用另一种方式推广了西湖。即使现在，很多有关西湖的诗文，所用断桥和雷峰塔的典故，很多观点也还没有跳出鲁迅的思想范围。在现实生活中，鲁迅虽然劝郁达夫、王映霞不要定居杭州，但他自己还是携许广平来杭州补度了一个"蜜月"，在著名的楼外楼叫了两顿饭，应该说过上了一种世俗的日子。鲁迅自然是极端聪明的人，所以他会定居上海而非北京，更非杭州。他的弟弟周作人曾写过祖父曾因科举舞弊案在杭州坐牢的事情。鲁迅没有写，不写不等于可以忘记这样的事情，这是一种家族的屈辱。这或许是鲁迅有点不喜欢杭州的"无意识"。

在西湖边，还有一批武将和政治家在驰骋沙场的同时又在湖边留下了千古诗篇，这其中更有因报国无门而壮怀激烈的仰天长啸者。他们中以岳飞、于谦和张苍水最为有名，史称"西湖三杰"。他们有一个共同特点，即都是大厦将倾、国家危难之时被冤杀，死后都葬于西湖，这就让杭州西湖不仅有文人之气更有英雄之魂。

西湖三杰的首杰即是岳飞，岳飞在中国是家喻户晓的英雄人物，在杭州，就有岳庙、风波亭、岳家湾、打铁关等跟岳飞直接有关的胜迹和地名。如果从英雄故事的必备要素来看，岳飞故事最吸引人的就在于他精忠报国最后却以莫须有的罪名被杀死，这也让中国的中小学生记住了大概是唯一由三个字组成的成语"莫须有"。在中国民间，除了关公之外，岳飞大概是最受人追崇的。

在文人世界里，岳飞被人称颂更多是因为他的那一首《满江红》。如果选十首伟大的宋词，岳飞的这一首一定是占有一席的，而且朗诵起来能让人热血沸腾：

> 怒发冲冠凭栏处、潇潇雨歇。抬望眼、仰天长啸，壮怀激烈。三

十功名尘与土，八千里路云和月。莫等闲，白了少年头，空悲切。

靖康耻，犹未雪；臣子恨，何时灭。驾长车，踏破贺兰山缺。壮志饥餐胡虏肉，笑谈渴饮匈奴血。待从头，收拾旧山河，朝天阙。

由岳飞很自然地想到了于谦，他几乎是岳飞故事在明朝的翻版。于谦是正宗的杭州人，官至兵部尚书，现在的杭州重修了于谦墓和于谦祠，在三台山麓近茅家埠，那是跟自然山水颇为吻合的。人们到了纪念他的地方便自然会想起他那一首著名的《石灰吟》：

千锤万凿出深山，烈火焚烧若等闲。
粉骨碎身全不怕，要留清白在人间。

这首诗跟西湖没关系，但却跟人品和一个时代的精神品质有关。至死都要做清白的人，这就是一种精神信仰。这28个字不仅是言志，还隐藏着极大的信息量，因为就从政的仕途而言，于谦是极为顺当的，受到几任皇帝的信任，最后英宗要杀他时也还有点下不了手，这样的人品和才情却要拿石灰自比，可见大明帝国已经是一个怎样的帝国。

另一位明末的张苍水也是兵部尚书，抗清名将。1664年10月25日（永历十八年九月初七），张苍水被清军杀害于杭州弼教坊。当他赴刑场时，大义凛然，面无惧色。他举目望见吴山，叹息说："大好江山，可惜沦于腥膻！"就义前赋《绝命诗》一首："我年适五九（指四十五岁），偏逢九月七。大厦已不支，成仁万事毕。"传闻临刑时，他"坐而受刃"，拒绝跪而受戮。张苍水墓位于杭州南屏山北麓荔枝峰下，这完全符合他生前的愿望。因为他曾有《忆西湖》一诗表达了自己的期望：

梦里相逢西子湖，谁知梦醒却模糊。
高坟武穆连忠肃，添得新祠一座无。

张苍水就是想跟岳飞和于谦葬在一起，这是何等的胸襟！而有情有义的杭州人让这些英雄能安息于好山好水之间，这其实也是西湖的福气，是杭州的精气。杭州正因为有岳飞、于谦、张苍水这样的"西湖三杰"，才使今天的我们还有精神坐标可寻。

西湖边的名人其实也是散居在街巷里弄的寻常百姓，透着浓浓的市井味。这其中以陆游和龚自珍最具代表性。在杭州的孩儿巷98号，一座被市民保护下来的小楼，曾是陆游在杭的居住地。而上城区马坡巷16号，则是近代思想家龚自珍的旧居和纪念馆。

像孩儿巷96号、马坡巷16号这样的房子，在今天已经屈指可数了。所幸的是，同样在繁华区域里的耶稣堂弄里还保留着一座名人故居，这就是美国友人司徒雷登的故居。1876年6月24日，司徒雷登出生在这幢房子里，这幢房子是美国南长老会传教所的寓所，司徒的父亲是著名的传教士，死于中国，后葬于杭州九里松。不仅如此，司徒的母亲和司徒的两个弟弟（不幸早逝）亦葬于此，所以九里松曾是司徒家族的墓园，但现在墓地已经不可寻。现在耶稣堂弄的房子也是在原址上重建的，就是今天的司徒雷登纪念馆。

很多名人于杭州西湖，或许也只是匆匆一瞥，甚至是波澜不兴的。比如出生于杭州陆官巷的林徽因，她四岁就随父亲离开杭州了，但杭州并没有忘记这位才貌双修的佳人，在著名的花港观鱼公园门口，一尊锁空的雕塑显示了这位佳人的别致风韵，这样的风韵既是抽象的又是具象的，它能给人无限的想象。这大概可以称得上是杭州最好的雕塑。

西湖总的基调是一名温柔婉约的女子。这样的温柔和婉约又是英雄豪杰所喜欢的。因此这大好的湖山也将永远铭记这些有名和无名的英雄。在今天的西湖音乐喷泉旁，矗立着一座抗战纪念碑。那是淞沪战役国军八十八师阵亡纪念碑，后统称为"抗战纪念碑"，是由雕塑家刘开渠先生创作的，纪念碑落成于1935年2月。

同样的，在松木场小区还有一块国军八十八师淞沪抗战阵亡纪念牌坊，那牌坊上"浩气长存"四个大字，每每见之都让人心绪不能平静。

杭州的平安和幸福，西子的温柔和美丽，是由无数热血男儿用鲜血和生命换来的。这样的纪念碑，又大大拓展了西湖的视觉空间。

同样的，孤山后草坪上陈英士跃马腾空的形象，一下子提升了西湖的高度。不仅仅指空间的高度，更是精神的高度。今天的平海路在民国时期曾名英士街，也是为了纪念这位辛亥革命中的英雄。

西湖周边还有一些雕塑小品，它们或在湖边或在路旁。像林社边上的林启，西泠桥边的黄宾虹；还有章太炎、马一浮、马寅初、盖叫天、潘天寿、沙孟海等大师名家的纪念馆和故居。

二、西湖周边的名人墓地

在西湖周边，还有100多位历史名人墓地。西湖周边的名人墓地大体可以分为几大区块。

1. 第一大区块：孤山—北山路区块

自南宋隐士林和靖在孤山梅妻鹤子终老一生后，这里一直是名人们心仪的身后长眠之地。尤其是晚清、民国之际，秋瑾、徐锡麟、陶成章等一干辛亥英烈陆续归葬于此，孤山由是成了"西湖深厚人文底蕴的一部分"。

目前，孤山—北山路区块的名人墓地和遗址主要有：

北宋著名隐士林和靖墓：相关景点有放鹤亭、林和靖纪念像等。

近代教育家、女学先驱惠兴墓遗址：原墓在孤山放鹤亭后，后迁至吉庆山西湖文化名人墓地。

近代传奇爱国诗僧、国学大师苏曼殊墓遗址：原墓位于孤山，后迁至吉庆山西湖文化名人墓地。

明代著名女诗人冯小青墓遗址：位于孤山玛瑙坡云亭内，相关景点有柳亚子祭冯小青墓题碑。

明朝义士郭孝童墓：墓主人原名郭金科，因"入火救母"的义举传颂于世，其墓位于孤山六一泉附近。

辛亥革命烈士鉴湖女侠秋瑾墓：位于西泠桥畔孤山山麓。

钱塘名妓苏小小墓：位于北山路西泠桥畔慕才亭内。

北宋义士武松墓：墓主人为历史上的真的好汉武松，疾恶如仇，葬于杭州，也可以说是打虎英雄武松的原型。其墓位于北山路西泠桥畔。

南宋著名诗人孙花翁墓：位于北山路大佛寺上山口附近。

南宋抗元英雄，与岳飞、于谦并称"西湖三忠肃"的陈文龙墓：位于北山路智果寺牌楼后。

2. 第二大区块：岳庙—栖霞岭区块

南宋抗金英雄岳飞、岳飞之子岳云墓：位于北山路岳王庙内。

南宋抗金名将、岳飞义弟牛皋墓：位于栖霞岭紫云洞附近。

南宋抗金名将、岳飞麾下大将张宪墓：位于杭州植物园大门旁侧仁寿山公园内。

3. 第三大区块：灵隐景区

东晋印度高僧、灵隐寺开山鼻祖慧理禅师灵塔：位于灵隐寺外飞来峰下。

清初名相黄机墓：仅存墓碑，位于北高峰下白乐桥茶园内。

晚清名臣瞿鸿禨（jī）墓：位于灵隐景区永福寺内。

近代著名诗人刘大白墓：位于灵隐景区法云古村内。

近代著名实业家俞子章墓：现仅存墓亭遗址，位于灵隐路石莲亭附近。

九里松基督教新教传教士公墓遗址：这片基督教公墓葬有司徒雷登父母等数十位传教士，现仅存遗址，位于灵隐路石莲亭附近。

4. 第四大区块：杨公堤区块

近代京剧泰斗盖叫天墓：位于杨公堤丁家山麓。

晚清书画大家赵之谦墓：仅存墓址，位于杨公堤丁家山麓。

5. 第五大区块：三台山景区

明代名臣、民族英雄于谦墓：位于三台山麓乌龟潭西。

清末著名学者、国学大师俞曲园墓：墓主人本名俞樾，俞平伯的曾祖父，其墓位于三台山于谦祠后。

清末名臣、学者陈夔（kuí）龙墓：位于三台山于谦祠后。

6. 第六大区块：虎跑景区

近代传奇文化艺人、国学大师弘一法师舍利塔：立于虎跑公园内。

南宋传奇高僧，民间颂其为"济公活佛"济公塔（济颠墓塔）：济公塔为其埋骨灰处，位于虎跑公园内。

7. 第七大区块：南高峰区块

国民革命军独立第二十一师浙江阵亡将士墓园遗址（血园陵）：为国共两党首次合作建造的烈士陵园，现仅存遗址，位于南高峰西坡山腰地带。

近代著名思想家刘思复墓：仅存摩崖墓碑题刻，位于南高峰烟霞洞附近。

近代著名教育家、科学家胡明复墓：位于南高峰烟霞洞附近。

近代著名教育家、科学家朱昊飞墓：位于南高峰烟霞洞附近。

清末著名学者、实业家许引之墓：位于杨梅岭村口。

8. 第八大区块：龙井区块

北宋名臣，民间奉其为"胡公大帝"胡则墓：位于龙井村胡公庙后。

北宋高僧辩才法师墓塔：位于龙井村胡公庙后。

龙井上阁院诸师普同塔：立于清代光绪年间，应为原龙井上阁院僧人埋骨之地，位于龙井村胡公庙后。

9. 第九大区块：南天竺—双峰区块

这里有九位辛亥革命烈士墓，包括：徐锡麟、陶成章、裘绍、尹维峻（裘绍之妻，与秋瑾、尹锐志并称"中国近代女界三杰"）、马宗汉、陈伯平、沈由智、杨哲商、姚勇忱墓。他们的墓原来都在孤山，后迁至南天竺辛亥革命烈士陵园。

浙军攻克金陵阵亡诸将士墓：该墓为光复会攻克金陵时牺牲的四十多名烈士的集体墓葬，原在孤山，后迁至南天竺辛亥革命烈士陵园。

这里有六位文化名人墓，包括：晚清著名教育家林启，近代著名女教育家、女学先驱惠兴，南社女诗人、同盟会成员徐自华，南社女诗人、同盟会成员徐蕴华，南社诗人、爱国志士林寒碧，近代传奇爱国诗僧、国学大师苏曼殊墓。这些墓原在孤山，后迁至吉庆山西湖文化名人墓地。

国民党高级将领冯任臣墓：位于双峰村后天马山西麓。

民国风云人物、大实业家、报业巨子史量才墓：位于天马山西坡山腰地带。

10. 第十大区块：六和塔景区

清代名臣、藏书家龚佳育墓：为杭州保存较完好的清代士大夫墓葬，位于月轮山南麓。

革命烈士蔡永祥墓：蔡永祥为保卫钱塘江大桥壮烈牺牲，其墓位于钱塘江大桥畔杭州革命烈士纪念馆前。

11. 第十一大区块：九溪景区

国民党政要、人称蒋介石的"文胆"陈布雷墓：位于九溪路屏风山疗养院后。

清末著名诗人、维新四公子之一、陈宝箴之子、陈寅恪之父陈三立墓：位于九溪路牌坊山茶园内。

近代著名画家，陈三立之子、陈寅恪的大哥陈衡恪墓：位于九溪路牌坊山茶园内。

12. 第十二区块：云栖景区

明代四大高僧之一、净土宗第八代祖莲池大师墓塔：在云栖竹径五云山上山口附近。

13. 第十三大区块：南屏山区块

近代著名国学大师、爱国志士章太炎墓；近代著名女诗人、章太炎之妻汤国梨墓；明末抗清英雄，与岳飞、于谦并称"西湖三杰"张苍水墓：位于南屏山麓太子湾公园东侧。

明代高僧、曹洞宗第十三代祖如净禅师墓塔：位于南屏山麓净慈寺后，被日本曹洞宗奉为祖塔。

五代高僧、净土宗第六代祖永明延寿舍利塔：墓主人著佛学巨著《宗镜录》，原舍利塔已毁，后重塑，立于净慈寺永明塔院内。

14. 第十四大区块：玉皇山区块

五代吴越国王钱元瓘的妃子、钱弘俶之母吴汉月墓：为保存较好的五代贵族墓葬，位于玉皇山麓八卦田西侧。

五代吴越国王钱元瓘墓：位于南山陵园内。

近代书画泰斗潘天寿墓：位于莲花峰路九曜山南麓。

清代著名思想家、科学家魏源墓：位于九曜山方家峪。

在南山陵园内，还有近30位文化名人墓，包括：

近代著名教育家，先后任浙江大学、北京大学校长马寅初墓；

近代著名教育家、北京大学首任校长何燮（xiè）侯墓；

近代著名教育家、史学家、图书馆学者，陈布雷之弟陈训慈墓；

近代著名数学家、教育家陈建功墓；

近代著名农学家、农业教育家金善宝墓；

近代著名教育家、蚕桑业先驱朱文园墓；

当代著名文学家、教育家陈企霞墓；

近代著名教育家，钱学森之父钱家治墓；

近代国学大师马一浮墓；

近代金石书画泰斗黄宾虹墓；

近代书画大家张宗祥墓；

当代金石书画大家余任天墓；

当代著名画家周昌谷墓；

当代著名书法家、文学家陆维钊墓；

近代著名实业家、都锦生织锦厂创办者，被誉为"丝绸大王"都锦生墓；

清末著名实业家、织锦业先驱袁南安墓；

近代著名经济学家徐青甫墓；

近代著名实业家、银行家、浙江兴业银行创办人之一蒋抑卮墓；

辛亥革命元老吕公望墓；

辛亥革命元老包达三墓；

近代著名军事理论家，与张宗祥并称"文张武蒋"蒋百里墓；

民国传奇女性，曾为郁达夫之妻王映霞墓；

民国传奇女性，史量才之妻沈秋水墓；

清末名绅，梅兰芳秘书许姬传之父许直庵墓；

当代著名钱币学家、钱币收藏家马定祥墓；

当代著名越剧表演艺术家，被誉为"越剧皇后"姚水娟墓；

当代著名昆曲表演艺术家王传淞墓。

同时，在南山陵园内还有20余位开国将领和革命烈士。

15. 其他区块

中国共产党领导人之一、著名共产主义理论学者张闻天墓；美国近代著名外交家、教育家，曾任美驻华大使，创办燕京大学的司徒雷登墓：都位于半山安贤园内。

当代大书法家、西泠印社社长、中国佛教协会会长赵朴初灵骨塔，位于北高峰北麓法华寺外。

近代政界名人、民国总理孙宝琦墓遗址，其墓现仅存遗址，位于杨家牌楼以西山麓。

北宋大科学家、《梦溪笔谈》作者沈括墓：位于安溪镇下溪湾太平山南麓。

清末金石书画泰斗、国学大师吴昌硕墓：原在超山香雪坞，后迁至超山大明堂西侧。

西湖的湖光山色的四季变化，吸引了历代文人雅士驻足于此。他们对酒当歌，吟诗作画，大诗人白居易的"未能抛得杭州去，一半勾留是此湖"，即为他们内心世界真实的写照。

正因为如此，这三面环山、层峦叠翠的西湖之滨，也成了历代名士的最后归宿：孤山、丁家山、积庆山、三台山、灵隐山、凤凰山……。这坟、墓、碑、塔，加上亭、台、楼、阁，又构成了西湖自然景观之外的人文景观。这一切，恰如蔡元培先生在其联语中所言："圣湖风景得祠墓点缀差不寂寞……"

我们徜徉在西湖边，不只是在欣赏美丽的西子湖，更是在与湖边若干墓地的历代杰出的个体生命对话，感受他们的情意，领受他们的惠赐！这种生死对话，是真正的文化传承，真正的生命传承，也是真正的生死感通！

第三节　对生死学应有的态度

生死学是典型的"中国"学问。西方文化有生命学，有死亡学，但没有生死学。中国文化自古即生死合谈，生死并论，生命学一定涵括死亡学。孔子曰："未知生，焉知死？"又言："生，事之以礼，死，葬之以礼，祭之以礼。"言"生"总不离"死"，说"死"又总不离"生"。

"生死学"本质上说并非严格意义上的"知识性学问"，而是一种对生命态度与终极关怀的探索。在这种探索中，一方面透过古今中外哲人的智慧，萃取甘甜的润泽；一方面直视生命真相，在恐惧与禁忌的园地上开出繁花盛景。事实上，只有愿意触及死亡的终究限制，我们才可能从中开拓出生命的尊严与价值。

"生死"二字对多数人而言，具有某种内在的颤动，即使不愿碰触，不想面对，也是生命历程中无可避逃的伤痛经验。但如果选择面对，彼此的生命经验势必会相互碰撞，并且透过生命故事的交流，带来互动、触发与成长。我们不见得要去经历各种不同的生活，但可以透过开放的心，去承纳各种不同的生命经历与故事，进而造就超越自我的疗愈意义。这也是《西湖生死学》愿意讲西湖边人物的生命经历与故事的重要缘由。

欧文·亚隆在《爱情刽子手》中写道："人类的精神像弱不禁风的幽灵，不可一日无错觉，不可一日无魔法，不可一日无妄想，不可一日无生命的谎言。"此话虽在悲叹人类精神上的普遍弱点，却与我们一般人看待死亡的态度极为接近。他谈到每一个人活在世间都是靠上述四样东西在撑持：第一样是错觉，我们靠不断地错觉，让自己活在自我的认知中，即便那是错误的理解与判断，只要那份错觉给了我们希望便期待以假为真。第二样是魔法，魔法不存在，可是我们总希望它存在，希望早上起来的时候会有奇迹出现，希望不会遇到讨厌的人，希望要去处理的困难情境有人帮我们解决。总希望有莫名其妙天上掉下来的礼物，可以用来解决问题，因为总比自己去面对来得轻松容易。第三样是妄想，我们总是不断自编自导自演各式各样的故事，然后以为那些都是真实的状态，以为我们了解别人的想法，其实很多都是自己妄念的组合。第四样是生命的谎言，如果愿意诚实看待自己，会发现我们经常脱口而出的都是谎言，虽然有些属于所谓善意的谎言，可是善意的谎言往往不是拿来欺骗别人，而是欺骗自己的。那些谎言有时并非糟糕到不能面对，只是我们不习惯去面对。

那些谎言、魔法、妄想或错觉，其实和我们对待死亡的态度非常吻合。大部分人都觉得自己不会很快遇到死亡的考验。如果我们问自己或周围的人："觉不觉得自己随时可能与死亡相遇？"大部分人的回答都会是："哪有可能！我这么年轻。"再问："那为什么别人会遇到？"答曰："他倒霉啦！算他运气不好。"问题是到底谁比较倒霉或者谁比较容易碰到？凡是人，就人人有机会。

生死学的一个很大的意义，就是落在从生到死中间这一段。我们到底要怎么去过，没有标准答案，但是，可以透过不同宗教、哲学或思想家，以及当代人的智慧等的分享，了解如何去看待。就此而言，我们可以将生死学的基本精神概括如下。

第一，人除了有生存的尊严，也有死亡的尊严。生死学之所以重要，根本上是因为我们对死亡尊严的重视。这也是生死学中"预立遗嘱"的重要性之所在。你不知道死了以后别人如何处理你的身后事！因而，你可以在遗嘱中做相应的交代。毕竟，死亡是件神圣的事。一个生命离开，不管是不是换个空间待着，都值得我们好好去对待最后这一段路。

第二，生死一体，探讨死亡不可能忽略活着的这一段。生死学尽管要认真讨论死亡，但是，不是为了谈论死亡而谈论。生死学强调的核心精神在于：面对生命，我们不能忽略死亡随时在眼前；面对死亡，我们不能忽视生命本身的意义！只有把生死交错融合地看待，我们的生命才会比较完整。生死不能被切割。

第三，追问生命的意义，明白我们到底为什么而活着。很多人活得很痛苦，是因为找不到存在的意义，不知道自己活着为什么。有人形容这个问题就像一个魔咒，当你开始问自己"我生存的意义是什么"时，它就一辈子离不开你了，也许你会暂时忘记，可是它会突然窜出来问你："你生存的意义是什么?"存在主义哲学家告诉我们：只要你是一个存在者，生存在这个世间，这个问题就避不开。在人生不同历程当中，我们给自己的答案是不一样的。它是一个变动的、流动的状态，与我们每一个时刻关心的事物有关。

第四，理解生命的目的与生命控制的问题。我们能不能控制自己的生命？在某些限度内，可以怎么做？超出限制范围的，又可以怎么看待？包括能不能控制别人的生命，能不能控制其他生物的生命？苦难是不是都是负面的？苦难是不是都带来痛苦？苦难当中有没有机会学到不同的东西？

第五，学习对死亡的接纳。死亡是生命的一个部分，我们接纳生命就必须接纳死亡。但这需要学习、体验和智慧。自己的死亡或者别人的死亡可能或真实发生了，该怎么去接纳？

关于我们对现代生死学应有的态度，我们需要考虑几个问题：我们从生死学中可以学到什么？我们从生死学中学不到什么？我们应该以什么方式来理解生死学？

我们从生死学中可以学到什么的问题，实际上也就是我们为什么要学习生死学。大体上说，可以有这几个方面：

第一，了解自己到底用什么模式在活着。"模式"这个词，就是"习气"。我们是用什么样的习气在过生活，平常我们总习焉而不察，每天都这样过，但我们不知道为什么，也不清楚自己用什么样的方式在进行。如果问大家："每天早上起床的时候是右脚先下床，还是左脚?"有些人很快有答案，很多人就得想很久。有个留长胡子的人，别人问他："睡觉的时候胡子是在棉被外面？还是里面？"自从别人问他这个问题之后，他就失眠了，因为晚上睡觉的时候就一直看他的胡子，它应该是在里面还是在外面？其实我们每天生活都是这样子过，日复一日，年复一年，走类似的路，循着相同的模式吃饭或走路，可能很习惯，却是不明所以的。透过生死学的观照，也就是提醒我们做这样的觉察，透过这个过程，希望能够看到这种模式的运作，然后给自己分析、观察的机会。

第二，看清一般人面对死亡那种逃避、遮掩的方式。通过生死学，希望提醒的是：死亡是真实存在的，并不恐怖，却也没有侥幸，就算不想理它还是存在。死亡是存在的一种方式，我们活在这个世间，先生，然后死。这是一个连续的状态，不会因为我们不去理它，它就不存在。我们可去思考、觉察、面对死亡与自己的关联，其中的意义是，如果死亡不是一件与自己无关的事，一旦碰到了，便不会措手不及，不会惊叹"怎么可能"甚至在惊讶状态下陷入不知所措的困境当中。

第三，提醒我们不再把活着当成理所当然，认为我去睡了，明天一定会醒过来。要知道活着不是那么理所当然，不是每个人都可以睡了就醒过来的。欧文在《存在心理治疗（上）》一书中提到：死亡是一种边界经验。所谓"边界经验"就是逼显出一个原来我们都跟它有关，而且逃避不了，却蓄意不去思索的体验：我们应该去面对生命中"活着"的这一段。因为它真的不是那么理所当然。为什么社会上有那么多人自杀？甚至是带着家人一起寻死呢？大部分都是因为遇到变动，措手不及，因为不相信熟悉模式下的人生会改变。我们从小就被教育做人生规划，按部就班念书、就业、成家，拓展事业，爬到人生的高峰，这是一个规划好的、只管照着模式去走就可以的历程。职场里最热门的进修课程也多是生涯规划、时间管理之类。一般人都没有想到要去学习"风险管理"。风险管理就是告诉我们：风险随时都在，随时都可能出现，只是我们不去面对这样的可能性时，就会把活着，把每天日复一日这样过下去当作理所当然。所以，透过生死学的探讨，希望让自己思考：如何活得更好，更符合自己真心想要的方式。

第四，思考自己生命的价值。如果我们诚实面对自己的内在疑问"我要把生活过成什么样子"，就会把我们带入生死学的另一个课题，即生命的意义何在。我们拥有了这一个难得的人身，拿它来做什么？我们在世间享用了这么多精神上、物质上的资源以滋养人身，它的价值与意义是什么？

不过，生死学并非包医百病的良药。我们从生死学中学不到什么呢？

首先，我们无法知道死亡的真相。也许不同的宗教或信仰会有各自的说法，但这已进入信仰的领域，是目前科学无法验证的。作为生死学课程，教学必须和信仰切割开来。

其次，我们无法知道死后的世界。很多哲学家、科学家、宗教家努力地想要阐释"灵魂"，阐释到最后仍然属于各自范畴的表述，没有办法定义哪一个是绝对正确的，可以提供的，只是不同宗教或科学探讨的结果。

再次，我们无法得到任何关于生死的保障或保证。因为，生命的意义、生命的真谛，或者，解脱、修行的道路，本来就是孤独、辛苦、漫长的。同时，它又完全属于个人的感受与体验。因此，我们没有办法获得保障。

最后，没有权威人士。我们可以参略各领域的智慧，哲学的、宗教的、心理学的，等等。但是，我们不能说："因为这个人在死亡的历程上很有权威，所以可以相信他。"有趣的地方就在这里——人人都是权威，但人人都不是绝对的权威。每一个人都可以提供他的各种不同经验或智慧，但没有人可以告诉你："这是绝对、唯一的。"

那么，我们到底应该以什么方式来理解生死学呢？

首先，练习面对恐惧和未知。死亡总是带给人恐惧。我们要把恐惧拿出来晒太阳,"直视骄阳"。不要让它躲在角落、衣橱、地下室里面,以免一看到某些情境就引发恐惧的感受。练习面对未知。未知令人恐惧。其实不只未知可怕。如果我们对过去充满依恋,对未来充满梦幻的期待,对现在轻忽而过的话,过去、现在、未来这三段都可怕。

其次,勇于面对内在的失落与哀伤。我们在面对伤痛事情时,总习惯听到这样的劝慰:"你要节哀顺变!""不要再难过伤心了,这样会……"所以,我们内在的一些情感没有被看到、被处理。未处理的事物就藏进黑盒子里,但黑盒子会出来吓人,会在我们隐藏了很久之后的某一天、某个情景,甚至闻到某个味道时,而触发隐藏许久的伤心故事。因此,我们可以通过学习心理学的观点等方法,去面对失落与悲伤的情绪。

再次,了解别人如何看待死亡、对待死亡,包括各种不同的宗教或哲学、文学、文化等。死亡既然是每个人都会碰触到的课题,别人怎么走过的,有时候可以帮我们做一些思考。这些都可以用来当作参考指标,或提醒我们以各种不同的角度来思考。虽然没有标准答案,但总会有适用的。虽然这个适用会随着时空环境,以及我们内在的成长产生变动与调整。当我们有愈开放的心,愈能容纳、容摄更多种不同的可能时,面对问题就比较有机会找到不同的趋向。方法不会只有一两个,可以有很多种不同的考虑。

最后,找出或建立自己的生死观,或自己对待生命与死亡的态度。学习追问自己:我把死亡当作什么?生命当作什么?从生到死的过程,我打算怎么过?德国哲学家马丁·海德格尔曾说过,我们像是被莫名抛掷在这个世间。我们被丢到这个世界来,莫名其妙什么时候要死了也不知道,就在思索这个莫名其妙的"生"和莫名其妙的"死"之间,出现了存在主义式的思考。存在主义思考在于发现人的生命的"荒谬":怎么来的?不知道。什么时候死?不知道。可是,我们有一个很重要的权利,就是在生到死中间的这一段,我们有权利、有自由,也有义务活出一个我们认为有意义的生命。透过各种不同的生命观、生死观、价值观的理解,在当中糅合出一个自己现在想要过的人生,想要对待死亡或生命的态度,是生死学可以给我们的重要启示。

第三章　从苏小小说生死学的大哉问

第一节　西湖边的红颜苏小小

说到西湖，人们很容易想到苏轼的那首《饮湖上初晴后雨》。西湖如女人般妩媚可爱，淡妆浓抹总相宜。而西湖这般妩媚可爱，确实也有女人们的巨大贡献！西湖边的红颜，也就是西湖边的女人。西湖边的红颜，是杭州地域文化和西湖文化的一抹奇异色彩，是西湖的一道靓丽风景，使本来就充满风花雪月味道的西湖变得更加富有内涵，更加柔软艳丽，更加迷人。

她们有的在杭州出生成长，是杭州本地人；有的在杭州度过了童年，从小受到了西湖山水和文化的滋润；有的在人生的某一个阶段到过杭州，或者在西湖边生活过；有的则最终魂归西湖，永伴湖山。她们有的月白风清，有的淡雅宁静，有的明媚艳丽，有的凄婉多情，有的贤惠温顺，有的愁苦悲凉，有的英武刚烈，有的英姿飒爽，有的多才多艺，有的优雅温馨。总之，多姿多彩，光彩照人。她们身上显示了不同历史时期、不同职业、不同生活形态的女性的各种生活状况。

虽然处在不同的时代，从事着不同的职业，有不同的信念和志趣，有着不同的人生经历，但她们都以自己的方式，从不同的侧面，反映出不同时代中女人的命运、女人的风采、女人的追求、女人的奋斗，以及女人的喜怒哀乐、爱恨情仇、悲欢离合。同时也反映了她们所处时代的特点和社会发展变化的轨迹，反映了不同时期女性的特点和变化，呈现出随着社会文明进步，妇女获得自由、平等、解放的足迹。

在这个过程中，她们又总与杭州和西湖有着某种联系或者机缘，在她们或长或短的人生经历中，或多或少地受到这方山水的影响，打上了杭州和西湖的印记，也为杭州这座历史文化名城和深厚的西湖文化注入了丰富的人文内涵、特有的神韵和独特的魅力，成为西湖文化和杭州人文精神一个重要的组成部分，使西湖文化体现出更为明显的多源性、丰富性和包容性。如果按照时代先后划分，西湖边的红颜大体可以有这样一些代表：

唐以前：苏小小。

唐宋时期：樊素、小蛮、王朝云、朱淑真、李清照。

明清时期：冯小青、林天素、柳如是、黄媛介、王微、杨云友、袁机、梁孟昭、顾之琼、林以宁、徐德音、陈端生、孙云凤、文静玉、汪端、吴藻、沈善宝、惠兴。

近代：秋瑾、尹维峻、沈秋水、王映霞、胡杏芬、张爱玲、林徽因、陈学昭、汪协如。

所有"西湖边的红颜"，苏小小无疑是最早的一个，而且其生命、生活、生死对后世红颜具有深远影响，她成为当之无愧的代言人！

苏小小可能是故事最少、影响最大的名妓。不管愿意不愿意，这位名妓的资格比西湖边的其他名人都老。在后人咏西湖的诗作中，人们总是有意无意地把苏东坡、岳飞放在这位姑娘后面："苏小门前花满枝，苏公堤上女当垆""苏家弱柳犹含媚，岳墓乔松亦抱忠"。就是年代较早一点的白居易，也把自己写成是苏小小的钦仰者："若解多情寻小小，绿杨深处是苏家""苏家小女旧知名，杨柳风前别有情"。

有关苏小小的最早记载，出自南朝徐陵的《玉台新咏》，这是一部收录自东周至南朝梁的诗歌的集子。其中有一首无名氏的《钱塘苏小小歌》：

> 妾乘油壁车，郎骑青骢马。
> 何处结同心，西陵松柏下。

由此诗始，古今文人学者均指认苏小小为钱塘名妓。

从这首简短的诗中我们感知到的是苏小小对于情郎的大胆爱意，诗中的苏小小更像是一个情窦初开陷入炽烈爱恋中的活泼少女。诗中唯一透露苏小小身份信息的便是首句中的"妾"字。"妾"在古代只是女子对自己的谦卑称谓而已，应该理解为"我"之意，根本不能从此处推断其为妓女。

诗中提到的"油壁车"并非平民可随意乘坐的，《晋书·舆服志》："公主、王太妃、王妃，皆油轿车，驾两马，右骖。"油轿车即油壁车。《南齐书·鄱阳王锵传》："……殿下但乘油壁车入宫，出天子置朝堂……"由此可见苏小小可能出身贵胄之家。

关于苏小小的传说大体如是：

苏小小，出生在美丽的钱塘（今杭州）西泠桥畔，也许是吸收了西湖山水的灵气，小小不但长得眉清目秀，而且聪慧过人，很小的时候，其父吟诗诵文，她一学就会，是天生的才女。

小小六岁时，父亲不幸病故，这根顶梁柱的轰然倒塌，彻底改变了小小的命运！为了生计，小小的母亲只能承受着屈辱与痛苦做了妓女。身为妓女，小小的母亲遭受着精神与肉体的双重折磨，在小小十岁时，母亲身心交瘁，一病不起，临终时，把小小托付给乳母贾姨妈。

母亲去世后，小小与贾姨妈相依为命。借着母亲留下的财产，头几年，小小倒也过得无忧无虑。由于酷爱西湖的山水，又喜爱读书作诗，小小将自己的住屋布置得幽雅别致，取名"镜阁"，圆窗两旁还挂了一副对联："闭阁藏新月，开窗放野云。"为了能够更好地欣赏西湖的山水，小小请人制作了一辆小巧灵便的油壁香车，她经常坐着油壁香车，穿行于烟云之间，游走于山色之中，一路行走一路朗声吟诗，悠哉似仙女下凡。

这样逍遥的日子过了没有多久，母亲留下的积蓄所剩无几，贾姨妈心急如焚，一再催小小嫁人，可是性情固执的小小，绝不会委身于自己不喜欢的人："宁以歌妓谋生，身自由，心干净，也不愿闷死在侯门内。"之后，小小义无返顾地开始操琴谋生，不久就成了钱塘有名的歌妓。

某日，晴空万里，阳光明媚，小小乘坐油壁车去游春，行至断桥处，偶遇一骑着青骢马的少年，那青骢马受到小小油壁车的惊吓，猛地一颠，将马背上的少年摔了下来。这位摔下马的少年正是当朝宰相阮道的公子阮郁，他是奉命到浙东办事，路经杭州来西湖游玩。阮郁从地上爬了起来，抬头看到了端坐在香车之中的小小正向他报以歉意的微笑，顿时被惊呆了。他被眼前这位貌似仙女、举止高雅的少女深深地吸引了，眼睛直勾勾地望着渐渐远去的小小，许久没有回过神来。第二天一大早，阮郁骑着青骢马，径直来到了西泠桥畔小小的住处。

阮郁乃宰相之子，长得英俊潇洒，又见过世面，而且诗词歌赋也很了得，言谈举止文雅大方，全不像那些只懂吃喝玩乐的纨绔子弟，只谈了一会儿，便让小小刮目相看，心中更加喜欢，破例请阮郁上了镜阁，让他眺望西湖美景，欣赏自己写的诗句。

就这样，一个是相国公子，一个是青楼歌妓，难以被社会与礼教接受的爱情在两个人之间产生了！在西陵的松柏之下，他们许下誓言。阮郁便在苏小小的家中住了下来，二人每日携手同游，吟诗作赋。他们爱情像传说一样美丽。

可美丽却总是短暂的。小小与阮郁成婚之后，用书信的方式通知了阮郁的家人，阮道得知自己的儿子娶了一个歌妓为妻，气得差点昏死过去，他怎么也不能容忍，一个堂堂宰相之子娶了歌妓。

他先是写了封意味深长的书信给阮郁，假惺惺地告诉儿子：小小既是品貌双全的才女，虽然身份卑微，但他并不反对。过了一段时间，阮道又给儿子写了第二封书信，谎称自己得了重病已经卧床不起。知书达理的小小急忙让阮郁回去探望父亲。阮郁奉父命回家，从此再无音信，临行前说起的那一到家便择吉日迎娶的话儿,也消散在风中了。

爱情结束了,该怨谁呢?阮郁不是薄幸的人,可父命难违,他能做什么?那么小小呢?谁来平复她心中的伤?"夜夜常留明月照,朝朝消受白云磨。"这是阮郁走后小小的生活写照。

在一个晴朗的秋天,在湖滨她见到一位模样酷似阮郁的人,却衣着俭朴,神情沮丧,闻讯后才知此人叫鲍仁,因盘缠不够而无法赶考。她觉得此人气宇不凡,必能高中,于是主动提出为他提供钱物上的帮助。鲍仁感激不尽,满怀抱负地奔赴考场。

当时的上江观察使孟浪因公事来到钱塘,身为官员不好登苏小小之门,于是派人请她来府中,没想到苏小小架子很大,催了几次方来,孟浪决定难为她一下,于是指着庭外一株梅花让她作诗,苏小小从容不迫地信口吟出:"梅花虽傲骨,怎敢敌春寒?若更分红白,还须青眼看!"孟浪赞佩不已。

只是佳人薄命。苏小小在第二年春天因病而逝。据说,苏小小是死于偶感风寒。离别阮郁,赠金鲍仁,都只是她生命中的一些经过,真正牵着她的心的,只有那西湖美景,她只愿同她的油壁车徜徉在西湖的山山水水之间。一日,游得倦了,苏小小便在湖边的一块平整石头上歇了下来,不注意就睡着了。等醒来,已经是第二天的早晨。湖边的寒露使她病倒了,从此身体一天天差了起来,直至病逝。那年,她19岁。

苏小小临终遗言:"生在西泠,死在西泠,葬在西泠,不负一生好山水。"

鲍仁倒也算是为小小还了心愿。这时鲍仁已金榜题名,出任滑州刺史,赴任时顺道经过苏小小家,却赶上她的葬礼,鲍仁抚棺大哭,在她墓前立碑曰:钱塘苏小小之墓。

当年鲍仁所建之墓早已不存。至清代康熙南巡时,曾经重建。民国时期也曾经重建。近代以来的"钱塘苏小小之墓"呈圆丘形,墓在亭中,亭名"慕才亭",平面呈六角形。1964年,苏小小墓及亭均被夷为平地,西泠桥畔亭桥相映生辉的优美画面也从此消失。1982年,为弥补此一缺憾,重修慕才亭。亭形虽然与原亭相仿佛,但亭柱上却只书刻了两副楹联。其中一副"湖山此地曾埋玉,花月其人可铸金"的"花"竟被书刻成了"风"。2004年经各方敦促和市民热烈争论后,杭州市政府决定重修苏小小墓。园林专家孟兆祯根据老照片反复推敲后重建了该墓。

重建后的苏小小墓比旧墓略大,新亭也比旧亭略高。墓和亭用泰顺青石雕琢而成,由六根方柱支撑,高3.15米,墓径2.6米,圈高0.9米。亭柱重刻十二幅楹联,邀请了沈鹏、马世晓、黄文中等12位书法家题写。

今日的苏小小墓,实际上是一座空墓,位于杭州西湖西泠桥畔。在西湖风景区内的景点中,苏小小墓在杭州的知名度很高,可谓家喻户晓。

苏小小,史中没有记载的青楼才女,传说中的名妓,曾经是男人心中的一个梦!

苏小小其人,于史无证,身世难考。她的形象建立在文化记忆与文学想象交构的意义的框架中。在南朝的《钱塘苏小小歌》中,苏小小是一个热情奔放的钱塘女子。从《钱塘苏小小歌》开始,由中唐直至明清的古代文学作品中,关于苏小小的记载屡见不鲜。不同的作者在苏小小身上投射了不同的属于自己的情感,有时欢快、有时悠闲、有时凄凉、有时坚强……这因人而异的知己情怀构成了苏小小丰富的情感世界,也促成了苏小小形象的演变。中晚唐的诗歌,把她重构成多情、坚贞的钱塘妓女。由宋至清,她从痴情的钱塘美人演变为才貌双全的佳人典型,从而成为古典中的一个经典形象。

她以优美而具象的方式承载和表现了某些中国传统文化的母体。如对精神家园的追寻、天人合一的审美理想、体用不二的传统哲学以及民族文化心理的深层结构等。在苏小小身上,寄寓了人们从肉体到灵魂、从凡俗到高逸、从现世到青史等不同层面的理想和心理需求。

苏小小虽然于史无证,却因一首简短的艳情诗而受到后世众多作家的青睐。或许是因为她在那首《钱塘苏小小歌》中所表现出的对于爱情的大胆执着,也或许是因为历代文人在她身上寄予了自己的理想,钱塘苏小小与她的美丽、痴情、才华,与情郎永结同心的誓言甚至她乘坐的油壁车、她的墓冢、她逝去后的幽魂都成为千百年来文人们想象、吟咏的对象。

被称为"鬼才""诗鬼"的唐朝诗人李贺,早年游历江南的时候,写下了诗歌《苏小小墓》:

幽兰露,如啼眼。
无物结同心,烟花不堪剪。
草如茵,松如盖。
风为裳,水为珮。
油壁车,夕相待。
冷翠烛,劳光彩。
西陵下,风吹雨。

"幽兰露,如啼眼。"起句一个"幽"字,既表现出一种冥境的凄冷,又使人如同看到了苏小小幽怨的眼神。空谷幽兰,本是空灵纯美之物,遗世而独立。所以,幽兰上的那一颗露珠显得尤为纯洁和珍贵。但是,露珠的存在是短暂的,一如早逝的苏小小。露珠犹如苏小小那含情脉脉的明眸,让人心生怜爱的美。

"无物结同心,烟花不堪剪。"站在苏小小墓旁的李贺,生死相隔,连坟墓上绽放的花朵都凄迷如烟,缥缈虚无,令他眼见却无法触及,更无法剪来赠予相知。

"结同心",即找到自己的灵魂伴侣,并与之永远心心相印,这是古往今来才子佳人共同的美好心愿。这里写到"无物结同心",其实只是李贺内心的想法。

"草如茵,松如盖。风为裳,水为珮。"芊芊绿草,像是她的茵褥;亭亭青松,犹如她的伞盖;春风吹拂,就是她的衣袂飘飘;流水叮咚,就是她的环珮声响。苏小小的美就如同她的灵魂一样,已经幻化在周围的一草一木中,融入大自然。

"油壁车,夕相待。"就连当年的油壁车也还在夕阳下等待着幽会的主人。有很多人将这句理解为物是人非,虽然油壁车还在,但是苏小小和她的如意郎君已经散去了。其实,李贺并没有明确说出他心中的故事的结局,"夕相待"的原因,也许是苏小小去和情郎相会,而油壁车停在路旁等着她归来。

"冷翠烛,劳光彩。"翠烛,指鬼火,有光而没有火焰,所以称为冷翠烛。一旁闪耀的鬼火仿佛烛光一样,为两个有情人而设。

"西陵下,风吹雨。"以风雨交叠的西陵之景作为整首诗歌的结尾,就像是一个没有讲完的故事,全诗在风雨声中戛然而止,把余音留给后人回味,就像是水墨画中大片的留白,不仅具有美学意义,还另有一番深意。没有悲怆、惋惜,有的只是无限遐想,幻化成鬼魅的苏小小究竟能否同自己的心上人永结同心,这是诗人留给世人的一个谜。

同处于二十多岁的年纪,李贺用苏小小自比,他不忍心也不甘心写下"无物结同心"的结局。整首诗以李贺的意识发展为线索,不受时空生死的限制,而是呈现了生死幽冥相互感通的意境。

第一句"幽兰露,如啼眼",直接从现实进入虚幻,生动地描绘了苏小小的美貌;紧接着,"无物结同心,烟花不堪剪",诗人的意识又回到现实,联想到关于苏小小的传说,不禁心生感叹;然后,"草如茵,松如盖。风为裳,水为珮。油壁车,夕相待。冷翠烛,劳光彩。"再次进入虚幻世界;最后以"西陵下,风吹雨"的现实场景结束。形式上,现实与虚幻的转变,让读者目不暇接。内容上,生命世界与死亡世界相互对话,让我们情意感通。

现代新儒家唐君毅先生在谈到生死感通时说:

> 当后死者之感到其期望顾念祈盼之诚中此精神之存在时,则虽铁石心肠,皆不能无感动。由此感动,后死者乃真实接触了、了解了死者之精神与死者之深情厚谊。而此感动,则代表后死者本身对于先死

者之一深情厚谊。于此，死者之精神，是如由其自身超越，以一跃而存在于他人之精神中；而后死者之受其感动，则是后死者自身之精神，自超越其平日之所为所思，而直下以死者之精神为其精神。[①]

通生死阴阳的基础在情志。在死者言，情志常表现为死者对世间的余情与遗志；在生者言，则常表现为生者对死者的怀念、诚敬以及由此而生的继志述事之心。这些都建立在心灵生命的实存感受上，建立在生死幽明之间的深情厚谊上。

相传苏小小的芳魂听了李贺的这首诗后，就一直陪伴着李贺浪迹天涯。这或许就是儒家讲的生死幽冥感通的生死观的一种寄托吧！

现代学者余秋雨在《西湖梦》中谈到苏小小时这样评价：

> 她不愿做姬做妾，勉强去完成一个女人的低下使命，而是要把自己的美色呈之街市，蔑视着精丽的高墙。她不守贞节只守美，直让一个男性的世界围着她无常的喜怒而旋转。最后，重病即将夺走她的生命，她却恬然适然，觉得死于青春华年，倒可给世界留下一个最美的形象。她甚至认为，死神在她十九岁时来访，乃是上天对她的最好成全。难怪曹聚仁先生要把她说成是茶花女式的唯美主义者。依我看，她比茶花女活得更为潇洒。

"苏小小，一直把美熨贴着自己的本体生命。她不作太多的物化转捩，只是凭借自身，发散出生命意识的微波。"

"一直把美熨贴着自己的本体生命"的苏小小，在西湖边以一座空墓向我们表达一个独特的生死意象，启示我们去追问一些根本的生死大问题：生从何来？死向何去？活当怎样？

第二节 现代生死学的大哉问

苏小小其人，于史无证，身世难考。

但是，恰恰是她的难考的身世，为后世文学与文化建构其身世留下了巨大空间。

一、生从何处来

因为，人之为人，总有自己的终极关怀情结，而"生从何来"便是其中之一。这也是现代生死学的重大关怀问题之一。

---

① 唐君毅．人生之体验续编［M］．桂林：广西师范大学出版社，2005：89．

从生命的起源看，弱小单一的个体生命，具有强大无限的宇宙性背景。也就是说，每一个个体生命都不是孤零零地悬空存在的，而是具有一个宇宙性的根基。这个宇宙性根基，宗教家把它叫作神或者神性；科学家将它叫作自然或者物性；哲学家则视其为本体或者宇宙精神或者天（理）。

正是因为每一个个体生命都有这样一个宇宙性的根基，个体生命才不只是属于个体的脆弱肉体生命，而是值得敬畏的宇宙神性生命。培根曾经说："人类在肉体方面的确与禽兽相近；如果人类在精神方面再不与神相类似，那么，人就是卑污下贱的动物了。"[①]

尽管个体生命是秉受天地人之灵气而诞生的，但作为一个实实在在的生命个体，还是由遗传自父母的部分基因而成的。人之初都是由一个受精卵经过不断的分裂增殖发育而成的，在这个受精卵里蕴涵着父母的无数个遗传基因，详尽设定了后代的容貌、生理、性格、体质，甚至于某种遗传病，子女就是按照这些特征发育成长的。

个体生命的诞生具有不可替代的基本事实意味。一方面，出生不是由个人选择和决定的，我不是自己想出生便来到世界上的。用存在主义的话说，"我是被抛到这个世界上来的"。我之所以出生，我以什么样的身体样式出生，我以什么性别出生，我出生在什么时间、地点……所有与我出生有关的事件，都不是由我决定的，不是由我选择的，甚至似乎是与我"无关涉的"。另一方面，每一个个体生命的诞生实际上又包含着"身体—心智—灵性"的三重诞生。

我的出生，实际上标志着"我"以一个独特的"身体形象"展现于世人面前，存在于"这个"世界上。并且，我开始"使用"我的身体，不管是不是自觉地使用。我用我的嘴吃奶和哭喊，我用我的眼睛看人间冷暖，我用我的手挥动空气展示力量，我用我的身体的某些部分排泄我不需要的废物……总之，我似乎一下子就被"身体"所左右，并且似乎还要一辈子都被这个身体所左右。

我的出生就意味着我可能拥有了用眼睛看、用耳朵听、用鼻子嗅、用身体触的能力，亦即我们的感觉器官去感知的能力；拥有了分清你我、分清父母、分清世界的能力，亦即用我们的思维器官去进行知性甚至理性思维的能力；拥有了高兴、愤怒、喜欢、厌恶、恐惧、惊愕、悲伤等的能力，亦即对情绪情感的体验和表达的能力；拥有了使用我的肢体去爬行、走动、奔跑，用我的牙齿咀嚼、用我的喉咙吞咽的能力，以及使用我们的身体去实践

---

① 培根.论无神论[C]//人生哲学宝库编委会.人生哲学宝库.北京：中国广播电视出版社，1992：23.

的意志能力。换言之，我们出生便拥有了一种可能的健全的"个性心理"能力。

而且，我们的出生还意味着，我们具有了潜在的学习能力，我们可以领悟父母、老师的教导，能够感受到父母、长辈的养育恩德，能够思考和选择自己的人生道路，能够确立和实现自己的人生目标……这些能力是一种潜在的"灵性精神"能力。

个体生命的诞生不仅具有事实上的意味，还具有我们可以充分想象的若干可能的意味。

个体的诞生具有宇宙意义，每一个个体生命都是茫茫宇宙中的"唯一者"。200亿年的宇宙演化，200亿光年的茫茫宇宙，无数颗星球的生死转化，无数种存在者的存亡灭续，你居然能够成为其中之一分子，成为唯你能成为的其中之一分子。你成了这浩瀚宇宙中之顶天立地者，无数的存在者看着你的出生，无数的存在者为你而存在。

哲学家唐君毅说：

> 在无穷的空间，无穷的时间中，你感到你的渺小吗？你便当想到你能认识广宇悠宙之无穷尽性，你的心也与广宇悠宙一样的无穷尽。其次，你要知道，你的身体，亦非如你所见之七尺形骸。你呼吸，你身体便成天地之气往来之枢。在你身体内，每一刹那有无穷远的星云之吸引力，在流通。在你身体内，有与宇宙同时开始的生命之流，在贯注。你身体是宇宙生命之流的河道。宇宙生命自流自无始之始，渗透过你身体，而流到无终之终。你生命之本质来自无始之始，终于无终之终。同时你如是之生命，是一亘古所未有，万世之后，所不能再遇。①

个体的诞生也具有无穷的大地意义。你在地球出生了，目前已知的唯一有生命存在的星球；你以人的身份和面目出生了，目前我们已知的唯一智慧生命；你在中国出生了，目前我们已知的有智慧文明以来唯一不间断文明的国度；你作为父母的孩子出生了，作为母亲一生所可能创造的几十个生命中的幸运者，作为父亲一生所可能创造的若干亿个生命中的幸运者；你健康地出生了，在人类和整个生命进化历程中，你获得了最为强壮、健康和适应环境的健康基因……

个体的诞生还具有人类的意义，每个个体都是人类生命的传承者。你出

---

① 唐君毅．人生之体验［C］//唐君毅．唐君毅全集．北京：九州出版社，2016：38—39.

生，父母的生命进入了你的生命；你出生，父母的父母以至整个人类的生命进入了你的生命；你出生，意味着人类未来的生命将从你开始；因为你的出生，一个或者更多的新生命的出生将成为可能；人类将得到延续……

个体的诞生也具有个体本身的意义，每一个个体生命都是自己生命价值的承担者。你的出生，是你之为你的一个标志性事件；你拥有了独一无二的身体；你拥有了独一无二的家庭及社会关系；你拥有了独一无二的面孔、身份以及姓名；你还将创造独一无二的个性、人格；最重要的，你的生命成为一个真实的生命。

个体的诞生还具有社会的意义，每个个体都是社会价值的创造者。因为你的出生，一个男人成了父亲；因为你的出生，一个女人成了母亲；因为你的出生，一个护士实现了她的价值；因为你的出生，一个家庭多了一份亲情、一份爱、一份快乐和幸福；因为你的出生，一所学校将增加一个成员；因为你的出生，派出所的户口簿将发生改变；因为你的出生，中国的人口数量、人口结构将发生改变；因为你的出生，地球环境、人类文明都可能发生改变……

个体的诞生还具有天下的意义，每个个体生命都是文化价值的体现者。你的出生，标志着一个人以及与人有关的一切的生命得到确认；你将成为人之为人的一个标本、一个榜样；你将演绎整个人类的发展历程，人类整个的历史都将呈现在你的一生中；你将展示人类独有的智慧；你将承传人类独有的文明；你将用你的智慧增进人类的文明成果……

总之，个体生命的诞生，并不只是秉受天地之灵气，也不只是获取父母的基因遗传。在相当程度上，人类个体生命的诞生，是整个人类社会关系的产物，同时又在生产着整个人类社会关系，尤其是血亲关系。在整个人类生命中，个体生命永远都只是那个生命谱系的一环，上承祖宗先人，下传子孙后代，左连兄弟姐妹，右接丈夫妻子，如此不断延伸，个体生命就在一个由血亲关系组成的巨大网络中成为人类的一员。

二、死向何处去

苏小小死了，传说死于风寒，在她19岁的时候。

西湖边苏小小墓的存在，清晰地标识着，苏小小死了，即使那座墓地只是一个空墓。

这个"空墓"具有极大的关于死亡的象征意义。

"死了"的苏小小到哪儿去了呢？她真的死了吗？这昭示了现代生死学另一重大关切，即对死亡的本质与意义的理解。

"死亡"常被认为不净、失败、归零，在西方被称为"不受欢迎的结局"

"不可挽回的失落",中国古人对死的理解,最初是从生命止息的角度入手。

庄子言:"人之生,气之聚也。聚则为生,散则为死。"(《庄子·知北游》)

此"气"是由魄、魂所组成,"人生始曰魄,既生魄,阴曰魂"(《左传·昭公七年》),魄是依附形体而存在的精神,魂则为精神之意念。"魂气归于天,形魄归于地"(《礼记·郊特牲》),死亡意味两者分离,亦即阳魂阴魄。

死亡是人类由生物变成无生物的分水岭。如果说"人人生而平等"是生死学的事实起点,那么,"人人必能超脱死亡"则成为生死学的理想终点。

历史学家、社会学家和人类学家们的研究也在帮助我们更好地理解人们对死亡丰富和复杂的认知。菲利普·艾瑞斯是法国的文化历史学家,他总结了人类对死亡的五种认知形态。

1. 死亡是顺其自然的。死亡是熟悉而简单的,也就是说它是不可避免的,所以也就没有必要回避它。抱有这种死亡观的人,在临终的时候,是非常平静地等待着死亡的,通常他们身边都陪伴有亲人,亲人们也同样平静地等待着生命的终结。也有人将死亡看成一种睡眠,认为死亡就是永恒的睡眠,通往极乐世界。

2. 死亡是让人不安的。死亡让死者在临终之时十分恐惧,因为他相信他死后将受到审判,可能会享福,也可能会受到惩罚。有几种宗教都有这样的信仰。比如说,犹太人在死亡的时刻要念诵祈祷文;穆斯林认为在死亡的时刻诵读圣名就可以被救赎;一些佛教徒相信在死亡的时刻要念诵阿弥陀佛,这样可以保证死后进入净土。在西方,在这种认识的引导下,人们逐渐发展出正式的安魂仪式。

3. 死亡是熟悉又陌生的。人们对待死亡的态度是高度矛盾的。一方面,死亡被认为是一个自然事件的完整的终结,另一方面,人们又竭尽全力拒之于千里之外。死亡是自然的,也是危险的;是引人好奇的,也是让人忌讳的;是让人充满美丽期待的,同时也是让人充满恐惧的。

4. 死亡是生者不能逾越的另外一个世界的界线。死亡就是道分界线,使生者与死者阴阳相隔。对于生者,死亡就是难以接受的永别,感受和行为会失能。对于死者,死亡就是与另一个世界的亲人团聚。

5. 死亡是讳莫如深的。有些人认为死亡是肮脏的,在公众场合的死亡更是让人讨厌的。临终的人都要适当地与社区隔离开。人们忌讳与临终的人和他的家属有联系。死亡前后的情况和亲人们的悲痛都不得不隐藏起来,哀悼行为被认为是不健康甚至病态的。

这五种主要的认识形态是整个社会对死亡的认知形态的几段缩影。但事实上,无论在文化层面上还是历史层面上,这几种形态都有部分重叠,甚至在一个人身上能体现出几种不同的认知形态。而且，每种认知形态里都有几个因素在所有文化中都存在。

几乎所有的人最后都会明白一个不能改变的事实，那就是自己和所爱之人都会死去。很多人从这个事实引发了关于意义的问题：

既然总归要死，为什么我们还要诞生？

我们活着的意义是什么？

死亡对我们生活的意义和价值观有什么影响？

死亡是不是就是没有生命？

是不是真的就这么简单？还是生与死的关系其实更加复杂？

实际上，人类对死亡的认识构成了人类几乎所有行为的基础。例如，苏格拉底曾经说"按照哲学的方式生活的人们会直接而主动地为自己的死亡做准备"，他认为人类所做的一切最终都会在死亡面前得到检验。

人们在思考死亡时，总会遭遇这样的问题：死亡究竟是一扇门还是一堵墙？

死亡是生命的终结吗？如果死亡来临，是不是真的意味着不可挽回地失去了生命？如果是，那么生命中一切到了这个点上都得终结，这是我们所知道的万物的终点。那么它就是一堵墙，所有的东西撞到墙上都会撞得粉碎，没有人能够越过这堵墙。

但是，也有一些人认为，死亡是生命的一个阶段而已，是一条要渡的河，是一段要爬的阶梯，是一道要过的门。如果是这样的话，死亡可能就不是生命的对立面，而是到达另一种生命的通道。

当然，人们对死亡的评价并不停留在是门抑或墙的表面含义上。

人们认为死亡是一堵墙，但是死亡也是好的，至少所有的痛苦都结束了。

人们也可以将死亡看成是一道门，但这道门可能意味着邪恶，通过那道门之后等待人们的是无尽的折磨和阴暗。

这要看每个人的死亡哲学是什么。人们各自对死亡的理解成就了他们对死亡的信仰。每个人都要独自面对死亡，但是我们几千年来的历史和文化多样性让我们可以充分学习和交流。每个人都可以通过学习与交流得到帮助，选择如何生活，如何看待死亡。

三、活当怎样做

苏小小，生不知从何而来，死不知向何而去。

但是，她认真地活过。这认真地活过，是由她的爱证明的。

"妾乘油壁车，郎乘青骢马。何处结同心？西陵松柏下。"

由此，苏小小以她的生命故事向我们敞开了现代生死学的第三个重大问题：活当怎样做？苏小小的答案是：大胆地爱，自由地爱，敞开生命地爱！

爱与生命，这是两个始终贯穿在一起的概念。没有爱就没有生命，反过来，生命又是用来成就爱的。

关于爱与生命、生活的关系，我们可以从以下几方面来理解。

爱的最原始表现形式，即是感恩，对我们生命的源头感恩。

对个体生命诞生的追问的启示在于，感恩是我们应该学会的基本生命立场。感恩之心，是我们自己生命真实本质理解的性情敞现。因为，我们的生命是被给予的、被培养的、被教导的、被养育的。一句话，我们的生命是被赐予的。

天地，给予我们生命的灵性根本；我们感恩天地，是领会我们生命的神圣性。

父母，给予我们生命的肉体精血；我们感恩父母，是领会我们生命的血亲性。

圣贤，给予我们生命的精神品质；我们感恩圣贤，是领会我们生命的人文性。

亲友，给予我们生命的情感寄托；我们感恩亲友，是领会我们生命的社会性。

……

在这些感恩中，你突然发现，你的生命不再单单只属于你自己，你属于所有。

你珍惜你的生命，就是珍惜宇宙一切；你实践你的生命就是创造一切。

在感恩中生活，你的生命不再孤单。

在感恩中生活，你的生命不再弱小。

在感恩中生活，你的生命不再枯萎。

生命走向成熟的根本，即充满爱的生命关系的建立。

这种生命关系的建立，并非一蹴而就的普遍的生命关系，而是从家庭扩展到社会，从亲人扩展到熟人进而扩展到陌生人，最后扩展到天地万物。

哲学家唐君毅说：

> 爱是相爱的人的生命间之渗融者，贯通者。爱破除人与人间之距离，破除人与人间各自之自我障壁，使彼此生命之流交互渗贯，而各自扩大其生命。所以爱里面必包含着牺牲。牺牲是爱存在之唯一证明。

这种成就他人同时成就自己生命的爱，必须是不断扩充的。

也就是说，你的生命的原始爱流，必须流到江河，流到海，流到洋，不然它将要倒流，最后只爱你自己。爱流的行进，永远是不进则退的。

所以，你应当努力扩大个人与个人间的爱，依照爱流前进的自然程序，进而爱你的民族，爱人类，爱一切的生命，以便成为无尽的爱。

真正的爱，是爱他人的生命，同时是爱他人的人格。他人的人格，是独立自主的。每一个人的人格都是价值的实现者，都可以实现无尽之善，上通于无尽的价值理想。所以，爱里面必须有敬。爱通过敬，而成了最深的爱；爱通过敬，而完成它自己，成为真正的爱。

假如你施与人的爱，超过了你施与人的敬，他人在你热烈的爱之卵翼下，虽然可以感受到你洋溢的爱流，可以给他更多的温存，但是，他也会同时感到你的爱对于他的自尊心是一种压迫；他或许会感到一种不可名状的苦痛。

哲学家弗洛姆说：

> 如果不努力发展自己的全部人格并以此达到一种创造倾向性，那么每种爱的试图都会失败；如果没有爱他人的能力，如果不能真正谦恭地、勇敢地、真诚地和有纪律地爱他人，那么人们在自己的爱情生活中也永远得不到满足。

对人来说最大的需要就是克服他的孤独感和摆脱孤独的监禁。人在达到这一目的过程中的完全失败就会导致人的疯狂，因为人只有通过完全彻底地脱离周围世界，以至于不再感到与世隔绝，他对彻底孤独的恐惧感才会得到克服——因为，他与之隔绝的世界从他的生活中消失了。诚如弗洛姆所说：要求实现人与人的结合是人内心最强烈的追求。这是人类的最基本的要求，是一股把人类、部落、家庭和社会集合在一起的力量。没有实现这一要求就意味着要疯狂或者毁灭——毁灭自己或毁灭他人。没有爱，人类一天也不可能生存。

苏小小，西湖红颜的代言人。但是，我们今天却在言说她，历代那么多文人学者在言说她，言说她的生，言说她的死，但更是言说她的生死之间，言说她全副生命敞现地爱了一回，潇洒地活了一生！她让我们反躬自问：我们每个人应当如何去自觉面对生死学中的这些"大哉问"！

附：冯小青生命悲剧的心启示

一、生命的演绎：悲剧人生的宿命回响

在杭州西湖边，有两座常令游人悲叹的美人墓：一座是位于西泠桥畔的南

齐著名歌妓苏小小的墓；一座是孤山脚下玛瑙坡旁梅树丛中的明初怨女冯小青的墓，墓碑上刻着"明诗人小青女史之墓"。两位薄命佳人，两座长满青草的孤坟，给西子湖畔增添了几分凄美的色彩。

对冯小青的生平及她与冯云将的结合，说法不一，后人又演绎出多种版本，大致说起来，主要有两种。

一个主要的版本是这样"传说"的。

冯小青原本是广陵（今扬州）的世家女，其祖上曾追随朱元璋南征北伐，为打下大明江山立了汗马功劳。明朝定鼎南京以后，冯小青的父亲受封为广陵太守，冯家享有高官厚禄。冯小青在广陵的太守府里度过了一段锦衣玉食的童年生活。

冯小青自小生得秀丽端雅，聪颖伶俐，深得父母亲的宠爱。冯小青的母亲是位大家闺秀，《小青传》中说她是一位扬州的女塾师，善于舞文弄墨、抚琴弹弦，她只有冯小青这么一个宝贝女儿，自然非常宠爱，从小对她悉心培育。

十岁那年，一个化缘的老尼来到太守府中。老尼闭目合十，念了一大段佛经。冯小青把老尼念的佛经一字不差地复述了一遍。老尼郑重地对冯小青的母亲说："此女早慧命薄，千万不要让她读书识字，还可活三十年！"送走化缘老尼后，冯小青的母亲虽然有几天心中不安，但过后逐渐淡忘，依然教女儿琴棋书画。

在皇家争斗中，冯家遭受到株连全族的厄运。冯小青恰随一亲戚外出，幸免于难。她在慌乱之中，逃到了杭州。

在杭州城里，冯小青举目无亲，只好寄居到一个曾与父亲有过交往的本家冯具区家中。

冯具区，名梦祯，是浙江秀水人，万历五年（1577年）会试第一名，官至南京国子监祭酒，家业富殷。他见冯小青孤身一人，楚楚可怜，就收留了她。

住进了冯家，冯小青的吃穿住不用发愁了，可一夜之间从太守千金沦落为寄人篱下的孤女，冯小青沉浸在悲痛和忧郁之中。杭州城里下了一场春雪。冯小青的屋外有几树白梅，迎雪吐蕊，清香溢满小院。冯小青自幼就偏爱梅花，尤其是白梅。她找了一个瓷盆从梅花瓣上收集晶莹的积雪，准备用来烧梅雪茶。

冯家大少爷冯云将也有爱梅的雅好。两个爱梅人在雪地梅树下相遇，冯小青邀请冯云将进屋一同烧煮品尝梅雪茶。此后，两人的感情发展到不满足于在暗中相会。在春天来临时，冯云将向父亲提出了纳妾的要求。

冯具区对聪明可人的冯小青颇有好感，加上冯云将的原配夫人崔氏婚后三年不曾生育，因此爽快地应允了冯云将娶冯小青为妾的婚事。崔氏是个妒妇，而且"奇妒"。新婚蜜月刚过，崔氏就开始施展她正室的威风，对冯云将的行动严加约束，对冯小青的生活进行干涉。冯云将因受制于崔氏，很少有机会来冯小青屋中陪她。心有所慨，写下两首绝句：

　　垂帘只愁好景少，卷帘又怕风缭绕。
　　帘卷帘垂底事难，不情不绪谁能晓！

　　雪意阁云云不流，旧云正压新云头。
　　米颠颠笔落窗外，松岚秀处当我楼。

抓到这一丝所谓的把柄后，崔氏就决不放过，寻死觅活地逼着冯云将把冯小青送出家门。迫于崔氏的泼辣横蛮，加上她娘家是冯家的世交，也是杭州城里的富商，不便得罪，冯云将只好把冯小青送到孤山一座冯家的别墅中居住。冯小青身边仅有一个老女佣相随。由于没有爱人相伴，面对西湖的朝霞夕岚，花木翠郁，冯小青提不起半点兴致。

伤心无聊的冯小青只有借诗消愁。她思念父母，怀念少年的时光。同时，她又盼望冯云将来看她、陪伴她。他对她说会常来看她，可是已经过去一个多月了，一直没见到他的踪影，是忘了她？还是受制于崔氏？

一个春末的午后，冯云将来看小青。正要叙说离别之情，崔氏派来的心腹已进了院子，一场鸳鸯梦还未开始就被惊散了。片刻的相会，冯小青总觉得是一个梦，她想好梦延续，可是又一个月过去，好梦不曾再来。冯小青渐渐茶饭不思，病弱恹恹。

她歪靠在病榻上，抱着琵琶，一遍又一遍地弹唱着自己写的《天仙子》。夜晚，在冷清的孤山别墅，冯小青常常面对一盏孤灯，形影相吊地读《牡丹亭》。《牡丹亭》是明代戏剧家汤显祖的一部传世名作，写太守千金杜丽娘在梦中见到书生柳梦梅，从此日夜相思，伤情而死。三年后柳梦梅到临安赴考，经过杜丽娘的安葬之地。杜丽娘之魂与柳梦梅相会，并得重生，二人结为夫妻。

在这种境遇中的冯小青夜读《牡丹亭》，自然感慨良多。在她的一首《读〈牡丹亭〉绝句》中，可以看到她那时的思想和情感轨迹：

　　冷雨幽窗不可听，挑灯闲看《牡丹亭》。
　　人间亦有痴于我，岂独伤心是小青。

几天以后，冯小青对老女佣说："你去请一位画师来为我画像，现在不留个模样，以后瘦得不成形了，就不能画了！"画师请来后，冯小青仔细描了妆，穿上最好的衣衫，端坐在梅花树下，让画师为自己画像。画师画了两天，画成了一幅冯小青倚梅图，小青接过画看了一会儿，对画师说："你画出了我的形，但没画出我的神！"

她让画师重新作画。这次，冯小青尽量面带笑容，神情自然地面对画师。又费了两天时间，画师终于画成了一幅栩栩如生的画像。冯小青对着画审视良久，仍然摇头叹息道："神情堪称自然，但风态不见流动！也许是我太过矜持的原因吧。"于是，第三次画时，画师要求冯小青不必端坐，谈笑行卧、喜怒哀乐一切随兴所至，不必故意做作。

冯小青体会了画师的意思，不再正经地摆姿势，而是如平常一样地生活行动，与老女佣谈笑，扇花烹茶，逗弄鹦鹉，翻看诗书，行于梅树间。画师在她的一举一动、一颦一笑间，把握了她的神韵，用了三天时间观察，然后花一天时间把画画成。这幅画中，冯小青倚梅而立，生动逼真，神形兼备，呼之欲出。

冯小青酬谢了画师，然后请人将画像裱糊好，挂在自己的床边，天天呆呆地望着画中的自己，似乎在与"她"交流。张岱的《西湖梦寻》中有《小青佛舍》篇，里面有这样的记载："小青无事，辄临池自照，好与影语，絮絮如问答，人见辄止。"潘光旦写有《冯小青》一书，他曾根据弗洛伊德"自恋"学说对冯小青做过精神分析，认为在她身上反映了典型的"自恋"心理特征。每日顾影自怜、形影相吊，她把这种日子写成了一首诗：

新妆竟与画图争，知是昭阳第几名？
瘦影自临春水照，卿须怜我我怜卿。

冯小青已希望殆尽，她无法争取到今生的幸福，只好让它快快走完，以便尽早化作来世的"并蒂莲"。病中的冯小青拒绝服药，她不想延续今生的凄苦。

萧秋来临，万物凋谢。秋风中的西湖孤山，更显冷清孤寂。这天一早，身体极度虚弱的冯小青把自己的几卷诗稿仔细包好，让老女佣寻机送给冯云将。并把一封"诀别书"托老仆妇转交给她唯一的亲戚杨夫人。将一切交代完毕，冯小青竭力打起精神，沐浴熏香，面对着自己的画像拜了两拜，想到自己将离开这个世界，禁不住大声恸哭。哭声越来越小，最终气绝身亡。

这年她还不满十八岁。果然应了当年老尼的预言。这究竟是天命，还是人为？

还有一种说法是，冯小青是冯云将花钱从扬州买回来的。冯小青出身一个妓女的家里，她的母亲为了日后她能赚更多的钱，就教她学习琴棋书画，以抬高她的身价。冯云将到扬州游玩时，看到了冯小青，就花大价钱把冯小青买了下来，带到了杭州。这种说法似乎更接近实际，与张岱在《扬州瘦马》一文中记载的当时扬州的一些情况也较相合。扬州当时风行的"养瘦马"，就是一些人把买来的少女或自己的女儿精心培养，长大以后高价卖出。而这种买卖婚姻也是日后造成冯小青悲剧的重要原因。

不管冯小青出身如何，经历怎样，最终来到了杭州，最后死在孤山，是不会错的。

二、文人的演绎：西湖岸边的幽怨红颜

冯云将在清检冯小青的遗物时，找到了三幅冯小青生前的画像，连同老女佣转交给他的诗稿，带到家中，珍藏起来。不料，几天以后诗稿和画像被崔氏发现，全部丢入火中。冯云将奋力抢救，才抢出一些零散的诗稿。杨夫人受冯小青之托，从各方搜罗了她的诗稿，将它们结集刊刻行世，书名称《焚余稿》。

冯小青美丽、白皙、清瘦，顾影自怜，枯萎而死，她是中国古代那些富于才华而又命运乖蹇的女性的代表。冯小青在为人作妾、受尽凄凉孤寂的短暂人生中，把苏小小看作同病相怜的知己，她发出的"杯酒自浇苏小墓，不知妾是意中人"的叹息，就好像是苏小小"无物结同心"的遗响。

冯小青这个人物，受到了许多文人墨客的关注，关注她身上的文人气节和气韵，把她当作中国幽怨才女的典型，有人分析说，从《红楼梦》中林黛玉身上的"幽怨"，可以看到冯小青的影子。

将明代才女冯小青作为戏剧创作的主要人物而形成的冯小青戏剧，是明清戏剧史中一个很重要的文学组成部分。文人对明代才女冯小青十分关注，"冯小青热"持续二百多年。二百多年间，文人笔耕不辍，对小青做了全方位的记载与创作，把生前不为人知、死后家喻户晓的小青铺陈在了文学的书香之中。有传记小说十四部，戏剧作品达十六部之多，还有若干小说集。

文人对小青的关注远远超出了人们的想象，其规模之庞大、时间绵延之长久、感情之狂热，使小青演化成了一个符号、一种象征，成为明清的精神意象。对小青进行加工创作的戏剧家们，虽然代表着文人种种异化的情迷特征，但是有一种相同的突围性连接起了小青其人、小青戏剧和创作者，这是小青排遣内心忧郁与所遇樊篱界限"伦理思想"而产生的冲突，也是文人追求心灵自由与所要突破的樊篱界限"社会思想"而产生的冲突。

这主要体现在文人理想与小青生命的双重意象耦合上：

1. 文人眼中的理想女子与自身具有相通性；
2. 小青转嫁痛苦的心理世界与文人转嫁挫折的文字世界相通。

小青和文人才子的相通性

小青	文人
天生有才，聪敏	自恃才高
尊德重贤，宁做霜中兰	重伦重理
遭际坎坷，大妇嫉妒	仕途不顺，不为上官所重用
委屈、坚韧（其诗作中亦可见其坚强与不阿）	面对生活困窘依然不折不屈
自怜、自赏，尊视自我（画像写真、对影自语、容光保持）	天生我材必有用，怀才不遇时，自堪珍宝
自恋，对外形的珍视	对气节的爱护
死而如生，带给世界的是一种遗憾，一种绝美的凄婉，遗香长久	保全气节，浩气长存，这是许多文人名垂青史的追求

  小青用生命谱写的人生何尝不是文人的一种精神意识？文人在现实中执着地推崇着小青时，他们内心若隐若现的理想因子显现成了剧作中的小青。

  从女性接受的角度来说，女性更愿意以杜丽娘为榜样，连小青也不例外。但是她们以小青为戒之时，无疑加深了小青的悲剧性，她的故事越真实，女性读者就离她越远，因为她们更渴望爱情的喜剧，而不是爱情的悲剧。与之相应，剧作者们把小青的故事编得更符合大众的口味。

  《红楼梦》中的主人公林黛玉，是小青的另一种化身，名字变了，经历变了，但性格没有变。林黛玉是文人接受小青的成果，是接受后的进一步创作。

  1922 年，21 岁的潘光旦在清华读书，修读的课程有梁启超先生的"中国五千年历史鸟瞰"。课程结束时他提交《冯小青考》，以为作业。梁启超读后大为赞赏，遂写评语如下："对于部分的善为精密观察，持此法以治百学，蔑不济矣！以吾弟头脑之莹澈，可以为科学家；以吾弟情绪之深刻，可以为文学家。望将趣味集中，务成就其一，毋如鄙人之泛滥无归耳！"潘光旦见此评语，很受鼓舞，先是把此作业发表于 1924 年的《妇女杂志》上，随后又加工修订，易名为《小青之分析》，1927 年由新月书店出版。1929 年再版时，复改书名为《冯小青——一件影恋之研究》。

  潘光旦对冯小青现象穷尽各种资料，反复考查，其研究主要体现在以下两个方面。一、"小青生平事迹甚离奇，亦甚哀艳。前人知其然，而不知其所以然，于是群疑其伪托，以为绝无其人。"而通过其考证，他认为小青实有其人，其事迹并非凭空虚构。二、更重要的是，他使用了新的研究方法，得出了与前人完全不同的结论："小青适冯之年龄，性发育本未完全；及受重大之打击，而无以应付，欲性之流乃循发育之途径而倒退，其最大部分至自我恋之段落而中止；嗣后环境愈劣，排遣无方，闭室日甚，卒成影恋之变态。"

把小青看作影恋病例之典型，可谓石破天惊之语。因为小青哀艳的身世、出众的才华，实在是很能获得人们的同情的。潘光旦的研究却戳破了男性文人的那种幻觉，指出了一个严酷的事实。而他之所以能独辟蹊径，又是与他特殊的学术经历密不可分的。20岁在清华读书时，他便读过了霭理士六大本的《性心理学研究录》。很快他又接触到了弗洛伊德的学说。潘光旦的这项研究，实为西学东渐与中国古代例证碰撞之后结出的一枚果实。

三、自杀人生的文化反思

用现代心理治疗的话说，冯小青就是死于抑郁症。

抑郁症导致的自杀比例属于比较高的。当然，并非所有自杀者都一定患有抑郁症。因此，从冯小青的生命故事中，我们还有必要讨论"自杀"这样一种极端"反生命"的生命行为。

李纳斯从心理学角度确定了三种主要方法来解释自杀行为。

第一种方法是弗洛伊德的精神分析理论。弗洛伊德认为自杀就是谋杀的180度逆转行为，这跟失去了挚爱的人或东西有关。心理学上，失去挚爱会让人们产生愤怒的情绪，想去惩罚逝去的人；又因为他们认为自己和逝去的人有某种联系，自然就迁怒于自身，最终导致自杀。

第二种方法认为自杀在本质上属认知行为。临床抑郁症（自杀与临床抑郁症有高度关联），特别是绝望，是导致自杀的重要因素。自杀者的世界观普遍是悲观消极的。未来、自我、现状以及有限的几个解决办法都不尽如人意，悲观的情绪让他们出现思维障碍。这种自发的、无意识的思维障碍使人犯错，极端的还会造成意识的扭曲。这就能解释所谓的"警察协助自杀"，即寻死的人会故意挑衅警察来将他们射杀，以此达到自杀目的。

第三种理论认为自杀是种模仿行为。有自杀倾向的孩子对外界没有攻击性，却转而攻击自身。如上所述，抑郁同样是重要的原因。而在这里，外界环境进一步加深了他们的负面情绪，最终导致了自杀。我们甚至可以认为正是自杀者周围的人加深了他的抑郁情绪。举个例子来说，海明威的父亲就是自杀身亡的，这刺激并强化了海明威的抑郁。该理论还认为自杀者都不善沟通，无法建立正确的生死观。

法国著名社会学家埃米尔概括了导致自杀行为的三种主要的人与社会关系，提出了导致自杀行为的四种可能性。

第一种是利己性自杀，这通常发生在性格孤僻的人身上。研究表明如果这些人融入社会群体中，那么自杀的危险性就会大大降低。但是，当他们被孤立，社会群体对他们不再产生影响，自杀就成为非常可能的事情。涂尔干的观点概括起来就是：当个体发现在群体中找不到自己的位置，就容易产生自杀行为。利己性自杀是缺乏参与、脱离社会环境和孤立的结果。

第二种自杀源自个人的过度参与群体生活，即利他性自杀。在这种情况下，个人与群体之间的关系过分紧密，就会出现利他性自杀，或者说是为了群体的利益而自杀。

第三种自杀是失范型自杀。当社会制度正在经历重大变革或者政治动乱，便无暇顾及个体的规范，人们会感到无所适从，出现了"失范"的现象。当他们突然陷入一种混乱的境况中，无法忍受失去道德和行为规范，则会出现自杀。被同龄群体抛弃的青少年；被剥夺了赖以生存的资源、经济情况恶化而导致破产的人；有一技之长，多年来兢兢业业地工作，却突然被解雇，以至没有经济来源的中年人，这些人突然间生活失控，感到希望破灭而无法忍受下去，容易自杀。

第四种宿命型自杀，涂尔干只是在书的注脚处作为失范型自杀的对立面简单地提了一下。宿命型自杀来自社会环境对个人的过度规范——例如囚犯和奴隶，这些人的未来被无情地扼杀，情感被野蛮地压制着。涂尔干认为这种自杀行为在他所处的社会中非常少见，却可以反映一种社会力量，这种力量引导个体去摆脱社会的过度统治。

正因为自杀行为是"反生命"的生命行为，同时又有可以"窥见"的相应征兆，因此，碰到自杀危机时，我们应该尽可能做到：

察觉关于自杀的蛛丝马迹，以及绝望和无助的迹象。注意有自杀威胁和警告的话语。留意是否有人变得消沉和被孤立。

相信你自己的判断。如果你认为有人处于自杀危险中，相信自己的判断，不要忽视自杀的迹象。

告诉他人。与父母、朋友、老师、同事和其他人交流你知道的情况。如果为了挽救生命而不得不泄密，没有关系。如果有人向你透露自杀计划，不要怕泄密。

与一个企图自杀的人待在一起。如果你认为他可能随时发生危险，不要留下他独自一人。在救援人员到来或者危机过去之前，一直陪着他。

倾听。鼓励一位企图自杀的人诉说。不要泛泛地说"一切都会好起来的"。倾听并对他的话有同理心。

寻求专业性帮助。如果需要，帮他人约心理辅导，并陪同前去。也可以打社区热线或是紧急电话寻求帮助。

支持他。表现出你的关心，让他觉得自己是有价值的和被需要的。

第四章　从秋瑾说生死传播与传承

第一节　秋瑾的生与死

西湖的西泠桥边，有汉白玉的秋瑾塑像和秋瑾墓。秋瑾是为中国革命而牺牲的女烈士。终其一生，她都在为伸张女权而奋斗，在为革命建国而努力，并把妇女运动与民主革命运动结合在一起。

秋瑾，生于1875年11月8日（光绪元年十月十一），祖籍浙江山阴（今绍兴市），出生于福建省云霄县城紫阳书院。当时中国正处于风雨飘摇之中，半殖民地半封建化程度不断加深并渐渐沦为完全的半殖民地半封建社会。秋家自曾祖起世代为官，秋瑾父亲秋寿南，官至湖南郴州知州。嫡母单氏，为浙江萧山望族之后。

秋瑾幼年随兄读家塾，好文史，能诗词。秋瑾天资聪慧，记忆力极强，10岁时熟读《四书》《五经》，11岁便学会写诗填词。她祖父秋嘉禾看着孙女这样聪明，叹道"可惜阿瑾是个女孩子，如果是男孩，考起来不怕不中"。祖父的这句无意之言，她却牢记在心。秋瑾只恨生为女身，由此立下男儿志向。她读书通大义，特别爱看剑侠传。性格酷似男儿，十分向往向武艺高强的人求教。15岁时跟表兄学会骑马击剑，即使在结婚后，她还继续拜师学习武术，并很快就掌握了11套拳术和棍、单刀等器械的套路。秋瑾练就一身好武艺，为以后参加艰苦的革命斗争练就了强壮的体魄，可以说是一个能文能武的女中豪杰。在她19岁时，她父亲将她许配给湖南双峰县荷叶镇神冲的王廷钧为妻。王家是湘潭著名的有钱人家，拥有良田万亩，并设有四处当铺，有"百万富翁"之称。

婚后，家中大事小事都由秋瑾张罗，这不仅因为她要年长王廷钧二岁，当家理事早，更因为她能干且有主见。1897年，秋瑾生下第一个孩子王沅德。1901年，生下第二个孩子王灿芝，她是我国第一个女飞行员。秋瑾在婆家时，常与唐群英、葛健豪往来，"情同手足，亲如姐妹，经常集聚在一起，或饮酒赋诗，或对月抚琴，或下棋谈心，往来十分密切"。后来3个人被誉为"潇湘三女杰"。

　　1901年11月秋瑾父亲去世，秋瑾为这个大家庭作出了两个规划。第一是秋王两家合开钱庄。支持秋瑾长兄秋誉章来到湘潭定居，而没有带领家人回绍兴故乡。第二个规划是，秋瑾让丈夫王廷钧"赈款"在北京谋得一个官职。因此，秋瑾一家搬到了北京。好景不长，八国联军打入京城烧杀抢掠，一家人只能回乡避难。1903年，王廷钧再次去京复职，秋瑾携女儿一同前往。

　　秋瑾是一个"伉爽若须眉"的女子，可谓"身不得男儿列，心却比男儿烈"。到北京后，秋瑾的男儿志向更加强烈，开始走上革命道路，她自号鉴湖女侠，然而，她丈夫王廷钧自幼娇生惯养，对科举攻读缺乏耐性和毅力，亦无其他天分，才疏学浅，难于唱和共语，更无法满足秋瑾的角色期待，这桩深为外界看好的姻缘，实则潜伏着极不和谐的音符。一般人婚后也会因爱情或婚姻生活的平淡规律，感到无聊乏味，要经历一次危机的考验。这就是所谓的婚姻"七年之痒"。自1896年结婚到1903年定居北京的七年中，秋王也不例外发生过冲突。据记述，起因是某天王廷钧让秋瑾在家中做饭，说要招待客人，结果自己被朋友叫去喝花酒没回来。秋瑾愤而着男装到戏院看戏，当时，女子是不被允许进戏院的，此举可谓惊世骇俗。王认为辱没家门，并动手家暴。秋离家住进客栈，后来通过朋友的调解，最终又回到家中。实际上，在秋瑾的家庭生活中的确发生过家庭冲突甚至王廷钧动手打人的情况。

　　总体来说，王廷钧对秋瑾迁就中有依顺，忍耐中有关爱，但因成长背景、思想观念、价值追求的迥异，王始终未能走进秋瑾的内心，更难赢得秋瑾的尊重和信任，故秋王的悲剧是双向的，痛苦也是双方共有的体验。

　　秋瑾成长于湖南，深受湖湘文化影响，具有典型的湖南人性格——刚正质直、勇猛强悍、桀骜不驯、好胜尚气等。这也是造成秋瑾最终选择毅然赴死的人格因素。一方面立志报国，一方面想方设法要保护家庭。除痛斥责骂、升级矛盾以外，就是尽快与王廷钧离婚。秋瑾数度表示要与其"决裂""断绝往来"，亦数度表示如果与丈夫关系不能按照自己愿望解决，"则死之而已"。而王廷钧坚决不同意离婚。离婚不成，秋瑾就尽量避谈丈夫。

　　为筹措创办《中国女报》的经费，秋瑾于1906年秋末冬初返回老家，跟丈夫要了一大笔钱，并且因为她参加革命，担心连累家人，和家人断绝了关系。秋瑾与王廷钧，一个是挥笔舞剑心比男儿刚烈的女侠，一个是"凡夫俗子"、温顺平和的丈夫；一个是"恩宗轻富贵、为国作牺牲"、立志献身革命的壮士，一个是安于仕途的男子；一个是欲冲出封建礼教束缚的叛逆，一个是爱家尽责依顺妻子的丈夫。他们的婚姻是不幸的，这种不幸，加速了秋瑾由家庭步入时代和社会的步伐，也加速了她看清男性以经济胁迫女性服从的本质。因此，她主动解除家庭的枷锁，努力争取男女平等，实现了经济、人格等方面独立，最终为革命而喋血的大义获得了千秋不朽。

秋瑾一家在北京时，借居在吴芝瑛家。通过吴芝瑛的介绍，秋瑾主动积极地展开社交活动，为自己寻求机会，力图结交社会上层、名流以及新知识界人物。1904年她东渡日本，开始了留学生涯，也开始了她的革命生涯。在日本留学期间，秋瑾结识了许多仁人志士，鲁迅、陶成章、黄兴、宋教仁、陈天华等皆是她的至交好友，并加入了中国同盟会，担任评议部评议员和浙江分会负责人的职务。同时她还发起女权运动，成立共爱会。"女学不兴，种族不强；女权不振，国势必弱"，"女子必当有学问，求自立，不当事事仰给男子""驰驱戎马中原梦，破碎山河故国羞"这些话都是秋瑾常常挂在嘴边的。

1906年，秋瑾先后在绍兴、湖州南浔镇任教，发展徐自华、徐双韵等加入同盟会，这期间她以"鉴湖女侠"等笔名，在杂志上发表了《演说的好处》《敬告中国二万万女同胞》《警告我同胞》等文章，抨击万恶的封建制度，宣传女权主义，号召全国人民参加革命救国运动，发展进步青年加入中国同盟会。

1907年1月14日，《中国女报》创刊，秋瑾任主编，并为该报写了发刊词，号召女界为"醒狮之前驱"，"文明之先导"。

她在《中国女报》发表《勉女权歌》，写道：

> 吾辈爱自由，勉励自由一杯酒。男女平权天赋就，岂甘居牛后？
> 愿奋然自拔，一洗从前羞耻垢。若安作同俦，恢复江山劳素手。
> 旧习最堪羞，女子竟同牛马偶。曙光新放文明候，独立占头等。
> 愿奴隶根除，知识学问历练就。责任上肩头，国民女杰期无负。

秋瑾因母丧回绍兴，后来又先后到诸暨、义乌、金华、兰溪等地联络会党。这时大通学堂无人负责，乃应邀以董事名义主持校务。遂以学堂为据点，继续派人到浙省各处联络会党，自己则往来杭、沪间，运动军学两界，准备起义。

她秘密编制了光复军制，并起草了檄文、告示。商定先由金华起义，处州响应，诱清军离杭州出攻，然后由绍兴渡江袭击杭州，如不克，则回绍兴，再经金华、处州入江西、安徽，同徐锡麟呼应。

秋瑾与徐锡麟约定，于当年7月19日同时在浙江和安徽发动起义。然而，徐锡麟去了安徽后，遭到泄密，被迫提前到7月6日在安徽安庆发动起义。由于起义太仓促，被清朝弹压下去。徐锡麟被清廷杀害。起义失败后，有人向当局告密秋瑾。秋瑾等人被捕。

山阴县令李钟岳审讯秋瑾，李钟岳对自己仰慕已久的才女执礼甚恭。7月

14日，李钟岳将秋瑾提审时，破例给她设了座位。秋瑾在审讯时，写下"秋风秋雨愁煞人"。这句诗出自清朝诗人陶宗亮的《秋暮遣怀》，相当切合秋瑾当时的心境。李钟岳赞叹秋瑾书法很好。秋瑾回答："未见过帖，字实不能写，文章是能作几篇的。"整个审讯过程持续两小时。这不像审讯，而像文人会客。

7月15日子夜，李钟岳提审秋瑾，告诉她"事已至此，余位卑言轻，愧无力成全，然汝死非我意，幸谅之也。"说完，当场"泪随声堕"，身边的吏役也都"相顾恻然"。

秋瑾知道生命的终点马上就要到了，她提出了三个要求：一、准许写家书诀别；二、不要枭首；三、不要剥去衣服。

李钟岳答应了后两个要求。在那个黑暗的年代，杀人要砍头，如果是女子还要剥去衣服似乎都成了习惯。秋瑾并不畏惧死亡，她想捍卫的只是一点点做人的尊严，不要身首异处，不要在被杀之后把纯洁的躯体暴露在罪恶的天地之间。李钟岳成全了她最后的两个愿望。

1907年7月15日，农历六月初六凌晨。在江南古城绍兴，鉴湖女侠秋瑾身穿白色汗衫，外套玄色生纱衫裤，脚穿皮鞋，双手背绑，拖着铁镣，缓步走出了山阴县大狱。大义凛然，走向杀身成仁、舍生取义的不归之路。中国历史上一位女杰为理想喷洒了一腔热血。从此，秋瑾之死的创痛，永远留在了中华民族的记忆深处。

第二节 死亡报道与媒介死亡学

一、秋瑾去世后的媒体报道

1907年7月15日（农历六月初六）天亮之前，鉴湖女侠秋瑾在故乡浙江绍兴被清政府杀害。一个33岁的女性因政治原因而就义，在中国历史上是少有的，她的死引起了极大的反响。当时作为舆论中心的上海，各种不同背景的报纸都迅速作了详细报道。

《神州日报》连续公布浙江省发布的有关通报、函电、文告，并转录外电、外报刊出的有关消息。《时报》除了对秋瑾案始末做了连续报道之外，还发表了《哀秋瑾案》《记秋女士遗事》《对于秋瑾被害之意见书》等几十篇有关秋案的评论文章和诗词、漫画。对秋瑾慷慨赴死的报道也非常传神："行至轩亭口，秋瑾不作一声，惟注视两旁诸人一周，即俯首就刑。观者如堵。"

《申报》发表了各种体裁的有关报道、评论等30多篇，累计达3万多字，包括秋瑾被捕与就义的情况报道、绍兴府公布的有关秋瑾"罪案"、秋瑾被害之余波、秋瑾男装持手杖照片、秋瑾生前演说稿、秋瑾好友徐自华撰文、吴芝英书写的秋瑾墓表等。7月23日，也就是秋瑾被杀第8天，刊出她的6首遗诗。7月25日，发表《论绍兴冤狱》评论，直接指出冤案是绍兴府假公济私、捏造告急所造成的。8月13日，登出官方伪造的《绍狱供词汇录》，后面还有"编者按"："按秋瑾之被杀，并无供词，越人（浙江人）莫不知悉。有之，则惟'寄父是我同党'及'秋风秋雨愁煞人'之句耳。而今忽有供词，其可疑者一，秋瑾之言语文词，见诸报章者不一而足，其文辞何等雄厉，其言语何等痛快，而今读其供词，言语支离，情节乖异。其可疑者二：然死者已死，无人质证，一任官吏之矫揉造作而已；一任官吏之锻炼周纳而已。然而自有公论。"10月6日《申报》刊出的《徐锡麟传》一书广告中，有"徐手刺皖抚，剖心而死，祸及秋瑾女士大狱。……小像七幅，并有秋瑾女士墨迹一章"等语，尽管是广告，其中却充满了对秋瑾的敬意和惋惜之情。

《中外日报》《时报》《文汇报》等昌言无忌，大声疾呼，指斥贵福等的罪恶，不留余地。对秋瑾没有确供就被杀害，舆论更是一致谴责，普遍称为"秋案冤狱"。认为没有证据，秋瑾只是办报、办学的回国女学生而已，所编《中国女报》爱国情绪昂然而气宇平和，没有煽动激越之辞。

《文汇报》说："绍府贵守，无端杀一女士，竟无从证实其罪，是诚大误。"

《神州女报》发表题为《秋瑾有死法乎？》的尖锐评论说："浙吏之罪秋瑾也，实为不轨、为叛逆。试问其所谓口供者何若？所谓证据者何若？则不过一自卫之手枪也，一抒写情性之文字也。"

1908年2月28日，《神州日报》刊出记者《公祭秋女士大会述闻》。

10月20日，《杭州白话报》刊出《各地绅商对于秋瑾墓案之评论》，转载了10天前上海《新闻报》有关浙江当局试图毁平秋瑾墓，严拿徐寄尘、吴芝瑛等的消息之后，"沪地商绅大动公愤，连日会议"，10月13日，"江苏绅士上书江督，力争此事，由江苏省教育总会沈友卿、太史同芳领衔"。"明夷女史"的《敬告女界同胞——为浙江明道女学堂女教员秋瑾被杀事》一文则给予秋瑾之死极高的评价："至于以国民之权利、民族之思想，牺牲其性命而为民流血者，求之吾中国四千年之女界，秋瑾殆为第一人焉。则秋瑾之死，为历史上放光明者，良非浅鲜。""今则以巾帼而具须眉之精神，以弱质而办伟大之事业，唤起同胞之顽梦，以为国民之先导者，求之吾中国二万万之女界，秋瑾又为第一人焉。人皆谓秋女士之死，阻我女界之进步，而不知适所以振起二万万人之精神也。则秋瑾之死，为社会之影响者，尤非浅鲜。"

1908年，上海复汉社印行了《流血女杰秋瑾》诗文集。

1909年，陈勤创办《女报》月刊，在第三期后专门出了湘灵子编的《越恨》等增刊,这是有关秋案比较完整的专辑,收集了当时报刊上发表的大量有关秋瑾一案的史料。

可以说,直到清廷垮台,在这片秋瑾洒尽全部热血的大地上,有关她的书一直没有中断过出版,这是我们这个民族值得庆幸的。

秋瑾之死的创痛长留在一个民族的记忆深处,因而她的面容才一而再地浮现在我们的面前。而秋瑾就义后引发的媒体报道,则给我们启迪另一个生死学话题:媒介对死亡的结构与建构。在一定意义上可以说,我们生活在被媒介建构的死亡意象中,而不是真实的死亡经验里。

二、媒介与死亡:被媒介语言建构出来的死亡

媒介何以可以建构出一个人的生与死?或者说,在现代社会,媒介在怎样的意义上和程度上建构着人们的生与死?作为现代传播理论的奠基者,麦克卢汉在《理解媒介》一书中提出了两个影响我们认识现代传播的基本命题:"媒介即讯息""媒介是人的延伸"。[①] 这两个命题所呈现出的媒介哲学内容,恰恰可以帮助我们理解讣闻报道建构个人生死的生死学意涵。

"媒介即讯息",意思是说,媒介并不只是我们通常所理解的没有内容的"传播工具"、传播形式,是被动地用来传播我们希望传播的内容的纯粹形式;相反,媒介具有主动性,它本身就是内容,并在不知不觉中改变着我们的思想和生活。换言之,不同的媒介形态会形成我们对于自身和外在世界的不同体验,媒介所具有的这种对于我们"体验"的影响,比它所传达的特定讯息内容更为重要。按照麦克卢汉的理解,传播媒介最重要的效果在于,它根本上影响着我们理解与思考的习惯。

如果我们从这个视角去理解我们随时阅读到的媒介中所呈现的"死亡"讯息,我们就不能只是简单地理解为,媒体通过媒介在"客观呈现"某个"死亡事件"或"死亡个体"。因为媒介不只是中性的、客观的"传播工具"。媒介本身所呈现的内容,是媒介操作者自己解构和重构过的,而且会以这种呈现潜移默化地影响我们对死亡、生命、人生等的体验和理解,并由此不知不觉地建构起我们的"死亡观""生死观"以及"人生观"等。换言之,我们所理解的死亡、生命甚至人生,是被媒介建构起来的。在现代社会,正是来自世界各地的新闻和图片所组成的纷繁复杂而又普通平常的信息流,在重组我们的精神生活、情感生活甚至日常生活,不管我们是抱着抗争还是接受的态度。

当然,媒介的这种"建构"作用,并不只是发生在知识和观念的意识层

---

① 麦克卢汉.理解媒介——论人的延伸[M].何道宽,译.南京:译林出版社,2011:16—34.

次。实际上，按照麦克卢汉的理解，新的技术和新的媒介还可能在人们"感觉比例"和"知觉模式"的潜意识层次上影响我们个体。所谓"感官比例"，是指我们各种感觉器官之间的平衡。原始人（或者说原初意义上、不被技术所左右的人）用五种感官即嗅觉、触觉、听觉、视觉、味觉来感知世界。但是，技术的发展，特别是传播媒介的发展，使人们在使用某种技术或传播媒介时，往往只强调某一种感官而忽视另一种感官。

比如，印刷媒介就特别强调视觉，因此也就在相当程度上影响了我们的思维习惯，使我们的思维变成线性的、连续的、规则的、重复的和逻辑的，并且使人类的思考可以与感情完全分开。不仅如此，麦克卢汉认为，印刷媒介在带来专业化和技术的同时，也在根本上造成了感官平衡的破坏以及由此而形成的相互"隔离"，并"潜移默化"地造成了人与人之间的疏离感与个人主义。而就社会层面而言，印刷媒介则可能使国家产生民族主义并导致这种民族主义情绪上升。

与印刷媒介相比，电视则更多地强调综合性的感觉，电视作为一个视觉、听觉和触觉相结合的媒介，它比印刷媒介更加需要人的介入和参与。因此，麦克卢汉认为，电视可能在一定程度上恢复印刷媒介所毁坏的感官比例的平衡。麦克卢汉甚至认为，从更为宏观的角度看，电视正在使人们重新"部落化"，即将人们从单个的民族国家变成一个地球村。也就是说，人们会因为电视这种新媒介技术发生理解和思考模式上的改变，而且，这种改变是不知不觉的潜意识上的改变。电视技术如此，而互联网技术在这方面更进一步。

由此而言，就生死学和生死教育来说，在当代新媒体技术已经普及化的情况下，如何观察传统媒介（以视觉为基础的）、现代媒介（以电视为代表）以及新媒介（以个性化的新媒体为代表）各自呈现"死亡"的方式，也是我们必须注意的。在电视机前面长大的一代人与阅读报纸杂志长大的一代人相比，其"死亡观"及生死态度是不可能完全一样的；而现在在互联网和新媒体陪伴下长大的一代，其"死亡意象"和"生命建构"又将不同于大众媒介影响下成长起来的前辈们。

如果说麦克卢汉关于"媒介即讯息"的观点向我们敞现了媒介的死亡建构对我们的深远而必然的影响的话，其"媒介是人的延伸"的观点，则大大拓展了我们对"媒介"的理解，这种拓展也帮助我们进一步理解和整合传统的"死亡教育"所具有的"传播学意义"。

依照麦克卢汉的理解，"媒介"本质上是人的延伸，是人与人及世界打交道所派生出来的一切"工具系统"。换言之，媒介是人类器官延伸的一切工具和技术，广义的可以理解为人类所利用的一切工具。麦克卢汉在书中就提到了

26种媒介，其中包括货币、时钟、游戏、武器、住宅、数字、滑稽漫画、数字等。

大体上说，人类的自我延伸有三种。首先是人的身体器官的延伸，比如，轮子是脚的延伸，衣服是皮肤的延伸，住宅则是集体的皮肤的延伸。其次是某种感官的延伸，比如，口头言语是听觉的延伸，印刷物则是视觉的延伸。再次是中枢神经系统的延伸，这是指现代电力时代各种新兴媒介，如广播、电报、电话、电视等。这些作为人体延伸的各种媒介，都会在不同的层面上影响个人和社会，大到一个国家民族主义的复兴，小到某种娱乐活动在不同文化里会受到不同待遇。

如果依据这样一种广义的媒介视角来看死亡文化，我们便可以发现，在人类不同的时代，实际上都在以不同层次和形式的媒介来传播死亡文化、建构死亡与生命的观念。在传统社会，尽管没有现代社会这么发达的基于"感官延伸"和"中枢神经系统延伸"的媒介，但是，人们却以更加直观的媒介来传播对死亡的理解。比如，棺材（寿材）作为整个人体的转型性延伸，在传统社会就成为一个极为重要的传播死亡讯息、建构死亡观念的"媒介"。大多数老年人在满六十岁后，都会主动为自己准备好寿材，并置放于家里的堂屋中。"棺材"作为一个"媒介"，它昭示着每一个人的目的地，昭示着死亡的必然性、自然性、日常性、不可预知性，同时也建构着人们面对死亡的基本态度和信念：死是我们每一个人必然到达的目的地，需要做好准备。正因为有这样的直观"媒介"传播，家里的人、家族的人，都自然而然在不知不觉中认识了死亡、理解了死亡、接受了死亡。

传统社会这样的"死亡传播""媒介"并不只是棺材（寿材）这一种，其他诸如提前置办的"寿衣"、家庭家族的扫墓祭祀活动、人死后的殡葬过程和仪式等，按照麦克卢汉对"媒介是人的延伸"的理解，都是人面对死亡时的媒介传播，也以这样的方式不断地建构着一个人、一家人、一族人甚至整个社会的死亡态度、生死信念。而且，因为这些"媒介"作为人体的直接延伸，具有直观性、经验性、整体性，所以更容易影响个体和社会。这一点，不像印刷技术带来的文字符号传播，因为只是感觉器官非平衡的延伸，对于缺少文化的人来说，还很难被影响。

当然，技术的发展是人类发展的必然结果，因为人有智慧。这也就意味着，麦克卢汉所谓的作为"感官延伸"甚至"中枢神经系统延伸"的新媒介的产生是必然的，而且其影响越来越大、越来越深刻也是必然的。而"讣告"或者说"讣闻报道"，便是在死亡文化传播和死亡教育上具有重要意义的、作为"感官延伸"的"媒介"。这也就是我们在秋瑾就义后看到的众多死亡报道所具有的价值。

　　通过媒介，我们看不到死亡本身，也看不到作为死亡主体的生命本身。我们所能看到的是媒介呈现给我们的文字和其他符号，以及由这些文字和符号建构出来的死亡与生命。就文字与符号呈现本身来说，它是在解构真实的死亡与生命，因为只有解构了现实存在的死亡本身，死亡作为一个事件、一个事实，才可能被文字和其他符号呈现。这是媒介必然的功能。但是，解构本身不是目的，解构是为了建构，或者说，媒介通过解构真实的死亡事件，再以文字建构出一个可以呈现出来的"死亡"，这就是媒介自身运作的过程。但是，我们作为读者，作为媒介接受者，我们事实上还要通过媒介语言再次建构，才可能与已经发生的"那个"死亡相关，否则，那些文字符号就只是文字符号，而不成其为"讣告"这样的死亡媒介。

　　当然，讣告或者说讣闻报道只是最切近的关于死亡的媒介呈现，是一个逝者作为"逝者"存在第一时间的媒介呈现，就像玛里琳·约翰逊的书名一样，逝者是"先上讣告，后上天堂"[①]。但是，媒介呈现死亡或者说"媒介中的死亡"，并不只有讣告或讣闻报道这一种形式。"死亡，对死者来说只是生命体从呼吸到静止的瞬间转变，并在静止的那个瞬间彻底完成其在世间所享有的权利与财富、所应承担的责任与义务，然而死亡本身还尚未结束，它需要为生者提供一个化解死亡带来的冲击的缓冲地带与缓冲时间。"[②]中华文明为这缓冲设计了很多方案，用高度发达的文学体系支撑了生者从短期到长期对死者的哀婉与怀念，诸如挽联、墓志铭、行状、悼亡诗、祭文等。在西方文化中，也有诸如挽歌、哀歌、绘画等各种表达死亡主题的媒介形式。至于现代媒介，影视作品、文学、音乐、美术、公墓园林等，无处不可以呈现或者说表现死亡。当然，讣告永远都是各种展现和表达死亡主题的媒介形式中的第一媒介。

　　由于媒介无处不在，它就是我们人体的延伸，我们几乎生活在"媒介"的包围中；而"媒介即讯息"，它具有解构和建构的功能。所以，我们作为媒介的受众，必须要有一定的媒介素养，知道它所呈现的"死亡"是被解构后又再建构出来的死亡。因此，面对媒介呈现的"死亡"讯息，我们必须有基本的批判意识和理性立场，当然也需要有相应的共情和同理的能力，因为，毕竟死亡是我们每个人都必须亲自经历的。

[①] 约翰逊. 先上讣告后上天堂 [M]. 李克勤, 译. 北京: 新星出版社, 2007.
[②] 于潇. 死亡文化 [M]. 北京: 中国经济出版社, 2014: 163.

三、媒介与人生：讣闻报道生死建构的生命启示

绝大多数讣告尽管是因为死亡而存在的，却并无关乎死亡本身，而是关乎生命、生活。因此，我们需要在讣闻的生死建构中读出自己对生命的领会，读出其建构出来的人生观、价值观、生命观、生死观。

1826 年，美国第二、第三届总统同时撒手人寰，时间是 7 月 4 日，离他们签署《独立宣言》正好五十年。当时的《纽约美国人报》在讣闻报道中这样写道：

> 七月四日，托马斯·杰斐逊停止了呼吸，他那位和他同样伟大的对手也于同日辞世。如此离奇的际遇，真令人惊奇不已却又叹赏不止。我们完全赞同一家波士顿报纸的说法：如果上帝遣下火车火马迎接他们荣登天堂，那种场面也许会更加壮观，但却无法进一步增加这两位爱国志士的荣光。一生之中，他们无比珍爱的莫过于自由，自由也最终由他们昭告天下、建立并确立。在自由到来五十周年之际，两位"载入史册"的爱国者溘然长逝。在人类的各种周年活动中，我们从未发现还有什么比这更动人、更美好的纪念。这种事不可能完全出于巧合。[①]

这样的事情实在是太巧合。可是当看到更多这样的"巧合"时，我们便很难相信它们只是纯粹的巧合，而不是冥冥之中某种"神秘力量"在起作用。当然，就如玛里琳·约翰逊所说的，要去寻觅这股"神秘力量"的踪迹，讣告便是最好的路径。其实，讣告不只是给我们提供了去寻觅"神秘力量踪迹"的渠道，更多的是给我们提供了人生的参照。

我们或许可以从讣告中懂得，死亡是随时随地光顾我们的，所以，我们对于生活中的一切，切不可只是"等待"，而是必须当下"行动"，就像一位讣告作家忠告的："不要把你一直想做的事情摆在那里。"因为我们不知道什么时候讣告中的主人公就是我们自己。

我们或许可以从讣告中懂得，每一个人的生活都是不容易的，每一天的生活都可能是艰辛的，因此，我们需要用豁达、幽默的生命态度去承担起上天赋予我们的这次生命应该承担起的责任。当我们能够随时保持幽默豁达的态度面对生活，并同时把幽默的事情传递给他人，我们就可以在生活中获得更多的快乐。

[①] 约翰逊. 先上讣告后上天堂［M］. 李克勤，译. 北京：新星出版社，2007.

我们或许也可以从讣告中懂得，既然死亡无论如何都是要来的，而且我们不知道它什么时候会来，那么，我们何不将当下的人生过得更加精彩一些呢？至少，我们应该过一种"值得被记录"的生活，否则，当有一天要写我们自己的讣告时，我们拿什么东西来记录呢？所以，就如讣告的撰写者们忠告的，无论你的激情何在，都要全心全意地拥抱这种激情，不要在乎别人怎么想；活得有热情一点，至少每一天都多一些热情。

我们或许也可以从讣告中懂得，我们每一个人的一生都不是只为自己活的，也不只是靠自己活过来的。我们生活中的快乐与悲伤都需要有人阅读和分享，我们生活中的经验和体会也都需要人感通和表达。在讣闻中我们可以发现，那些停下来审视生活并表达感激的人，往往是活得最幸福的人。因此，我们需要从现在开始，在生活中充满感激。

我们或许也可以从讣告中懂得，讣告的主人并不只有大人物，而是每一个曾经活过的真实的人。尽管讣告不能刻画出一个人生活的全貌，但是依然可以提醒我们，每个人都会犯错误，无论多么有名或是被爱戴。作为人，大家都是一样的。因此，我们需要用更加平实、平和、平等的心态去生活，去面对我们生命中的每一个人。

我们或许也可以从讣告中懂得，尽管也有极个别自己给自己写讣告的人，但是，绝大多数人的讣告总是由他人来完成的，而讣告中的"人生内容"则来源于家人、亲人、朋友、同事等。事实上，关于家人和朋友的回忆，是讣闻报道中最容易被提及的内容。不管你完成了什么，你对待别人的方式和你被别人记住的方式是有很大的关联。因此，我们在任何时候都应该更加友好一些，因为人是活在真实的生命关系中的。

1988年伦敦《泰晤士报》刊发了这样一份作者没有署名的讣告，丧主名叫切特·贝克尔："难免有病体难支的夜晚。他那如号角般响亮的嗓音几不可闻，同歌声一样悦耳的声音变成微弱的细语，袅袅的音乐啊，仿佛随时可能骤然中绝。但即使在这种时刻，他那种与生俱来的音乐家气质依然成就了一个又一个小小的奇迹。优雅虽受重创，却并没有丧失。"

1992年《费城每日新闻报》刊发了由著名讣告作家吉姆·尼科尔森执笔的大约翰·埃利斯的讣告："对朋友们，他有一句亲亲热热的口头禅：'闭嘴，笨蛋。'嫁给大约翰没多久，雪莉·埃利斯便发现丈夫不是个普通人。'我们简直什么地方都没法去。在纽约，他时不时地就会大叫一声，闭嘴，笨蛋。街对过马上有人嚷嚷回来，你好哇，大约翰。华盛顿、怀尔伍德、大西洋城，无论到什么地方，总是这样。'"

2005年伦敦《每日电讯报》刊发了一份作者未署名的讣告，死者是安娜·海马特，曾以爱丽丝·托马斯·埃利斯的笔名写过几部小说。这份讣告这样写道："安娜……总是一袭黑衣，从头到脚，连内衣和凉鞋都是一式的黑色，打扮得像地中海民族的女族长。我们这些人在餐桌边横七竖八乱坐一气，像没毕业的大学生一样大吃大喝，斗嘴争辩，而她却总是静静地倚在门框上，什么都不吃，只一支接一支地吸烟，观察着我们，那双眼睛在阴影中闪闪发亮。好一个黑衣女人，像门口的一个鬼影，没有什么能逃过她的眼睛。"[1]

讣告虽然是"宣告"和"呈现"死亡的，但我们读出来的却是真实的人生，感悟到的是生死之间的过程与智慧。这就是讣告所具有的独特的生死学意义。正因为如此，我们甚至可以提出和建构"媒介生死学"这样的交叉学科，以帮助大众在阅读像讣告这样的"死亡传播媒介"时，可以有一种自觉的生死学意涵的领会。

第三节　秋瑾墓葬十迁及丧葬的生命意涵

秋瑾殉难之时，她的家人都已躲身在外地，慑于清政府的淫威，留在绍兴城内的族人也无人敢出面承领尸体。挨过3个时辰，直到巳时（上午10时左右）时分，才由几个当地仗义的士绅出面，将烈士尸体放入棺木抬到郊外卧龙山（俗称府山），并未下葬。

首迁是由哥哥秋誉章安置的，他希望将秋瑾的灵柩葬于祖坟之侧。1907年10月，将灵柩迁往绍兴常禧门外严家潭。不料当地人闻说是被砍了头的革命党人棺木，无论如何不肯收留。秋誉章无奈只得在大校场近旁的乱坟堆中，择地暂放秋瑾的灵柩。灵柩上仅覆盖数片草苫，以避风雨。

二迁是由她的两位挚友、女界精英吴芝瑛和徐自华完成的。秋瑾牺牲后，她们两位不约而同，挺身而出。吴芝瑛先后写下了《秋女士传》《纪秋女士轶事》《挽秋女士联语》等诗文。徐自华先后写了《哭鉴湖女侠》《秋女士历史》《秋瑾轶事》《祭秋女士文》等诗文，相继在上海《时报》《神州日报》《小说林》等报章杂志上发表。正是她俩不顾个人安危，不遗余力，秋瑾才得以实现"埋骨西泠"的夙愿。

秋瑾被杀后，清政府受到社会舆论的极大压力，两个月后，绍兴知府贵福辞请离职调皖，遭到安徽人民的竭力对抗不敢到任；浙江巡抚张曾扬奉调山西巡抚，同样被山西人民拒绝，不久便抑郁而死。

三迁，1909年，有人告密西湖边有秋瑾墓，不得已将秋瑾的灵柩迎回

---

[1]　约翰逊. 先上讣告后上天堂［M］. 李克勤，译. 北京：新星出版社，2007：15—16.

湖南。

四迁，1912年，辛亥革命胜利后，在秋瑾灵柩仍留湖南抑或是还魂西泠这一问题上，浙省与湘潭展开了一场电报战。有人提出了关于秋瑾安葬之地的第三种方案。

于是有了五迁，迁移到了湖南长沙岳麓山。但是，湘浙争灵，仍在继续。

六迁，1912年9月，秋瑾灵柩回到杭州。在秋瑾就义6周年纪念日，其灵柩登穴入土，第二次安葬在西湖西泠桥畔。

七迁，1964年，迁葬杭州西湖鸡笼山。

八迁，杭州人民要求下，1965年初由杭州鸡笼山迁回西泠桥原葬处。

九迁，1966年，墓被拆除，遗骸再葬于杭州鸡笼山。

十迁，1981年10月，还葬于西湖孤山西北麓，西泠桥南堍。墓顶设汉白玉雕像，即今墓。

从秋瑾烈士墓葬的十次迁移过程，我们可以看出，丧葬是有其独特的重要生命意涵的。

人类的仪式起源于对尸体的处置、帮助丧亲者和社群调整丧仪。

中国传统将"礼"划分为五类，称为"五礼"，后世修订礼典，大体都依吉、凶、军、宾、嘉五礼为纲。祭祀之礼为吉礼，为五礼之冠；丧礼哀死亡，属于凶礼。《礼记·曲礼下》记载："居丧未葬，读丧礼。既葬，读祭礼。"丧礼的核心是通过对死者遗体的各种处理仪式，来表达对死者的敬爱之情，同时，也通过丧礼召回死者的亡灵，现在有些地方依然保存着将死者的衣物扔上房屋以便亡灵容易辨识的仪式。传统的丧礼仪式，大体包括停尸仪式、报丧仪式、招魂、送魂仪式、做"七"仪式、吊唁仪式、入殓仪式、丧服仪式、出丧择日仪式、哭丧仪式、下葬仪式。

西方对丧礼的功能也有诸多研究，我们来看范德林·派因的看法。他认为葬礼发挥着4种主要的社会功能：（1）承认并纪念一个人的去世。（2）为处置死者的遗体提供一个背景。（3）帮助丧亲者重新适应生活，原来的生活被亲人的死打乱了。（4）它证实在丧亲者与其社群之间存在相互的经济和社会义务。

在对葬礼进行多文化的调查研究的基础上，弗农·雷诺兹和拉尔夫·坦纳断定："死亡仪式的重要性在于，它们是必须由丧亲者在最近没有丧亲的朋友、亲戚和邻居的社会背景里，体现出社会宗教的要求。新近丧亲的人不能不理会其悲痛正在产生和增加身心失调的症状，但是社会要求他们持积极态度，而且在许多文化中要求丧亲者在相当长的时期里扮演一种特殊的角色……在居丧期结束时，他们很可能提前从中恢复过来。"简单地说，也就是，在朋友、亲戚和邻居的帮助下，度过丧失亲人的痛苦，接受亲人死亡的事实。

我们总是生活在一个事实上的以生命影响生命、以生命引领生命的生命教育世界中的。因此，就像我们通过出生礼仪、成年礼仪等彰显我们对于生命的尊重，具有广泛的社会教化意义一样，我们通过丧葬礼仪所呈现的对生命存在、生命关系以及死亡的态度，实际上也是在做一种示范性的教化。

具体来说，丧葬仪式有以下意义。

死者道德褒贬的手段。死者的葬埋被视为后人尽孝尽责、死者道德褒贬及宗族维系发展的根本。死无葬身之地，实际上是对死者最后最高的伦理判决。此外，倘若有玷污门庭、败坏家风、愧对列祖列宗的"败家子"类，依丧葬制度不得葬于家族或氏族墓地内，古人称之为"不入兆域"。

显示死者的社会地位。两个因素可以显示死者的社会地位：一是丧葬礼仪的规模。儿童和社会地位低者的丧葬礼仪简单草率，参与者仅涉及少数人；社会地位显赫的人如君王贵族或国家领导人、高级官员的礼仪则繁复而持久，并会涉及整个社会。二是处置和毁掉尸体的方式。遗体的处置可以安放于华丽的陵寝，也可以将骨灰撒入江河湖海。为了显示死者的社会地位，尽力将葬礼办得隆重豪华，甚至大肆铺张，虽有寄托哀思的意义，但也不排除借死者的威望来达到某种目的的意图。

子孙表现孝道的方式。中国人把人世与地下阴间贯通，完全以世上敬孝父祖般的人伦义务，来对待阴间去世的父祖。对死者的丧葬礼仪和祭祀，是尽孝道的最后一个过程。生则养、死则丧，丧毕则祭。子曰："生，事之以礼。死，葬之以礼，祭之以礼。"唯有尽此三道者，才能被人们称为孝子。

使生者经历死亡教育。对亲属好友来说，死亡引起的极度忧虑恐怖的情绪，可以通过丧葬礼仪调剂，使人们重新调适自己。丧葬礼仪过程中处处都表现着超越死亡和生死人间互助的信条，是一个很好的死亡教育过程。人们在亲历过别人的丧葬仪式之后，对于他自己的死，可能会有所准备，并可减少对死亡的焦虑和恐惧。

促进家族宗法伦理关系。这一点在中国社会的丧葬礼仪中表现得尤为突出。儒家把丧葬礼仪视为一种重要的论定家族宗法伦理关系的机会。在丧礼上，有所谓"点纸"，它按长幼亲疏尊卑的秩序，将来吊丧的亲戚成员排成一串，使某人和某人的关系、某人和丧家的关系一目了然。此外，丧服的"五服"制也能区别亲戚的宗法等级关系，从而决定是否有继承遗产权利等关系。

强化伦理关系。死亡虽然是个体性行为，但是在对待死亡的方式中，则倾注有社会、文化的特殊意义。即便是社会、氏族群体中个体成员对自己的死亡，也不是可以随意依据自己的情感意志来处理对待的。社会群体会用各种制度加以规定，把死亡丧葬现象赋予社会等级色彩及道德含义，使得社会和家庭的伦理关系得以强化。

附：林和靖生命历程的隐与显

对于旅游来说，自然景观固然重要，因为它是基础；但人文景观更不可忽视，因为它能提高自然景观的价值。孤山本是"群山四绝，秀出波心"的梅花坞，古有"胜绝诸山"之评，其自然景观应居西湖之首。但孤山是在它成为赏梅胜地以后才载誉于世的。说到孤山梅景，就离不开林和靖。林和靖和梅花，是孤山独特的人文景观。

一、西湖孤山景区的缔造者

林和靖名逋，字君复，和靖是谥号，钱塘人，生于宋太祖乾德五年（967年），卒于宋仁宗天圣六年（1028年）。祖父林克已曾是吴越王钱氏的通儒院学士。

父亲早亡，家道中落，少孤家贫，衣食不足，但刻志为学。取名为"逋"是以避世之人自居。弗趋荣利，在文人应试争官的宋代社会，不参加科举，终身不仕。

先隐居于西湖东岸。诗、画、书法均有成就。宋真宗咸平、景德年间已以道德文章名于世，为时人所敬重。浪游江淮，行迹经安徽、江西、江苏，直至山东曹州。时值辽军入侵澶（chán）州前夕，宋真宗用浙江富阳人谢涛为曹州知府。林逋与谢涛有通家之好，此时戎装出游，自诩"胆气谁怜侠，衣装自笑戎"。但不久即归隐钱塘，移居孤山，且二十年不入城市，终老西湖。

林逋何以会突然归隐钱塘？

其时正值寇准罢相，王钦若上台，"澶渊之盟"丧权辱国。为"挽回天威"，真宗与王钦若串通，将一幅写有蟠蚪形"字"的黄绢缚在鸟尾巴上，将鸟放在承天门城楼顶上，然后由皇城司奏报"天书"降临，君臣跪接；后又说在泰山降临"天书"，真宗亲去泰山行封禅大典，扩大影响，以此"镇服四海，夸示外国"，确保"天威"。

群臣争颂功德，谈为帝王盛事，与安徒生童话中《皇帝的新衣》颇有相通之处：明知是假，人人争说是真，趋之若鹜，唯恐不及，虽名相寇准亦不可止。各地又因"天书"降临，大造道观。"封禅"骗局前后影响十余年，耗费民力财力无数，成为全国性的大祸害。

林逋作为一布衣，于此潮流中拂袖而去。二十年不入城市的生活即自此始，是令人钦佩的。林逋在自己的寿堂生前为自己做好的墓穴前作《自作寿堂因书一绝以志之》：

湖上青山对结庐，坟前修竹亦萧疏。
茂陵他日求遗稿，犹幸曾无封禅书。

林逋在孤山植树造林，与一般园丁有相同处亦有不同处，不同处在于他是诗人、画家、书法家，他的植树造林首先着眼于给孤山创造一种诗的意境。

当时的孤山，草泥中螃蟹横行，山坳里竹鸡漫步，湖面上肥黑的淤泥因菱白芦苇根缠结成块，上面种了水稻，孤山上杂草丛生，蝴蝶飞进都被困缠住了；林中的青虫，吐着长丝，挂下身体，倒也悠哉，闲哉……

就在这样的地方，林逋种梅植树，美化它，诗化它。他最成功的是咏梅诗，他的"疏影横斜水清浅，暗香浮动月黄昏"，写梅枝疏影横斜，临水照影；顾影低回，暗香浮动，成为咏梅的千古绝唱。

林逋创造了风姿绰约、楚楚动人的孤山梅的形象。她绝无妖艳与媚世之态，独具秀美、雅洁、高尚的风骨。正因为林逋是诗人，他才能提炼出孤山这一自然景点的美；还因为他是孤山的种梅人，他才会倾注无限深情于孤山的梅花。

唐代孤山已有梅花，但为数甚少。林逋二十年不入城市，在孤山的主要事业是种树植梅，以"数年闲作园林主"自居。据说他种了三百六十余株梅，把每株梅树出产的收入包成一小包，放在一个罐中，每天取一包，为一天生活费用，多则多用，少则少用，正好为一年生活之依靠，没有多余也不至断炊。后人称林逋为"种梅处士"，称林逋与梅鹤的关系为"梅妻鹤子"，也说明林逋与孤山梅的非同一般的关系。

林逋留给后代的不是隐士之风大盛，而是梅林千古飘香，植树造林、美化湖山的遗风不断。孤山无梅，逊色大半。赏梅不与"梅妻鹤子"的林和靖联系起来，就失去了孤山梅林的特殊价值。林逋是孤山景点的开拓者，孤山因林逋而扬名。

二、林和靖昭示的生死学话题

隐逸是中国历史上一种奇特的文化现象，同时也是一个不朽的精神主题。在中国漫长的历史进程中，流传着许多关于隐逸的事迹，出现过众多的隐逸之士。

从《后汉书》开始，《晋书》《南史》《宋书》等史籍都专辟逸民列传，述其行迹、高尚其义。隐逸现象为我们描绘出了中国古代一幅独特的风景。

事实上，隐逸之士作为中国社会的特产，在先秦时期即以一个相对完整的社会群体之面貌出现于历史舞台。时人谓之"隐者""逸民"等。

最早的隐逸行为，我们可以上寻至尧舜和商周之际的许由及伯夷、叔齐等人，他们正是隐逸的鼻祖。先秦的这批著名的隐士最明显的特征是他们是拥有渊博的知识、精深的思想及坚定的道德操守的知识分子。是知识分子这个大的社会阶层中，思想更趋偏执、个人独善意识更趋清晰与沉重的群体。

许由（生卒年不详），是尧舜时代的贤人道家前身，他率领许姓部落在今天的行唐县许由村一带活动。帝尧在位的时候，见到了贤人许由，便想传位于许由。许由认为这是对他的一种羞辱，便到颍水河洗他的耳朵。

伯夷、叔齐是商末孤竹君的两位王子。伯夷为长子，叔齐是三子。相传孤竹君遗命立三子叔齐为君。孤竹君死后，叔齐让位给伯夷，伯夷不受；叔齐尊天伦，不愿打乱社会规则，也未继位，哥俩先后出国前往周国考察。周武王伐纣，二人扣马谏阻。武王灭商后，他们耻食周粟，采薇而食，饿死于首阳山。

到了汉朝，随着私学之风的盛行与官僚制度的发展，隐士就由个别的偶然现象形成一个特定的社会阶层，而且这一阶层在社会生活中重要性也越来越凸现。

到了唐朝，白居易在官场沉浮多年之后，终于选择半仕半隐来"两全其美"。

从上古到盛唐，从一开始的饿死于首阳山到后来的"穷则独善其身"，隐逸的历程经过代代文人的心口相传成为他们人生的备选之一。

隐逸文化，以简单朴素及内心平和为追求目标，不寻求认同为"隐"，自得其乐为"逸"。它是针对世俗文化而言的。世俗文化以功名利禄和荣华富贵作为追求目标。两者皆无可厚非，个人取向不同而已。

但是，在历史上也有以"隐"求显并成功取得富贵者，也有显贵过却不得已隐姓埋名的隐者。他们都对隐逸文化有着不同的影响。"隐逸文化"是多方面的，最直接的表现就是遁迹山林，这本身就是一种特殊的文化现象。

林逋作为隐士，是中国隐逸文化的践行者。林逋在西湖孤山隐居二十年，在这期间诗人并没有因仕与隐而矛盾，从始至终他都很满意自己的选择，虽清贫，但自得。林逋以一个隐者幽峭淡泊、清高孤介的心性意趣去观照梅花，将主观情意浸染于梅花之上，从而赋予梅花一种清的品性，一种高的格调。林逋对梅的人格意识的渗透，开启了后世咏梅之清、之疏、之峭、之幽，而这些也只是如林逋一样气节之高的人才能感悟得到。林逋关注西湖的静和美，在山水中找到了知己，大自然在一定程度上已经成为他生活、兴趣的一部分。

他在这其中接受自己、他人和自然；虽隐居，但与僧侣、朋友、亲人建立了深厚而融洽的关系；他有辨别善与恶的能力，表现在其文《省心录》中；他有超然独立、离群独处的需要，但他同时也有对家人和自然的爱；他返璞归真，在隐逸中找到了快乐，完成了自我实现。

在这一过程中他发展和发现了真实的自我，并发挥自己的潜能实现了自我。他这种对人生的思考及在精神上的超脱，引起了后世历代文人的精神共鸣。

在中国文史上，提倡、叫嚷着"不如归去"的人太多，但真正能做到不留恋红尘放弃俗世生活放弃官宦生涯的人非常罕见，很多人假隐居，而很多人则是借隐居而沽名钓誉。真正让人心服口服的隐士文人，除了陶渊明，便只有林逋了。

林逋是真正的隐士，真正的文采风流，真正的不会沽名钓誉。他一生作诗词无数，多半没有流传下来，流传下来的还是当时的一些爱其诗词文才之人偷偷替他保留的，于是今天的我们才能看到林逋的三百余篇作品。

林逋有三个举动为他赢得了美名。

其一，林逋喜欢养鹤。鹤在中国不同凡鸟，有着崇高的地位。在道教中，鹤是长寿的象征，道教的仙人大都是以仙鹤为坐骑；鹤性情高雅，形态美丽，素以喙、颈、腿"三长"著称，直立时可达一米多高，看起来仙风道骨，地位仅次于凤凰；鹤雌雄相随，步行规矩，情笃而不淫，古人多将翩翩然有君子之风的白鹤，喻为具有高尚品德的贤能之士。林逋经常坐小舟泛游西湖，当客人来到山庄拜访，家中童子出来迎接，就打开鹤笼，放出一只仙鹤，飞翔到云霄之上，盘旋很久，才回到笼内。林逋在湖中看见，就回家见客了。鹤在江南极为少见，而林逋竟然家蓄两鹤，又训练有素，世人大为惊叹。

其二，林逋喜欢梅花。有诗歌《山园小梅》传世，其中"疏影横斜水清浅，暗香浮动月黄昏"是千古流传的名句。当俗世花朵纷纷凋零之际，唯有园中的梅花独自开放。淡淡月光之下，梅花暗香浮动。欧阳修也好，苏轼也好，都是政治、文学才华兼备的风流人物，他们对林逋的诗文也是赞不绝口的。林逋一生未娶，无子，自称"梅妻鹤子"，这份独特，加深了林逋的神秘感。

其三，林逋很喜欢写字，诗歌也写得极好，可是写完之后随手就扔掉了。别人就说："为什么不收录刊印出来流传后世呢？"林逋说："我现在隐居山林，不想以诗歌获得现世名声，又怎么会在乎后世之名呢？"不过他的一些门人、子侄，还是把他的诗文搜集起来，流传到后世的还有几百篇。当林逋少年时，有志于国政，虽然隐居山林二十年，还是渴望一展抱负。可当朝廷只是以文学之士相待时，林逋从此断绝了出仕的念头。宋真宗的几次慰问，朝廷官员的时常拜访，加上林逋梅妻鹤子的独特生活方式，标榜厌弃名利的种种行为，反而让林逋获得了远胜于出仕的美名。

林逋从"人世间"隐退，与自然为伍，梅妻鹤子，终老山林。那么，人生的自然到底是什么呢？人生如何实现自己的"自然"？

三、人生的自然及其实现

生—老—病—死，这就是人生最大的自然！

生命，从有"存活"的迹象开始，总是朝向生长、成熟、生殖与繁衍的目标发展，任何一种生物体，莫不如此。很不幸，生物体的生命，也有老化、死亡的不可逆命运，即使号称万物之灵的人类，也难逃此种"劫数"。

以人类的有机体而言，当一个身心健康的人，成长到了某个成熟阶段，其视力、听力、脑的记忆力等，便逐渐减退，其四肢的运动能力、性能力、器官的功能等，也日渐衰退，且皮肤呈现粗糙、皱纹、干燥等现象，这便是老化的征象。

一般谓之"老人"，常以65岁作为规范指标，联合国教科文组织将65岁以上界定为"老人"。老人又可再分为三老：初老，指65岁至74岁者；中老，75岁至84岁者；老老，85岁以上。老人人口占总人口4%以下者，称为"青年国"，大部分发展中国家均属"青年国"；4%至7%者为"中年国"，多数发达国家均列其中；7%以上者属"老人国"，也称为"高龄化社会"；达到14%时，即为"高龄社会"；至于20%以上，就谓之"超高龄社会"。

老化会带来身体外部改变。皮肤方面：逐渐粗糙、干枯、起皱纹，像缺乏水分、脂肪似的，已失去光泽及细嫩。毛发方面：逐渐秃头或头发频频掉落，变得稀松、灰白，且双颊或嘴角上下的胡须增多。牙齿方面：逐渐松动、掉落或腐蛀。身高方面：逐渐减低，出现弓背现象。体重方面：逐渐增加，且腹部凸出。

老化也会带来身体内部的改变。肌肉方面：肌纤维逐渐萎缩，导致部分肌纤维被结缔组织取代，促使肌肉硬化，故一旦受伤复原较慢。骨骼方面：因钙质的流失，骨骼逐渐变脆，缺少弹性，易受外力损害或折断。器官方面：身体内部的心脏、肺脏、肾脏、肝脏等器官，因长久的耗损，已逐渐发生故障。功能方面：脑部的心智能力、记忆能力，已逐渐减退；眼部的视力、耳部的听力，亦逐渐减退；四肢的运动能力，随之减弱。生殖方面：性能力，由旺盛期逐渐衰退。血管方面：逐渐失去弹性，并产生硬化。

老化还会带来心理变化。怕老：每个人在年幼时，都希望快快长大，长大到像爸爸、妈妈般，好去追寻童年时的美梦；可是，等到长大成人，开始迈向老化时，却又怕老，这是大多数人的恐惧心态。怕死：死，是大多数人不愿碰见、不愿遭遇、不愿面临的灾难；因为，人一死，什么都没有了，再多的财物也带不走，再多的金钱也买不回逝去了的生命；怕生病：在生命成长的过程中，这生—老—病—死的流程，始终连在一起，密不可分，显见人有生必有老，有老必有病，有病必有死。虽然，"有生必有老"，乃千古不移的事实，任

83

谁也不能否认；但是"有老必有病"，或者说"肉体的老化，必然会引起生病"，却不是绝对性的必然现象；"有病必有死"或者"生病的人，必定会死亡"，也不见得果真会如此，因为，生病的人经过医术的治疗，还有痊愈的希望，不一定会面临死亡。话虽如此，当一个人面临老化的困境后，还是会惧怕生病，害怕生病会夺去自己的生命，害怕生病会花费许多医疗费用，害怕生病会连累家人。

每个人都想如实地生活，活得像自己。不过，如果我们能够认真想想"如何能够自然死去"，能够做到"自然生活"并兼顾"自然死亡"，才算真正无悔地、心满意足地演完人生的最终幕。中国传统社会将"考终命"视为"五福"之一。"考终命"也就是"善终"，或者说"好死"，其实也就是自然而然地走向生命终点的"自然死去"。

美国生死学家林恩·德斯佩尔德和艾伯特·德斯利克兰在《最后的舞蹈——关于死亡》一书中列出了"好死"的一些组成要素和标准，可有一个参考。[①]

好死的组成要素

疼痛和症状控制。将在痛苦中等死的可能性降低到最小，或者通过提供充足的痛觉缺失和其他形式的疼痛缓解，将忍受"突然增强的疼痛"降低到最小。

清醒的决策能力。努力在患者、患者的家人以及医护团队之间实现清晰的交流，使濒死者具有这种能力。在危机发生和感情储备低落之前讨论必不可少的生命尽头的决策。

为死亡做准备。在疾病的最后阶段，即身体和心理的变化显示随着死神临近时，知道什么是想要的。为死后要采取的行动制订计划。探究我们自己有关死亡的感情。

完满结束。懂得精神性和产生意义的其他手段的重要性，包括生命历程回顾、解决冲突、抽出时间与亲朋好友共度时光、筹备有意义的文化仪式以及道别。

为别人作贡献。借助有形的或者无形的天赋，比如时间、对别人的关心以及通过个人反省获得的认识，与亲友分享自己有意义的财富。

"全人式"的证实。不把濒死者仅仅看作一位"病人"，而是在他

[①] 德斯佩尔德，斯特里克兰．最后的舞蹈——关于死亡［M］．夏侯炳，陈瑾，译．北京：中国人民大学出版社，2009：312－313．

的生活、价值观和喜好的背景下去看待濒死者。

判断好死的 10 条标准

死得自然。而不是意外、自杀或者他杀。

人已成年。年老,接近精神技能的顶峰而寿命长得足以拥有见多识广且有所建树的人生。

合乎预期。既不是猝死,也不是意外作古;出现了某些即将去世的前兆。

名誉良好。一份肯定的讣告,充满了敬语(传递尊敬)。

准备充分。制订了围绕着死的合法的计划,比如葬礼安排、遗嘱和仪式。

接受命运。"愿意履行义务",体面地接受不可避免的死亡。

文明告别。热爱活着的人们,临终场景被鲜花、美丽的图画和低回的音乐装点得生气勃勃。

泽及后代。将"家族的智慧"传给年轻一代,与亲友分享记忆和历史。

表达悲哀。体验伤心和遗憾情感,但不会垮掉;带着某些未竟计划死去;"以没有一个人生是完美无缺的范例教育后人"。

心情平和。临终场景充满了和睦与爱,荡漾着摆脱身体痛苦的轻松气息。

通常来说,老年人接受死亡往往会给自己一些充分的理由,比如:死亡总比不能动弹更好;死亡总比丧失生活能力好;死亡总比变成包袱好;死亡总比智力下降好;死亡总比在身体状况逐渐衰退和继而在身体不适状态下挨日子更好;等等。理性人的一个标志就是,他过着一种适合于一个行将就木者的生活——他懂得在自己生命结束前不拒绝、不抱怨,庄严而宽容地接受从青年到老年这一必然发生的过程——因为它是生命昙花一现的外在标志,并且审慎地为他自己的辞世做出安排和准备,以便那些在他身后续写生命华章的人享有安康和进步,然后,他自己安然地走向人生尽头。

我们过了一种有意义的生活之后,死亡的恐怖可能会淡化。因为我们最害怕的并不是死本身,而是一种没有意义和荒谬可笑的生活。

印度诗人泰戈尔有一首诗《生与死》:

生与死

(泰戈尔著,郑振铎译)

我存在,乃是所谓生命的一个永久的奇迹。

不要因为你自己没有胃口，而去责备你的食物。

生如夏花之绚烂，死如秋叶之静美。

死之印记给生的钱币以价值，使它能够用生命来购买那真正的宝物。

燃烧着的木块，熊熊地生出火光，叫道——"这是我的花朵，我的死亡。"

死之流泉，使生的止水跳跃。

我们的名字，便是夜里海波上发出的光，痕迹也不留地就泯灭了。

我们的生命就似渡过一个大海，我们都相聚在这个狭小的舟中。死时，

我们便到了岸，各往各的世界去了。

死像大海的无限的歌声，日夜冲击着生命的光明岛的四周。

死之隶属于生命，正与出生一样。举足是在走路，正如放下足也是在走路。

大地呀，我到你岸上时是一个陌生人，住在你屋内时是一个宾客，离开你的门时是一个朋友。

当我死时，世界呀，请在你的沉默中，替我留着"我已经爱过了"这句话吧。

我们在热爱世界时便生活在这世界上。

让死者有那不朽的名，但让生者有那不朽的爱。

我将死了又死，以明白生是无穷无竭的。

爱的痛苦环绕着我的一生，像汹涌的大海似的唱着，而爱的快乐却像鸟儿们在花林里似的唱着。

假如您愿意，您就熄了灯吧。我将明白您的黑暗，而且将喜爱它。

我们将有一天会明白，死永远不能够夺去我们的灵魂所获得的东西，因为她所获得的，和她自己是一体。

我曾经受苦过，曾经失望过，曾经体会过"死亡"，于是我以我在这伟大的世界里为乐。

我的未完成的过去，从后边缠绕到我身上，使我难于死去，请从它那里释放了我吧。

随着现代社会生活水平的提高和医疗技术的发展，人类的寿命越来越长。这就意味着一个社会的老年人越来越多。为了让人类社会对于人类生命的这种"自然现象"有充分的认识和准备，联合国专门制定了《联合国老年人原则》

(1991.12.16)，将"独立""参与""照顾""自我充实"四个方面作为老年生生命生活品质的重要指标。

联合国老年人原则

独立

1. 老年人应能通过提供收入、家庭和社会支助以及自助，享有足够的食物、水、住房、衣着和保健。

2. 老年人应有工作机会或其他创造收入机会。

3. 老年人应能参与决定退出劳动力队伍的时间和节奏。

4. 老年人应能参加适当的教育和培训方案。

5. 老年人应能生活在安全且适合个人选择和能力变化的环境。

6. 老年人应能尽可能长期在家居住。

参与

7. 老年人应始终融合于社会，积极参与制定和执行直接影响其福祉的政策，并将其知识和技能传给子孙后辈。

8. 老年人应能寻求和发展为社会服务的机会，并以志愿工作者身份担任与其兴趣和能力相称的职务。

9. 老年人应能组织老年人运动或协会。

照顾

10. 老年人应按照每个社会的文化价值体系，享有家庭和社区的照顾和保护。

11. 老年人应享有保健服务，以帮助他们保持或恢复身体、智力和情绪的最佳水平并预防或延缓疾病的发生。

12. 老年人应享有各种社会和法律服务，以提高其自主能力并使他们得到更好的保护和照顾。

13. 老年人居住在任何住所、安养院或治疗所时，均应能享有人权和基本自由，包括充分尊重他们的尊严、信仰、需要和隐私，并尊重他们对自己的照顾和生活品质做选择的权利。

自我充实

14. 老年人应能追寻充分发挥自己潜力的机会。

15. 老年人应能享用社会的教育、文化、精神和文娱资源。

尊严

16. 老年人的生活应有尊严，有保障，且不受剥削和身心虐待。

17. 老年人不论其年龄、性别、种族或族裔背景、残疾或其他状况，均应受到公平对待，而且不论其经济贡献大小，均应受到尊重。

第五章 从白居易说生死困顿与超越

第一节 白居易与西湖文化代言人

让西湖从一个地理概念变成一个人文概念的，是唐代大诗人白居易。

白居易一生有三次与杭州结缘：

第一次结缘是 12 岁时，他独自一人背井离乡，便是到"人间天堂"苏杭地区。其时，少年志气，意气风发，但人微言轻，寄人篱下。尽管当时的苏杭烟雨迷离，满目美景，但白居易毫无欣赏的心境。

第二次结缘是 26 岁时，为父亲守孝三年期满，尽管年少成名，但身无分文，十分落魄。到杭州求自己的叔父在仕途上帮助自己，满心想的都是怎样应付科举考试，毫无欣赏风景的闲情逸致。

前两次杭州之行，白居易都只是西湖的过客。

第三次结缘是 51 岁，这一次，白居易是以"杭州刺史"的身份到杭州。作为杭州最大的地方官，此时的白居易功名傍身，满身富贵。到杭州后，立马写了一封《杭州刺史谢上表》，感谢唐穆宗对自己的调任。之后，便马上开始着手整理杭州政务，以期造福百姓。

从长庆二年（822 年）十月到达杭州，到长庆四年（824 年）五月离开杭州，在短短 20 个月的时间里，无论是杭州的民生工程，还是对杭州的文化传播，白居易的成就都是斐然的，他主政的这段时间也为杭州的崛起打下了基础。

除了修筑堤防、疏浚六井，造福杭州百姓，白居易还写下了 200 多首赞美杭州的诗，而且亲自撰写了《钱塘湖石记》，刻成石碑立于西湖边。白居易的这次杭州行，直接改变了西湖和杭州的历史地位和文化形象！白居易也由此成为西湖文化的第一个代言人。

杭州是典型的水乡，水是杭州的灵魂。但白居易时代的杭州，远没有现在这么安逸。

位于城西的西湖，规模远比今天的大，西岸延伸到今西山脚下，东北到今天的武林门一带，而且还连通着城东北的白洋湖。白洋湖也称为杭州南湖，在今杭州艮山门附近，体育场路北、中河北路东一带，清末消失。因为缺乏治理，一到汛期时节，西湖便泛滥成灾；而遇到旱情时，又干涸得厉害。当时的西湖周边都是农田，西湖在当时的主要作用也不是观光，而是灌溉。

白居易到任杭州后的第一件事，就是治理西湖，以恢复湖水的灌溉功能。在倾听了百姓的声音和考察了西湖的现状后，白居易制定了治理西湖的措施和设想：首先，修筑湖堤、疏通河道，涝时蓄水、旱时放水，如此，西湖周边的千亩农田就丰收有望；其次，从钱塘县到盐官镇的这一段运河，必须放湖水入河，用河水灌溉，充分发挥运河的作用；再次，减少放水灌溉的审批流程，一旦遇到旱灾，由刺史衙门直接审批放水。另外，如果遇到天旱导致运河水位下降无法通行的时节，便注入湖水，使运河能够常年保持通航。

为了发动百姓参与，也为了让自己的后来者有章可循，白居易在西湖边上立一块石碑，用通俗的语言将自己的治湖理念刻在上面，这便是白居易所写的修治西湖水利以灌田、沦井、通漕的文告《钱塘湖石记》，是水利史上不可多得的美文。

现在杭州湖滨景区有个圣塘闸。闸上的圣塘闸亭，建于1984年圣塘闸改建之际，墙上刻录白居易的《钱塘湖石记》。《钱塘湖石记》全文有八百多字。最后一段文字如下：

> 又若霖雨三日已上，即往往堤决。须所由巡守预为之防。其笕（jiǎn）之南，旧有缺岸，若水暴涨，即于缺岸泄之；又不减，兼于石函、南笕泄之，防堤溃也。大约水去石函口一尺为限，过此须泄之。余在郡三年，仍岁逢旱，湖之利害，尽究其由。

真的是好长官！连"恐来者要知，故书于石。欲读者易晓，故不文其言"这些细节都考虑得如此周到。这可是在一千多年前！

白居易治理西湖其实是一项系统性的水利工程。这样的结果，不仅解决了西湖灌溉问题，同时引西湖水入运河，使得运河常年保持通航能力，因为和杭城相通，反过来又推动了杭城的繁荣和发展。也正是这项工程，西湖的意义对杭州来说才真正明晰起来。因为西湖从这一刻起，具备了灌溉和游玩的双重功能。

与此同时，也是从这一刻起，杭州西湖第一次出现在大诗人白居易的笔下，并因此逐渐成为江南名湖、大唐名湖、世界名湖。

白居易对杭州、对西湖的感情是极深的。这种深度使得他已经不再是一个普通的西湖过客，而是西湖的规划者和建设者。824年，白居易杭州刺史任期满,依依不舍离开自己钟爱的杭州。百姓纷纷扶老携幼,手拿美酒,为白居易送行。白居易无奈地写下了《别州民》留给全城百姓。

别州民

耆(qí)老遮归路,壶浆满别筵。
甘棠一无树,那得泪潸(shān)然。
税重多贫户,农饥足旱田。
唯留一湖水,与汝救凶年。

前四句写杭州父老挡住道路,设盛宴送别的场面。后四句写诗人向杭州父老告别,送别者泪水潸然,告别者情意真挚。白居易人离开西湖,但心却再也没离开过西湖。他要为西湖代言!

白居易在杭州期间,游遍了杭州的山山水水,并为杭州、为西湖,留下了二百多首诗词。这位中唐时期的大文豪,用自身在文人群体中的地位和影响力,通过手中的笔提升了杭州西湖的知名度,开启了诗咏杭州、词唱西湖的新时代。

治好了西湖,修筑了堤坝,解决了杭州城最大的困扰后,诗人那种骨子中的浪漫注定了他要给杭州、给西湖留下点什么。

于是,就有了那首著名的《钱塘湖春行》:

孤山寺北贾亭西,水面初平云脚低。
几处早莺争暖树,谁家新燕啄春泥。
乱花渐欲迷人眼,浅草才能没马蹄。
最爱湖东行不足,绿杨阴里白沙堤。

如今的西湖白沙堤,虽然早已不是白居易当年修筑的那条,但挡不住杭州人民对白居易的感恩。在西湖的平湖景区建有白居易纪念馆。

拦湖大堤的建成,不仅解决了农田的灌溉问题,还促进了杭州城的发展和繁荣,为杭城百姓留下了一个踏春的好去处。

修了白堤后,白居易更注重西湖周边的环境保护和生态平衡,尤其是对西湖水面的保护。寄情于山水自然的人,自然也讨厌他人破坏山水。

对待破坏西湖环境的人,白居易的惩罚也是独具一格。穷苦百姓,就罚他在西湖边上种上几棵树;对于富人,就罚他到西湖上去打捞绿藻、浮萍。

白居易这种特殊的环境保护手段,使得西湖"湖葑尽拓,树木成荫",也使他对西湖恋恋不舍,才有了《春题湖上》:

湖上春来似画图,乱峰围绕水平铺。

第五章 从白居易说生死困顿与超越

> 松排山面千重翠,月点波心一颗珠。
> 碧毯线头抽早稻,青罗裙带展新蒲。
> 未能抛得杭州去,一半勾留是此湖。

不仅西湖的美、杭州的秀都化为白居易笔下的文字,对于钟情于山水、崇尚佛法自然的白居易来说,和名僧煮茶论道、谈诗唱词的怡然自得,同样在他笔下得到记载。

西湖周边的名刹不在少数,鼎鼎有名的如孤山寺、韬光寺、灵隐寺等都留下了他的足迹,而那首《西湖晚归回望孤山寺赠诸客》,短短八句,将孤山寺、西湖、草木、大山、夕阳完美结合,构成了一幅湖光山色的雨后画卷,带给人以景融情的快感:

> 柳湖松岛莲花寺,晚动归桡(ráo)出道场。
> 卢橘子低山雨重,栟榈叶战水风凉。
> 烟波澹荡摇空碧,楼殿参差倚夕阳。
> 到岸请君回首望,蓬莱宫在海中央。

杭州,正是在白居易的笔下第一次真正站在了中国诗词的顶峰,成为诗文界的一枝独秀。这在诗词界是前无古人的。能够与他比肩的,也许只有宋朝苏轼这位后来者了。

白居易在杭州的日子虽然不长,从上任到离任满打满算也才20个月;但是,他对杭州、对西湖是爱到了骨子里,所以在弥留之际,忘不掉的依然是他的杭州,他的西湖。

晚年的白居易,以"中隐"状态闲适地生活于洛阳,却写下了三首《忆江南》。

第一首词总写对江南的回忆,选择了江花和春水,衬以日出和春天的背景,显得十分鲜艳奇丽,生动地描绘出江南春意盎然的大好景象:

忆江南(之一)

> 江南好,风景旧曾谙(ān)。
> 日出江花红胜火,春来江水绿如蓝。能不忆江南?

第二首词描绘杭州之美,通过山寺寻桂和钱塘观潮的画面验证"江南好",表达了作者对杭州的忆念之情。

忆江南(之二)

> 江南忆,最忆是杭州。
> 山寺月中寻桂子,郡亭枕上看潮头。何日更重游?

第三首词描绘苏州之美，诗人以美妙的诗笔，简洁地勾勒出苏州的旖旎风情，表达了作者对苏州的忆念与向往：

忆江南（之三）

江南忆，其次忆吴宫；

吴酒一杯春竹叶，吴娃双舞醉芙蓉。早晚复相逢！

只是他此生再也无法回到他日夜牵挂的江南，牵挂的杭州，牵挂的西湖，痛心之下才有了"最忆是杭州"的临终遗言。

在《寄题余杭郡楼，兼呈裴使君》一诗中，白居易再次表达了他对杭州的深刻印象：

官历二十政，宦游三十秋。

江山与风月，最忆是杭州。

白居易深爱杭州，深爱西湖。他虽然已经千古，但却留给杭州和西湖一笔宝贵的物质财富（白沙堤），一笔珍贵的文化财富（诗词）。杭州及西湖也因为白居易这位文化名人的"代言"，就了自己的美名。

当然，杭州也爱白居易。所以今天的杭州依然用"最忆是杭州"来宣传自己，而且还在西湖岸边浇筑了一座"百姓箪食壶浆送别白居易"铜像，供游客凭吊、怀古，感受当年的杭州百姓对白居易那种发自内心的感恩，让人感叹这流传千年的不朽！

第二节 生育作为生命事件的困顿

本书的重点不是关注白居易对杭州、对西湖的贡献，而是他的生命所彰显出来的一些生死学议题。白居易的生命所触发的第一个生死学思考议题，便是"生育"作为一个生命事件带给白居易的困顿，以及由此引发的关于生育这一"生从何来"的生死学议题的现代思考。

白居易出生于一个"世敦儒业"的中小官僚家庭。白居易的父亲白季庚在41岁的时候，娶了刚满15岁的陈氏为妻。可是，这桩婚姻不仅留给人们很多不理解的谜底，也或许让作为这桩婚姻的结果的白居易承受了特别的生命之痛。

有研究者通过对文献的对比考察，列了一个白居易父母的世系表：

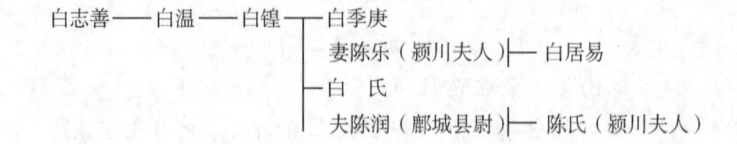

白志善──白温──白锽─┬─白季庚─妻陈乐（颍川夫人）──白居易
　　　　　　　　　　├─白　氏
　　　　　　　　　　└─夫陈润（鄜城县尉）──陈氏（颍川夫人）

根据世系表载明的关系：

白季庚与他的岳母太原白氏是同父异母兄妹，季庚还要大两岁。这个颍川夫人，既是白居易的母亲，也是他姑母的女儿，与白居易是姑表姐弟关系。白居易出生时，其父季庚44岁，母陈氏18岁。也就是说，身为白锽长子的白季庚在自己的不惑之年迎娶了自己妹妹才及笄（jī）的女儿陈氏。

这样一种婚姻很显然是不符合社会伦常的。那么，它产生了什么样的生命影响呢？

陈氏与白季庚结婚后，夫妻还算恩爱。但是，陈氏始终对自己与丈夫的甥舅关系耿耿于怀。这层关系一直是她心中的大痛。虽然知道这层关系的人并不多，但是陈氏生怕自己因为这种关系受到周围人的唾弃。陈氏本就是一个极度重视门第伦理并且要强的女子，她一直在这件事情的阴影里来回挣扎，结果越陷越深，最后竟成了"心疾"。

白居易22岁时，父亲去世，陈氏悲伤过度。在身体极度虚弱时，曾经犯过一次心疾，差点抑郁自杀。这个时候，家人才发现陈氏的"心疾"。为了医治母亲，白家兄弟四处寻访名医，但是只见好转，不见除根。等到白居易功成名就后，母亲的"心疾"才有所缓解。虽是缓解，却也需要日日服药。

为了保护好自己的母亲，白居易还为母亲配备了身强体壮的丫鬟仆从，防止母亲因为"心疾"而出现什么差错。但是，谁知道百密一疏，他的母亲还是趁人不注意坠井身亡了。那一年，白居易39岁，结婚才两年。

到了公元813年，母亲去世两年后，41岁的白居易在为母亲丁忧（三年）期间，顺便把外婆迁葬回了老家下邽（guī）县的白家祖坟。在古代，家族宗法是很严格的，破坏了入葬规矩就等于了破坏了祖坟的风水，这是大不敬的。那么，白居易为什么要将自己的外婆这样一位非母非妻的外族家人葬在自家祖坟呢？除了从小在生活和情感上的关系外，一个重要原因就在于：白居易的外婆陈白氏是白家闺女，嫁颍川陈润。白居易母亲是陈润的女儿，8岁时，陈润去世，陈白氏便携女寄居娘家。白居易母亲15岁嫁白季庚，18岁生白居易。白居易把自己的外婆埋在白家祖坟，不仅仅是感恩外婆的教育关怀，更是让原来就寡居白家的亲姑姑魂归故里。

白居易父母的婚姻不仅让白居易母亲患上"心疾"而坠井死亡，或许也让白居易在生养子女上付出了巨大代价。

白居易37岁才结婚，即使放在现代社会也是晚婚。白居易一生有5个子女，却有4个夭折。

38岁，有了长女金銮子。39岁，白居易母亲看花坠井身亡。白居易离职丁忧。因为离职丁忧没有俸禄，白居易一家人的生活很快陷入困境。后来，仅

93

三岁的长女金銮子不幸夭折。

45岁，在渭南农村蜗居整整四年的白居易被重新召回长安，授予太子左赞善大夫。这一年，妻子又生了一个女儿，取名"罗儿"。

46岁，白居易被贬江州。在江州三年，白居易和妻子又生了两个女儿。但是，两个新生女儿都多病体弱，并最终夭折。

一连串的打击，白居易开始相信命运。为了安顿自己的心，他开始信佛。57岁，在苏州任上十七个月后，白居易因病去职，后定居洛阳。

58岁时，白居易老来得子，欣喜若狂。白居易的生活也重新燃起热情。但是，在他61岁时，爱子患病，之后一病不起，年仅3岁的爱子也夭折了。遭此厄运，白居易和妻子悲痛难抑，妻子更是重病不起。

白居易4个子女的夭折，是值得我们反思的一个"生死话题"。虽然在古代，婴儿的死亡和夭折率总体是较高的，但是，像白居易家这样高的夭折率（并非出生死亡），还是非常特殊的。这是否与他父母独特的婚姻有关？我们不得而知。只是，我们看到，对于白居易来说，生育，带来的不只是喜悦，也有不得不面对的困顿！

生从何处来，是生死学的一大议题。即使是科技发展到了今天，生育也依然面临诸多困顿。这些困顿，不仅是医疗的，更多是伦理的。

"生育"是人类的自身生产行为。生育的本质在于，它是人类的自身生产和再生产。

它既是一种自然现象，又是一种社会现象。在现代社会，伴随着医学技术的发展和人口增长的压力，人类的自身生产有了"计划生育"，人类开始通过医学和相关技术手段调控自身生育行为。在当代，随着基因工程和其他生物技术的发展，人自身的生产演变为"选择生育"，生育成了一系列人工选择和人工控制的行为。由此，也引发了一系列现代生育的新的困顿。

第一个现代生育与生命伦理的议题是：堕胎与优生。

所谓"堕胎"，也称"人工流产"，是指人类故意对怀孕期间母体内的受精卵或胎儿，借助药物或人工的方式，提前结束其妊娠。

这里牵涉到"怀孕期间"与"生命起始"的关键问题，由此也引发相应的伦理甚至法律争论。核心问题是：胎儿是不是人？或者更具体地说，胎儿从什么时候才可以被看作人？胎儿有没有自主性？有没有出生权利？

根据医学上的严格界定，怀孕1—8周为胚胎期，8周以后为胎儿期。而关于"胎儿"作为生命的标准，则认知不一。这也导致了人们对待堕胎的不同态度。

一种观点认为，"脑波"的出现是生命出现的一个认定点。按照这一标准，如瑞士、墨西哥、德国等国家的允许堕胎时间，被定在12周，日本、意大利定在13周。

另一种观点认为，"胎动"是生命的表征。胎动因人、因胎次而异，约莫发生在20周，代表着胎儿具有旺盛的活力。现今多以24周为标志，此时胎儿即使离开母体也能自行存活。英国、荷兰等国即将允许堕胎时间定于此。

在当代，由于优生理论、女权运动的兴起，加上人口的快速增加，堕胎合法化的呼声甚嚣尘上。1994年，联合国在开罗举行"国际人口与发展会议"，确认堕胎是各国政府必须面对的事实，并视之为人权。

尽管如此，赞成与反对堕胎者仍然针锋相对。双方围绕性泛滥、优生学、自主权、人口经济学、身体风险、暴力观点、性别失衡等方面，展开了热烈的讨论。

客观上说，人既具有自然生命，也具有价值生命，是生物性和社会性的统一。因此，当社会人口过度膨胀，严重影响社会生活时，堕胎作为生育补救措施有其合理性。但是，在确定胎儿从什么时候开始具有自我意识、意志和理智，什么时候可以被视作个体生命时，的确存在比较麻烦的"时间性难题"。另外，胎儿的生命权和妇女的选择权，也是个难以两全的问题。许多国家的立法者也难以抉择，将此视为重大的社会议题，交由全民公投。

尽管堕胎的道德可以调控，但是，"只要我喜欢，没有什么不可以"这样的口号，确实是有些不合时宜。我们要清楚，胎儿是人，不是物。因此，不应该随便堕胎。当然，当胎儿的权利与母亲相抵触或危害其安全时，或许应该以后者为优先考量。

所以，从生命教育视域来说，为了避免随便堕胎，正确的性教育应该是一种社会责任，而恰当的性观念和态度，则是一个人应该有的生命责任。

第二个现代生育与生命伦理的议题是：代孕母亲。

代孕母亲是指子宫有缺陷但排卵机能正常的女性，采取体外受精的方式，将胚胎植入非配偶女士的生殖系统中，代理怀孕生产。1986年，人类历史上出现了第一个正宗的代孕母亲，报酬为一万美元。目前，实施代孕母亲的国家，在评估期限与代理次数上多以行政命令设限，如美国、法国、英国、韩国、泰国、中国等；也有实施重罚者，如德国。但待价而沽者，并不在少数。

尽管代孕母亲本身是为解决不孕的问题，但却衍生出家庭结构改变以及商业行为疑虑的诸多困境。而且，受术夫妻、代孕母亲和人工生殖子女三者的权利义务也不易厘清。

代孕母亲所涉及的相关问题包括：

医学上：目前胚胎试管婴儿存活率大约是三成；平均要打上百排卵针才能

受孕；还有过度刺激卵巢引起的并发症及早产风险也很高。

法律上：代孕母亲涉及"母亲"的认定方式，遗传母亲或孕育母亲的定位，需要法律有新的界定。

伦理上：代孕母亲会产生血缘上的混乱，代孕母亲使得女人变成了纯粹的生产机器。

商业上：子宫工具化，生命商品化，造成母亲尊严的矮化。

健康上：代孕母亲的契约关系非常复杂，若婴儿有残障或其他疾病、代孕母亲身体有恙、中途后悔的堕胎，以及代孕母亲的生活管理与用药等，都是问题。

信念上：有人认为，这是男性支配欲的延伸，是为控制女性身体。一个无法生育的女性还必须借由科技为父权家庭传递香火，女性权利再度沉沦。

心理上：怀孕前与生产后的心理调适、亲情割舍如何处理等。

性别上：代孕母亲的体外受精是可以筛选性别的，这将造成男女比例失衡。

总之，代孕母亲还面临非常复杂和艰难的生命伦理与法律难题。

第三个现代生育与生命伦理的议题是：克隆人。

克隆技术也就是无性生殖，是运用现代医学技术，不通过两性结合，而进行高等动物（包括人）生殖的技术。严格意义的无性生殖技术，即生殖性克隆技术诞生的标志，是英国一只名叫"多莉"（Dolly）的克隆绵羊的诞生。克隆技术应用在人类身上，包含了克隆人、克隆人类器官，以及克隆带有人类基因的动物。

克隆人对人类的冲击主要来自对既有价值、规范与制度的挑战。比如：

破坏家庭伦常的问题：克隆人与被克隆者的关系，主要有平行的兄弟姊妹或垂直的父母子女两类，都会引发极大困扰。

混乱法权地位的问题：由于亲属关系无从认定，财产继承或相关权利等方面的法律地位有混乱之虞。

侵犯人性尊严的问题：人之所以为人，主要是人性的尊严。克隆人习惯被列入二等公民，是以单纯客体来操弄，侵犯克隆人人格的发展。

违反生育天职的问题：人类不应扮演上帝的角色来造人，逾越本分的作为，后果谁都难以预料。

影响基因多样的问题：性行为是大自然为了发展可与未来疾病对抗的新基因组合法而"设计"的，是大自然巧妙安排的精心杰作，将其由繁殖行为抽离会带来难以估测的灾难。克隆的普遍行为会导致人类基因库的全面纯化，给后代增加基因遗传疾病的风险，严重的话，可能导致人类绝种。

严重心理障碍的问题：由于克隆人是工具性的"产品"而非爱的结晶，与常人相较之下，须正视许多心理适应与障碍。

危害母体安全的问题：用来代替精子的是成熟细胞，其功能或多或少已受限制，且怀孕的过程亦有危险，如克隆体成长过大，有扯破子宫之虞。

牵涉滑坡效应的问题：容易随意处置胚胎，从干细胞、胚胎养殖场到胎儿工厂，道德观念与生命尊严弃之如敝屣，成为不可抵挡的趋势。

克隆人的症结不在技术，而是欲望。1997年4月4日，欧盟20个国家于西班牙奥威索聚会，签署首个规范人类基因工程与克隆研究的《人权与生物医学公约》，简称《生命伦理公约》，禁止以研究为目的的人类胚胎克隆，随后于1999年12月1日正式成为国际法的有效文件。联合国于1999年时支持《人类基因组暨人权宣言》，明确不准许生殖性的人类克隆，该文件于2005年通过并发表，禁止"一切形式"的克隆。

从一千多年前的白居易遭遇的生育困扰，我们讨论了现代人遭遇的新的生育困境。作为生命，"生育"始终是我们要面对的个体生命的起点，也是我们个体生命生活的开始点。关注生育健康及其意义，也是我们每个人必须有的生命意识。

第三节　爱情作为生命事件的困顿

白居易的生命困顿并不只是表现在生育这一生命起点上，在他的爱情婚姻中也有超越常人的困顿表现。白居易的爱情和婚姻，给他带来了巨大的烦恼和痛苦，而且是终身的！要理解白居易的爱情困顿，我们可以从他创作的长篇爱情叙事诗《长恨歌》说起。

一、白居易与《长恨歌》

公元806年，35岁的白居易与元稹一起科考中第。白居易因为文辞过于直接，被分配到陕西周至县做县令。元稹因为文辞含蓄官拜左拾遗。在周至为官期间，白居易喜欢游山玩水，并因此结识了一些有才华有风骨的本地朋友，特别是马造、王质夫、陈鸿三人。

有一天，四人齐聚仙游山，吟诗作赋，谈论古今凄婉的爱情故事。

因为据传仙游山曾经供奉过唐明皇和杨贵妃，几个人不可避免地谈到了两人的爱情故事，言谈中，唏嘘不已，叹息"红颜薄命"，觉得二人的爱情故事堪称传奇，世人当为此留下只言片语。于是，纷纷劝才子白居易作诗一首。

白居易低头略一沉思，一挥而就，成就了千古爱情绝唱《长恨歌》。白居易写完,四人久久不能回神。过了许久,方才恍然,直叹:"妙哉妙哉,如此大手笔,前无古人!"

不久之后,这首《长恨歌》便传遍天下,尤其是人才济济的长安。据说,即使咿呀学语的小儿,都能够说上几句《长恨歌》里的诗句。甚至有些青楼妓院,会此诗的歌女会脱颖而出。

在这首长篇叙事诗里,白居易以精练的语言,优美的形象,叙事和抒情结合的手法,叙述了唐玄宗、杨贵妃在安史之乱中的爱情悲剧:他们的爱情被自己酿成的叛乱断送了,正在没完没了地吃着这一精神的苦果。

唐玄宗、杨贵妃都是真实的人物,诗人并不拘泥于正史,而是借着历史的一点影子,根据当时人们的传说、街坊的歌唱,从中蜕化出一个回旋曲折、宛转动人的故事,用回环往复、缠绵悱恻的艺术形式,描摹、歌咏出来。由于诗中的故事、人物都是艺术化的,是现实中人的复杂真实的再现,所以能够在历代读者的心中漾起阵阵涟漪。

《长恨歌》首先给我们艺术美的享受的是诗中那个宛转动人的故事。全篇中心是歌"长恨",但诗人却从"重色"说起,并且予以极力铺写和渲染。开篇即谓:

> 汉皇重色思倾国,御宇多年求不得。
> 杨家有女初长成,养在深闺人未识。
> 天生丽质难自弃,一朝选在君王侧。
> 回眸一笑百媚生,六宫粉黛无颜色。

接下来的发展是:

> 后宫佳丽三千人,三千宠爱在一身。

形成的社会影响是:

> 遂令天下父母心,不重生男重生女。

可是,随着安史之乱的发生,却是:

> 六军不发无奈何,宛转蛾眉马前死。
> ……
> 君王掩面救不得,回看血泪相和流。

由于这"血泪相和流"的死别,才会有那没完没了的恨。

唐玄宗奔蜀,是在死别之后,内心十分酸楚愁惨;还都路上,旧地重经,又勾起了伤心的回忆;回宫后,白天睹物伤情,夜晚辗转难眠。日思夜想而不得，所以寄希望于梦境，却又是：

> 悠悠生死别经年，魂魄不曾来入梦。

有梦来，也只是缥缈之舞：

> 云鬓半偏新睡觉，花冠不整下堂来。
> 风吹仙袂飘飘举，犹似霓裳羽衣舞。

最后还以天人相感的爱的誓言结尾：

> 在天愿作比翼鸟，在地愿为连理枝。
> 天长地久有时尽，此恨绵绵无绝期。

这几句，既是爱情的叹息与呼声，也是对于爱情受命运捉弄和爱情被政治伦理摧残的痛惜。此恨之深，已超越时空而进入无极之境。由此，也以"长恨"表现了爱情的长存，点明了全诗的主题。

作为一首千古绝唱的叙事诗，《长恨歌》在艺术上的成就是很高的。而婉转动人，缠绵悱恻，恐怕是它最大的艺术个性，也是它能吸住千百年来的读者，使他们受感染、被诱惑的力量。

白居易何以写出如此宛转动情的《长恨歌》呢？

因为白居易的生命里，有真切的情存在。因为他自己与湘灵的爱情，便是感天动人、悲切凄婉的。因为他自己有这般婉转动人、缠绵悱恻的爱情体验，《长恨歌》也就成了唯他能写出来的爱情绝唱！所以，要真正读懂《长恨歌》，要真正感受爱情本身的独特力量，我们还必须充分了解白居易的爱情故事。

二、白居易与湘灵的凄婉爱情

按照唐代法令规定：男十六，女十三当婚。但是，写出《长恨歌》的白居易，已经 37 岁了，仍未婚。为什么？因为他心里只有湘灵！湘灵，是白居易一生最挚爱的女子，也是白居易一生最愧对的女子。她让他懂得了什么是真正的爱情，也让他明白了爱情不过是一场埋在东风里的殇。白居易与湘灵，一生有五次相遇与离别，足够婉转与缠绵！

第一次的相逢：白居易 11 岁，湘灵 9 岁。

为了躲避家乡的战乱，11 岁的白居易随家人迁居到了父亲的任官所在地——徐州符离。在这里，他认识了一个比自己小两岁的邻家女孩儿，名为湘灵。白居易，一个沉浸在远离故乡的悲伤和失去弟弟的痛苦中的刚谙世事的小小少年。湘灵，天真懵懂，年少无知的乡野女孩，性子活泼洒脱。她和父亲住在离白居易家很近的乡下，父亲精通音律，湘灵也能歌善唱。就这样，"居易哥哥"和"湘灵妹妹"认识了,相互欣赏,两小无猜,青梅竹马……

白居易手把手教湘灵读书写字,而湘灵则在闲暇之余,给这位有学问的大哥哥唱歌解闷。长达一年多的相处,其乐融融。但是,白居易的母亲陈氏此时已经意识到了问题的严重性。儿子刚谙世事,与这样漂亮的乡野女孩厮混,难免被教坏。于是,不断地批评、警告白居易。但是,白居易几日不见湘灵,便十分落寞。

不过,随着白居易叔父白季康从家里的来信,白居易和湘灵第一次尝到了离别滋味。离开符离的当日,适逢战乱,白居易与湘灵不辞而别。童年的两小无猜,种下了爱情的种子。

第二次的相遇:白居易17岁,湘灵15岁。

几年后,白居易回到符离。再次相遇时,他们已经从儿童变成了青年。这个年龄,正是情窦初开时。两个人的感情自然而然地从"两小无猜"过渡到了"两情相悦"。可惜,当他们感情产生变化的那一刻,也就意味着一段悲剧被开启。

唐代是十分看重门第的,婚姻讲究真正的门当户对。白居易家虽不在五大望族之列,却也算书香门第的官宦世家。但是,湘灵却只是普通的平民之女。在当时,超越门第和身份的爱情并不是没有。但是,无一例外,他们都会被阻拦在婚姻的大门之外。毕竟,能娶到一个高门贵族之女,不仅说出去有面子,还能大大助力仕途,何乐而不为?

爱一个人,是藏不住的。很快,白居易母亲就察觉出了异样,于是毫无悬念地开始棒打鸳鸯。贞元九年冬,在与湘灵差不多五年的亲密相处后,22岁的白居易母命难违,跟着父亲前往襄阳,不得不再次与湘灵分别。

爱情得不到父母的祝福,被迫与热恋的心上人分离。白居易心下凄苦,一路上每经高处,便忍不住在寒风中再三回首,热泪滚滚:

寄湘灵

泪眼凌寒冻不流,每经高处即回头。
遥知别后西楼上,应凭栏杆独自愁。

真正彼此相爱的人,眼中从来没有自己。就像此时的白居易,明明自己的心已经碎了一地,心里牵挂惦念的,却是独倚西楼、暗自心伤的湘灵。到了襄阳,不论是西风吹起的九月,还是暖风熏人的二月,对于白居易来说,思念湘灵是读书之外唯一的主题。

长相思

九月西风兴,月冷露华凝。

> 思君秋夜长，一夜魂九升。
> 二月东风来，草拆花心开。
> 思君春日迟，一日肠九回。
> ……
> 人言人有愿，愿至天必成。
> 愿作远方兽，步步比肩行。
> 愿作深山木，枝枝连理生。

白居易就在这样的思念中掰着指头过日子，期望着再次见到湘灵。

第三次的相遇：白居易23岁，湘灵21岁。

一年后，白居易父亲卒于襄阳任上，他只有回到符离家里守丧三年。这期间，白居易和湘灵的感情也达到高潮，彼此都到了非对方不可的地步。与湘灵别后再见，情意更甚，二人小心翼翼地躲避着白居易的母亲，寻找一切机会偷偷幽会。此时，这对苦恋的情人，仍对未来抱有一丝幻想。

他们或许认为，白居易母亲之所以横加阻拦，只是担心白居易沉湎于儿女情长，误了科举功名。因此，为了打消母亲的担心，白居易废寝忘食，不惜以牺牲健康为代价疯狂苦读。以期他日金榜题名时，也能赢得洞房花烛夜。

三年守孝期满，26岁的白居易决定去考科举。并向母亲再次提出湘灵的事，还是遭到了坚决反对。湘灵告诉白居易，如果有一日，自己真的真心错付，情愿出家为尼。

白居易赴京赶考，一试而中。但是，白居易中第后并没有回到符离，而是随母亲举家去了洛阳。两年后，再次中第，并名扬天下。此次中第后，29岁的白居易再次向母亲提出了与湘灵的婚事。母亲以死相逼。白居易最后不得不妥协。写下了《生离别》：

> 生离别，生离别，
> 忧从中来无断绝。
> 忧积心劳血气衰，
> 未年三十生白发。

此后，白居易不敢再在母亲面前提湘灵的事。

三年后，32岁的白居易任职校书郎，在京城立足已稳，计划举家迁至长安。他向母亲恳求与湘灵成婚，却依然遭到无情拒绝。

同年，湘灵的父亲病逝，湘灵彻底成为孤女。父亲本希望湘灵早点嫁人，但湘灵死守与白居易的承诺，父亲含恨而终。白居易知道后，本想立马赶到符离，但迫于母亲压力，不敢造次。婚事成空，白居易满怀伤痛与湘灵做了最后告别，写下一首摧肝裂肺的《潜别离》：

> 不得哭，潜别离。
> 不得语，暗相思。
> 两心之外无人知。
> 深笼夜锁独栖鸟，利剑春断连理枝。
> 河水虽浊有清日，乌头虽黑有白时。
> 惟有潜离与暗别，彼此甘心无后期。

深知再无相见之日的湘灵，在分手之际赠予白居易两件信物：一面刻有双盘龙的铜镜，一双她亲手缝制的绣花锦履——就让它们替我永远陪伴着你吧！这两件信物，白居易珍藏了一生。这年秋天，身在长安的白居易，望着庭外随风飘零的落叶，想到将近30岁的湘灵依然坚守未嫁，禁不住情思难抑，热泪横流：

感秋寄远

> 惆怅时节晚，两情千里同。
> 离忧不散处，庭树正秋风。
> 燕影动归翼，蕙香销故丛。
> 佳期与芳岁，牢落两成空。

在儿子被授予校书郎的三年间，母亲陈氏一直忙于给儿子说亲事。但是，白居易一个也不乐意。三年校书郎任职满，白居易又开始潜心读书，准备更高的科举考试。

35岁时，白居易再次高中，被授予周至县尉。在此期间，白居易于37岁时写下了《长恨歌》！此时，湘灵已经是35岁老姑娘，容颜已逝。尽管对白居易的承诺已经不太抱希望，但是，白居易为了自己一直未娶，湘灵也不甘心。明知希望渺茫，两个人却依然"两情千里同"地苦苦煎熬着。这年冬至，白居易因事宦游在外，夜宿邯郸驿舍，写下著名的《邯郸冬至夜思家》：

> 邯郸驿里逢冬至，抱膝灯前影伴身。
> 想得家中夜深坐，还应说着远行人。

在那个冬至夜，除了家人，白居易辗转难眠、深深思念的，还有一时不可或忘的湘灵：

冬至夜怀湘灵

> 艳质无由见，寒衾不可亲。
> 何堪最长夜，俱作独眠人。

36岁时，白居易与母亲因为婚事进行了最后交锋。结果是，在母亲的苦苦相逼之下，白居易屈服了。喝酒大醉，在酒馆遇到知交好友、当时的京兆伊杨虞卿。交谈中，了解真情。杨虞卿给白居易介绍了自己的妹妹。想到母亲的期望，门当户对，白居易答应了这门婚事。第二年，白居易37岁，在母亲以死相逼下，白居易终于同杨虞卿的妹妹成婚了。

为了让湘灵断了与儿子在一起的念想，白居易母亲特意请人把白居易要迎娶京兆伊妹妹的消息传回符离。湘灵得知，悲愤交加。26年！白居易与湘灵认识整整26年。从懵懂无知的爱情到如今的诀别，彼此恪守了26年。如今，告一段落。

白居易成亲那日，湘灵自己也布置了新房，独对红帐，坐到天明。第二日，即只身离开符离，四海漂泊。此后多年，白居易再也没有过湘灵的音信。

成了家的白居易是否就渐渐将湘灵淡忘了呢？答案是否定的。有些人，注定要用一生来忘却。40岁时，白居易母亲辞世，他和湘灵之间终于不再有障碍。可自己终究已经负了她，沧海桑田，一切都已回不去。一个潇潇细雨的长夜，白居易倚床不眠。在雨打芭蕉的沙沙声中，思念毫无预兆地爬上心头：

夜雨

我有所念人，隔在远远乡。
我有所感事，结在深深肠。
乡远去不得，无日不瞻望。
肠深解不得，无夕不思量。
况此残灯夜，独宿在空堂。
秋天殊未晓，风雨正苍苍。
不学头陀法，前心安可忘？

已到中年的白居易，就这样依然对湘灵怀有刻骨铭心的思念。这期间，他曾无意中翻出湘灵当年送的铜镜，睹物思人，伤感不已：

感镜

美人与我别，留镜在匣中。
自从花颜去，秋水无芙蓉。
经年不开匣，红埃覆青铜。
今朝一拂拭，自照憔悴容。
照罢重惆怅，背有双盘龙。

第四次的相遇：白居易46岁，湘灵44岁。

公元815年，46岁的白居易因言获罪，被贬为江州（九江）司马（刺史助手）。在前往江州任职的路上，白居易与湘灵偶然相遇，抱头痛哭。因为妻女皆在身边，匆匆别过。得知湘灵还"未曾嫁人"，白居易愧疚、不舍、痛苦不已。当晚写下两首《逢旧》诗，悼念他这段感天动地最后却无疾而终的爱情。

逢旧

我梳白发添新恨，君扫青蛾减旧容。
应被傍人怪惆怅，少年离别老相逢。

逢旧·久别偶相逢

久别偶相逢，俱疑是梦中。
即今欢乐事，放盏又成空。

第五次的相遇：白居易54岁，湘灵52岁。

公元824年，54岁的白居易从杭州刺史任上去职回京，途中他特意去符离探访湘灵。不知生死，不知嫁娶。他派人四处打听湘灵的消息，被告知，自湘灵父亲死后，湘灵未曾回过符离。离开符离境地时，一位孩童给了白居易一封书信。是湘灵给他的绝情信。读着湘灵的绝笔信，白居易心如刀绞，泪如雨下。

白居易怎么也没有想到，湘灵竟然真的出家为尼，皈依佛门。想到自己当初的誓言，又想自己的辜负，白居易只觉得心如死灰。他知道，他与湘灵的缘分，就此彻底了断了。他们终究是输给了时间。当晚，白居易拿着湘灵的信进入梦乡。半夜醒来，写下：

梦旧

别来老大苦修道，炼得离心成死灰。
平生忆念消磨尽，昨夜因何入梦来。

再后来，直到60多岁，白居易再经符离，还无比伤感地写下：

汴河路有感

三十年前路，孤舟重往还。
绕身新眷属，举目旧乡关。
事去唯留水，人非但见山。
啼襟与愁鬓，此日两成斑。

人生那么短，思念那么长。这份痴缠了白居易一生的未果初恋，终究还是成了一道无法愈合的永世伤痕。人这一生，总会轰轰烈烈地爱一场。

现代大儒唐君毅在《人生之体验》中有一段"说爱"的文字，他说：

人类个人与个人间之爱，最真挚有力的，是父母对子女之爱，因为这是生命原始爱流之顺流而下。

最腼恳可贵的，是子女对父母之爱，因为这是生命原始爱流之逆流而上。

最深长隽永的，是兄弟姊妹之爱，因为这是生命原始爱流之枝分派衍。

最细密曲折的，是夫妇之爱，因为这是一生命原始爱流，与另一生命原始爱流之宛转融汇。

最复杂丰富的，是朋友之爱，因为这是不定数的生命原始爱流之纵横错综。

这五种个人与个人间之爱，你至少必须有一种曾真正体验，不然，你须忽然悟到超个人与个人间之爱；再不然，你生命的泉源，将枯竭了。

聪明如白居易，何尝不是轰轰烈烈地爱过。他也曾为了湘灵与母亲抗争。只是，再怎样轰轰烈烈的爱情，也抵不过时间。到这里，大家也许能够明了，为什么《长恨歌》只有白居易能够写得出。因为，真正动人的作品，必须交付心灵。当我们读懂了白居易和湘灵的痴情绝恋，也就明白了为何白居易对唐玄宗和杨贵妃的爱情会抱有那样一份同情与悲悯。剥去帝王贵妃的外壳，《长恨歌》又何尝不是白居易自己的恋情悲歌呢？！甚至，《长恨歌》中描述爱情最经典的句子，几乎都脱胎于白居易写给湘灵的诗。湘灵教会了白居易爱，白居易则以《长恨歌》给我们以爱的生命教育，让我们更好更深更真地去体会爱情的生命意涵。

三、爱情的生命意涵及其创造

白居易和湘灵的爱情故事以及白居易的旷世诗篇《长恨歌》，道尽了人间爱情的各种滋味。那么，爱情本身的生命意味到底如何呢？我们可以看看哲学家的思考。现代大儒唐君毅说"男女之爱"时这样界定：

在男女的爱中，内蕴是一个生命精神要与另一生命精神相贯通。两个生命精神，要共同创造一种内在的和谐。男女之爱，是依于和谐价值的一种表现要求。他有宇宙的意义。

换言之，男女之间的爱情，不是生理欲望的现象，而是精神的表现。

从生命学意义来说，爱情是个体生命超越自己生命的有限性，从而直通无限的宇宙生命真实的一条道路。宇宙一切存在都来自原始而无限的宇宙生命。

而一切现实的有限存在，又都想破除自己存在的限制，期求与其他存在交感流通而互相渗融。但是，在一切存在中，只有人类才能真正自觉地要求破除其存在的限制、自觉地渴慕无限，才能真正实现无限的生命意义。

基于对宇宙生命和具体生命存在的关系的认识，我们可以说，宇宙间本质上只有一种爱，即对作为生命之源的宇宙生命的爱。但是，这一本源性的爱又可以分成四个方面，即爱真、爱美、爱善和爱神圣。人的现实生活，包括爱情生活，就是要不断地去爱真、爱美、爱善、爱神圣。

比如在爱情生活中，一个人最初觉得某一异性吸引你注目，恰恰在于对方的美，这即是爱美心的呈现；当你觉得异性是异性时，你便对异性的身心有了探问和好奇之心，这就是求真心的表露；当你爱一异性时，你就会希望与之共同生活，这求共同的意思就是一种善；当你真爱上一异性时，你就会觉得对方可以主宰你的灵魂与生命，对方有一种自上至下控制你的力量，使你倾倒，这就是一种宗教般的爱神圣的情感透露。

从这个角度来理解男女之间的爱情，我们就会发现，在这种生命之爱中，身体只不过是精神之爱实现自己的工具。实际上，在情爱的每一具体身体动作中，都内含相关的精神意义。比如：接吻，是由于双方共同感触到宇宙生命降临的不可言说，而互相闭住口，它是基于对宇宙生命的虔敬与信仰而生的缄默的象征；拥抱，则是要求彼此的精神人格互相贯通和影响，以求彼此精神人格的充实与和谐的象征；赤身相见，则是彼此自觉地求人格的光明纯洁的象征。

所有爱情的表示，都是相爱者成为真正的精神人格的相互结合的象征。身体的接触，只是其外部的象征符号。正因为此，人类才用了"恋爱""爱情"这样浪漫的字眼来形容情爱的美妙，用"婚姻""伴侣""恩爱"等来表达情爱所具有的伦理和社会意义。

人类的爱情生活不是自然的性本能的简单升华，而是包含有心灵的精神活动。心灵活动的加入，即必然会要求爱情对象的"专一"。这也是创造美好爱情、体验真挚爱情的基本道德要求。

客观上，每一个青年，在他还没有与他人确定爱情关系以前，我们可以说，其他一切异性，都可以是他潜在的、可能的伴侣。但是，当一个人与特定对象确定爱情关系时，他便是从"无数"中选择了"一"。对于他来说，这个他选择了的"一"，就能够代替"无数"，"一"便"等于""无数"。当他从"无数"中选择了"一"时，就意味着他对他选择的对方做出了这样的宣誓与承诺："从今以后，任凭弱水三千，我只取一瓢饮。"因为，当你"真正"饮一瓢时，"一瓢"即代替"三千"，"一瓢"即是"三千"。

在爱情生活中，最重要的，不是"你爱她"或者"她爱你"的"事实"，也不是"你爱她"及"她爱你"的"事实之和"。而是:你爱她,她"知道"你爱她;她爱你,你"知道"她爱你。爱情生活中存在于彼此心灵中的这一"知",才是真正重要的。

她爱你,你知道她爱你;你便不只是爱她,而是爱她对你的爱。你爱她,她知道你爱她,她便不只是爱你,而是爱你对她的爱。正是由于这一"知"的"自觉",人类的异性之爱,完全超越了动物的雌雄追逐。由此自觉,人与人之间的爱,不再只是自然的本能欲望的实现,而是超化了自然的本能欲望,以"对方对我的爱"为爱的对象。男女之间的爱,便从"欲望之爱"升华成了精神性的"关系之爱",即爱"爱"本身。

因此,对于人类来说,爱情生活的核心,便是这对于对方之爱的一种原始的感激而生的爱,即"爱之爱"。这种"爱之爱",只能在"用情专一"的两人之间存在。如果你"爱她"的同时又"爱别人",那么,作为"对方"的她,是不可能对你有这种"原始的感激"的。没有这种"原始的感激",也就不可能激发出"爱之爱"。

在两个恋人之间,这种"原始的感激"之所以产生,根本上是源于彼此这样一种专一的选择:你本可以爱其他任何人却不爱。你主动放弃了"可以爱其他人"的权利。你将你生命中原本可以四散到无数对象的"爱之光",一齐"收敛"而向她一人"集中",以她一人代替了无数。她本来只是"一人",而因为你专一的选择,用"她"代替了"无数"。所以,她才有此"原始的感激"。如果你仍然把她当作"无数者之一",她便回到了"原始的地位"。她对你也就不可能也不应该有这份"原始的感激",也不会自觉到你对她的爱的可贵了。

因此,在爱情生活中,千万不可从表面上看,说"多爱一些人"的爱情经验,比"爱一人"更丰富。真实的情况恰恰相反!爱情如光,光如果分散,则所照对象广泛,光也就变得暗淡;光如果集中,则所照对象狭小,光则强烈。只有"集中的爱",才能获得对方对你之爱的爱。所以,只有爱情对象专一者,才有真正无穷丰富的爱情生活。当表面看来爱情对象缩小到最小限度时,爱情生活的内容,才可以扩充至无穷限度。这便是宇宙辩证法在爱情生活中的体现。这也是白居易与湘灵婉转悱恻的爱情所展现的生命精神!

第四节　生活作为生命事件的困顿

生育困顿、爱情困顿,其实只是白居易作为一个真实的人所遭遇的诸多生命困顿当中的一部分。从整个人生历程来看,白居易所遭遇的人生苦痛及其超越精神，对我们有更多的生死智慧启迪。

白居易生逢乱世，少年流离，受尽离别战乱之苦。

纵观白居易这一生：于家庭，少年丧父，中年丧母，老年丧子，可谓千般苦楚。幸有老妻相伴，一女阿罗环绕膝下，不然这漫漫人生哪里还有一点念想。于爱情，白居易与邻女湘灵青梅竹马，两情相悦，甚至海誓山盟，非湘灵不娶，却遭到母亲的强烈反对，最后毁约失信。湘灵遁入空门，自己亦是再不相信爱情，寻花问柳，放浪形骸。于仕途，白居易大起大落，几经波折，却始终不曾施展自己的满腔抱负。虽有着"诗王"的美称，不过是空有其名，从不曾大富大贵，亦不曾位极人臣。最后只好独善其身，远离朝堂，过着近乎隐居的生活。

关于苦难之于人生的意义，现代意义治疗的创始人弗兰克尔说："活着便是受苦，要活下去，便要由痛苦中找出意义。如果人生真有一点目的，痛苦和死亡必定有其目的。懂得'为何'而活的人，差不多'任何'痛苦都忍受得住。""苦难本身毫无意义，但我们可以通过自身对苦难的反应赋予其意义。"一个人若能接受命运及其所附加的一切痛苦，并且肩负起自己的十字架，则即使处在最恶劣的环境中，照样有充分的机会去加深他生命的意义，使生命保有坚忍、尊贵与无私的特质。否则，在力图自保的残酷斗争中，他很可能因为忘却自己的人性尊严，变得与禽兽无异。险恶的处境，给他提供获致精神价值的机会。这机会，他可以掌握，也可以放弃，但他的取舍，能够决定他究竟配得上或配不上他所受的痛苦。

白居易的选择和取舍，表明他配得上他所受的痛苦。

在遭遇各方面人生苦痛时，白居易是如何实现超越的呢？

首先，确立苦节读书、兼济天下的志向。生逢乱世，坎坷多艰的家计民生始终令白居易悬心，也促使白居易暗下苦学决心。白居易在《与元九书》中写道："及五六岁便学为诗，九岁谙（ān）识声韵。十五六始知有进士，苦节读书。二十以来，昼课赋，夜课书，间又课诗，不遑寝息矣。以至于口舌成疮，手肘成胝（zhī）。既壮而肤革不丰盈，未老而齿发早衰白，瞥瞥（piē）然如飞蝇垂珠在眸子中也，动以万数。"白居易通过苦节读书，安顿自己的生命，也为自己生命寻找到了努力的方向。

其次，成就补察时政、诗文彪炳的事业。古人言，立功、立德、立言，是超越生死实现生命价值的"三不朽"大业。相对仕途"立功"的不甚如意，白居易的"立言"大业是颇为成功的。无论是少时的寒苦贫困，还是后来的仕途跌宕、老年的禅法心斋，白居易得以彪炳史册的，恰恰在于一篇篇记录他整个人生踪迹、折射中晚唐社会面貌的诗词歌赋。早在贞元三年（787），16岁的

第五章 从白居易说生死困顿与超越

白居易就以诗词名动长安,他写了一首如今为人熟知的诗《赋得古原草送别》:

> 离离原上草,一岁一枯荣。
> 野火烧不尽,春风吹又生。
> 远芳侵古道,晴翠接荒城。
> 又送王孙去,萋萋满别情。

这首诗本来只是练习应试的习作,但因作得好,便成了他的成名作。据唐张固《幽闲鼓吹》载:

> 白居易初进京城,携诗拜访当时的名士顾况。顾借"居易"之名打趣说:"米价方贵,居亦弗易。"待读其诗至"野火烧不尽,春风吹又生"时,不禁大为赞赏道:"道得个语,居即易矣!"于是广为延誉。

这是一曲野草颂,其实更是一首生命的颂歌,也代表了白居易的生命观、生死观。野草离离,生生不已。离离是生长的态势;岁岁枯荣是其生命的律动过程,其意蕴是规律和永恒。然而永恒的生命并不是在平庸中延续的。诗人把它放在熊熊的烈火中去焚烧,在毁灭与永生的壮烈对比中,验证其生命力的顽强。野火焚烧象征生命的艰辛和考验;春风吹又生言其顽强不屈,执着不移;侵古道、接荒城则言其无所不往,势不可阻。诗的前四句侧重表现野草生命的历时之美;后四句侧重表现其共时之美。如此的野草,才有资格成为宇宙间一切生命的象征,才拥有值得人赞美的生命意义。从生死学视域来说,它也代表一种生死转换、生命永恒的生死观。旷达的白居易,以诗为友,在孤独的岁月里用诗歌倾吐情感,记录生活,在超越苦难的同时也成就了自己的生命。曾经现场观看过一部关于上海推展"安宁疗护"的舞台话剧,其中的主题生命意蕴,便是用这首诗唱出来的。

除此之外白居易还通过悠游青山秀水、莲池竹庭的中隐生活方式,以及陶醉庄老坐忘、药王禅修的闲适生活态度,超越现实的人生痛苦。悠游于山水之间,在佛家的禅悦法喜的彼岸憧憬以及道家的知足保命的心灵净化中,白居易学会了怎样在痛苦的环境、痛苦的经历中保持一颗宠辱不惊、平静安闲的心。

总之,白居易始终有一颗豁达之心,无论在怎样的逆境中,他都能安然而居,寻得属于自己的一片天地,创造属于自己的辉煌。失去至亲时,他悲痛欲绝,却没有沉浸在悲痛中;失去爱情时,他心如死灰,放浪形骸,却依旧存有一颗怜悯之心;仕途失意时,他心灰意冷,却依旧保持一颗赤子之心,积德行善,友好乡邻,造福百姓。而诗词,成为他最后的灵魂归处。从白居易超越个人生命苦痛的态度和策略中,我们可以学习其超越的人生精神。

说到白居易的超越现实痛苦的人生精神,"中隐"和"闲适",可以说是其生命中彰显出来的最具特色、最有现实意义的人生态度和生命精神。白居易是"中隐"思想的践行者,他是在用生命体验"中隐"生活,并努力通过自己的闲适诗,传扬其对生活的感悟,以期消除士人在出仕和隐逸之间两难抉择的困惑与痛苦。

公元829年,白居易以《中隐》为题,对自己独具个性的"中隐"思想作了淋漓尽致的归纳和概括:

> 大隐住朝市,小隐入丘樊。丘樊太冷落,朝市太嚣喧。
> 不如作中隐,隐在留司官。似出复似处,非忙亦非闲。
> 不劳心与力,又免饥与寒。终岁无公事,随月有俸钱。
> 君若好登临,城南有秋山。君若爱游荡,城东有春园。
> 君若欲一醉,时出赴宾筵。洛中多君子,可以态欢言。
> 君若欲高卧,但自深掩关。亦无车马客,造次到门前。
> 人生处一世,其道难两全。贱即苦冻馁,贵则多忧患。
> 唯此中隐士,致身吉且安。穷通与丰约,正在四者间。

白居易"中隐"观的落脚点仍然在"隐"上,离开了"隐","中"便失去了依托和旨归。不过,离开了"中",这种隐法又失去了自己的个性与特性。白居易恰恰是把二者天衣无缝地结合起来,给传统的隐逸观赋予了一项全新的内容。

白居易的这种隐法,与前期文士隐逸的代表陶渊明、王维相比,更带有世俗性,也就是说,更符合普通人的常性。如果我们说陶渊明是"圣隐"、王维是"佛隐"的话,那么白居易是充满人情味的"人隐"。他的这种隐法,是世俗日常中每一个人都向往,且每一个人都极易达到的方便路径。

有了"中隐"的原则,在现实人生活动中,白居易便以"闲适"作为自己的人生名片了。白居易在仕途中,由无奈到自觉,执意于任"闲官"和当政治"闲人";在生活中走"中隐"之路,晚年执迷于在城郊"闲居""闲游"和"营闲事";在美学上执着于对"闲味"与"闲乐"的探求。白居易多才多艺、至情至性,善于"忙里偷闲""苦中作乐",努力追求一种遂情适性、快乐无忧的艺术化的闲适生活。而这样的生活状态,正基于他对生命的关注与思考。

白居易的闲适诗和生活中的闲适态度所彰显的生命精神,可以概括为:

第一,回归生命本原,化解人生矛盾。白居易在宦海浮沉之后退却,寄情山水,佯狂诗酒以解忧释愤;走向自然山水,期冀创伤得到愈合,灵魂获得升华。在社会政治生活之外寻求精神的安慰,逐渐放逐自我,放逐心灵,仕途的不快在这游赏中得到了补偿。白居易的人生从此也就踏上了一条修身养性、寻找生命存在意义的道路，在自然山水中找寻人生位置，生命之花由此而绚丽多彩。白居易更是一个化解人生矛盾的大师，不论遇到什么矛盾，他都能从具体问题中超越出来，站在一个理性的高度，冷静地内视和外视。

第二，建构生命参照，体验生活情趣。白居易官宦生涯起起伏伏，不管居住在长安、周至、渭村、江州、忠州、杭州、苏州，还是居住在洛阳，即使庭院再小，他都要用竹子装点自己的居所，与竹子为伴，始终对竹子情有独钟。白居易也特别爱花，而且他将栽花、养花、赏花视为自己一生的乐趣。对于白居易而言，花不仅可以美化环境，还可以陶冶性情。白居易在对"花"的观照中，体现了强烈的生命意识。白居易对物的描写、怜悯恰好表达了他对个体生命的怜惜，对生命困境的感伤，对自我生命理想落空的无奈、绝望，以及绝望之后复归希望的实现。

第三，延展生命存在，提升生命境界。在白居易的生命中，亲朋是倾诉的对象，亲情友情是精神的慰藉。亲情让他体会到强烈的生命存在感，友情让他体悟到丰富多彩的生命内涵。白居易有了相知相识的众多亲朋，个体不再是单单随时间而消逝感知的生命，而是停住脚步，在不一样的色彩中寻求灿烂。重亲情友情，是白居易主动的增加生命的浓度；亲情友情延展的，是白居易生命的纵向深度；亲情友情也增加了白居易生命的宽度。白居易晚年为居士，自称皈依佛门。他学习佛法，努力按照在家弟子的标准要求自己。

白居易以病弱之躯享年 75 岁，这在唐代堪称奇迹。其闲适与中隐的生命精神和生活方式，是得以享天年的重要原因。

公元 815 年，白居易自编诗集十五卷，将约 800 首诗分为讽喻、闲适、感伤、杂律四类，并表明自己最看重的是讽喻、闲适两类，因为它们正好体现了他自己"兼济"与"独善"的生存之道。白居易的众多闲适诗，是他当下生活状态的记录，是他进退之间处之泰然的心境呈现。他所关注的，是悠然适意的生命姿态。这些闲适诗，集中表现了白居易对自由精神境界的向往，充满了对人生的感悟和生命的体验，是他人生境界与人生智慧的集中展示。即使在今天，白居易闲适诗中的生命哲学和生死智慧，依然可以给予那些处于困境中的人们以精神支持；而他对生命意义和生命价值的思考，也会启迪迷失在物质社会中的浮躁的现代人来反思生命这一沉重的话题。这便是白居易闲适诗的生死学意义。

第六章　从苏轼说生死体验与态度（上）

杭州与苏轼，两个很容易让人联想到一起的词。在杭州，有苏轼纪念馆、东坡路、苏堤，还有几乎每家菜馆都会做的东坡肉。

说西湖，必然说到苏轼；讲西湖生死学，当然也必须讲到苏轼的生死体验。苏轼不仅是诗意西湖的缔造者，而且其在人生态度、人生精神、人生体验、死亡准备等多方面，可以作为现代生死学阅读的典范。

天地之大，可以一转身就成回忆，可以一回头就成一世。人与人如此，人与城也是如此。当缘分来临时，不用太刻意，不用太波折，很多美丽的故事就自然而然地发生了。

第一节　苏轼与诗意西湖缔造者

苏轼一生中两次到杭州为官。

苏轼第一次来到杭州上任，是在熙宁四年（1071年），那年他36岁。苏轼因为反对王安石变法太过于激进，认为新法完全是为了加强中央集权而设置，损害了人民的利益，因此受到排挤，陷入了斗争旋涡，苏轼不得已申请外任，到杭州做了通判，也就是杭州地区的第二文官。从朝中前往杭州的苏轼其实是郁闷的，一路上还忍不住会担心自己的前途，不知政治抱负还能不能实现。心情不大好的苏轼在那年冬天到达杭州。这个当时的繁华大都会，风景秀丽，商业发达，游人如织，笙歌阵阵。神宗对苏轼还是不错的，将他派往这个热闹富庶之地，也算是个美差了。因为苏轼第一次到杭州并不是担任一把手，因此在政治上作为较少，加上苏轼此时刚开始写词，文学作品流传的也不多，除了那两首著名的《饮湖上初晴后雨》之外，最广为人知的就是他和王朝云的爱情故事了。即使在这样的情况下，苏轼也为解决杭州民生做出了自己贡献。

杭州原本是钱塘江潮水冲击成的一块陆地，当初水质苦涩，难以下咽，唐朝的李泌担任杭州刺史时，曾经建造六口大井，分布在城区各处，引西湖淡水供全城饮用，后来白居易担任刺史，进一步治理西湖，疏浚六井。然而随着年岁渐久，六井也慢慢淤塞废置，饮水又一次成为杭州人的生活难题。熙宁五年（1072年）秋天，苏轼和知州陈襄找来两位精通水利的僧人主持修复六井，实地考察，挖沟换砖，修补罅漏，使六口大井重新焕发生机，解决了吃水的问题。

苏轼第二次到杭州是在宋哲宗时期，元祐四年（1089年），苏轼54岁。这次苏轼因为反对司马光的旧派，认为他们完全地否认了新政，同样是偏激的行为，因此为他们所不容，不得已向皇帝再次申请外调，去杭州出任太守。而这次苏轼在杭州一共待了三年，这三年是苏轼人生中最快乐的时期，他也把杭州当成了第二故乡。在任杭州知州的两年时间里，苏轼为杭州建设和西湖成型做出了重大贡献。

首先解决的是赈灾和民生问题。苏轼刚到杭州时就遇到了严重的自然灾害。年初遭到水灾，早稻无法种下。到了五六月份，晚稻刚刚插下，又遭到了旱灾。连续两季绝收，米价狂涨，百姓缺粮。苏轼一面接连向朝廷上奏，希望马上拨出相当数量的粮食，来救济百姓，并且还请求朝廷免去秋税。另一面，苏轼相信常平仓制度远远胜过饥荒之后的救济，所以他就不断购买谷子来存满粮仓，好应付荒年。在半年内，苏轼给皇太后和朝廷一共上表了七次。由于苏轼采取了各种有效措施，第二年青黄不接的时候没有百姓因饥荒而饿死。

其次是建立杭州最早的公立医院。由于水灾和旱灾的侵袭，饥荒严重，再加上瘟疫的流行，百姓更是苦不堪言。苏轼从公款里拨出二千缗，自己再捐出五十两黄金，在杭州城中心的众安桥建立了一家杭州历史上最早的公立医院——"安乐坊"。安乐坊专门接收穷苦病人，向他们施舍药剂、稀粥，并请名医庞安时坐堂问诊。苏轼还另外分设了几个病坊，并经常派遣官员和医生去病坊给病人治病。

再次是整治水利实现五水共治。杭州市，中贯运河，舟行市中。但长期以来，地方官贪图方便，引潮水入河，海潮每至，泥沙淤积，漕河失利，舟行困难，不得不三年一淘，劳民伤财。苏轼亲自视察杭之水系后，带领人民疏浚茅山、盐桥二河各十余里，水皆深八尺以上，是几十年来浚河从未达到的深度。又根据精通水利的苏坚的建议，在两河间筑堤闸，控制河水与潮水。此后潮不入市，河道不淤，舟楫常行。

杭州是由江海长期积淀而成，所以除了山泉之外，原地的水又苦又咸，不能饮用。为此，唐朝李泌开凿了钱塘六井，解决了居民饮水问题。白居易在任杭州刺史时整治过六井。苏轼通判杭州时，重新整治了六井，并作了《钱塘六井记》一文。当苏轼第二次到杭州时，六井已年久失修，杭州人饮水非常不便。苏轼决心彻底解决百姓用水问题，亲谒茅庐拜求前次参与治井现已年过七十的老僧。苏轼采纳了老僧的建议，用瓦筒取代竹管，并盛以石槽，使底盖紧密，经久耐用，并且还利用多余的水量在仁和门外离井最远处新建二井，以瓦筒把六井水直接引至千家万户，并扩大了供水范围。从此，"西湖井水，殆遍全城"。如今，这六口井只剩下"相国井"一井，在杭城的解放路上。

最关键最主要的成就是让西湖成型。苏轼第一次来杭州时，西湖淤塞的面积就已占了百分之二三十。十五年以后，西湖淤塞荒芜的面积已占了一半。当时杭州的西湖，湖面因杂草淤塞而大面积缩小，面临湮废。西湖一旦湮废，不但沿湖的千顷农田将失去灌溉水源，而且西湖本身的鱼虾菱藕等水生物也将完全丧失。同时，随着湖水的枯竭，运河将不得不依靠钱塘江水，结果是咸潮倒灌，沿河斥卤，而且大量泥沙会随着咸潮淤入运河，使运河每隔三年五载就必须疏浚，耗费十分巨大。更为严重的是，随着西湖的湮废，引西湖水而成的钱塘六井（相国井、西井、金牛井、方井、白龟井、小方井）直接受到影响，杭州城居民将陷于咸水和苦水之中，百姓生存都成问题。

当时，杭州是全国酿酒业最为发达的城市之一，西湖一废，杭州的农业、手工业、交通运输业、人民生活和整个城市的发展都受到严重影响，酿酒业必定无以为继，朝廷也将失去巨额酒业税源。另外，杭州当时有茆山和盐桥两条运河，它们纵贯南北，都和江南运河相沟通，是杭州城市的交通命脉。在湖水充沛的时期，它们以西湖为水源，不仅河道通畅无淤，而且河水还可以为城市居民所取用。面临着这样的严重的威胁，苏轼立即着手制订疏浚西湖的方案，向哲宗皇帝呈上了《乞开杭州西湖状》的奏议，从养鱼、蓄水、灌溉、助航、酿酒等五个方面来指出西湖的重要性。

苏轼一面上奏朝廷，一面筹措工程经费，开始对西湖进行大规模的疏浚。苏轼主持的这次疏浚工程是规模空前的，撤废湖中私围的葑田，在今湖心亭一带全湖景深之处，建立了石塔三座，禁止在石塔范围内养殖菱藕，以防湖底的淤淀。又把疏浚出来的大量葑泥（现代人不说"葑泥"而说为淤泥了）和葑草筑成一条跨越西湖南北的全长2.8公里的长堤，这样，既可以去掉淤泥，又能便利交通。接着，苏轼又在长堤上造了六座桥和九座亭子，并且还在堤上种植芙蓉、杨柳。元祐六年，苏轼的继任者在堤上题了"苏公堤"碑，后人称为"苏堤"。由此，六桥烟柳的景色，使西湖平添了无限妍媚。西湖疏浚以后，全湖又充满了一泓碧水。

"苏堤春晓""三潭印月"引人入胜，早已成为西湖著名的景观。多少年来，"苏堤春晓""三潭印月"一直位列西湖十景，而且"苏堤春晓"是西湖十景之首。在一定程度上来讲，是苏轼改变了这座城市，让杭州成为一座宜人的诗意城市。

苏轼不仅用他的智慧和努力，让现实的杭州变成一座诗意的城市，让现实的西湖成为今天我们看到的诗意的西湖；而且，更为重要的是，他用他的笔墨渲染，让西湖成为一座文化意义上的诗意的西湖。这其中有几大功劳都是要归功苏轼的。

首先是为西湖命名。在苏轼以前，西湖是存在的，但是最多只是一个地域概念。而且，通常也是被叫作钱塘湖。最早出现的"西湖"名称，是在白居易的《西湖晚归回望孤山寺赠诸客》和《杭州回舫》这两首诗中。北宋以后，名家诗文大都以西湖为名，钱塘湖之名逐渐鲜为人知。但是，第一次在官方文件中用"西湖"这一命名的，是苏轼。他让西湖这一杭州城西之湖以官方文件形式进入文化视域。元祐五年四月二十九日，苏轼向朝廷上了《乞开杭州西湖状》的奏章。这个奏章是官方文件中第一次使用"西湖"这个名称。这个奏章还特别阐明了西湖之于杭州的独特意义：杭州之有西湖，如人之有眉目，盖不可废也。……使杭州而无西湖，如人去其眉目，岂复为人乎？

其次，是给予西湖"西子"的美名。苏轼于1071—1074年（宋神宗熙宁四年至七年）任杭州通判，曾写下大量有关西湖景物的诗。其中，写于熙宁六年（1073年）正、二月间的《饮湖上初晴后雨二首·其二》更是为西湖带来了超越时空的"西子"美名。

>水光潋滟晴方好，山色空蒙雨亦奇。
>欲把西湖比西子，淡妆浓抹总相宜。

诗的上半首既写了西湖的水光山色，也写了西湖的晴姿雨态。"水光潋滟晴方好"描写西湖晴天的水光：在灿烂的阳光照耀下，西湖水波荡漾，波光闪闪，十分美丽。"山色空蒙雨亦奇"描写雨天的山色：在雨幕笼罩下，西湖周围的群山，迷迷茫茫，若有若无，非常奇妙。这一天，诗人陪着客人在西湖游宴终日，早晨阳光明艳，后来转阴，入暮后下起雨来。而在善于领略自然并对西湖有深厚感情的诗人眼中，无论是水是山，或晴或雨，都是美好奇妙的。从"晴方好""雨亦奇"这一赞评，可以想见在不同天气下的湖山胜景，也可想见诗人即景挥毫时的兴会及其洒脱的性格、开阔的胸怀。上半首写的景是交换、对应之景，情是广泛、豪宕之情，情景交融，句间情景相对，西湖之美概写无余。

下半首诗里，诗人没有紧承前两句进一步运用他的写气图貌之笔来描绘湖山的晴光雨色，而是遗貌取神，只用一个既空灵又贴切的妙喻就传出了湖山的神韵。喻体和本体之间，除了从字面看同有一个"西"字外，诗人的着眼点是当前的西湖之美，在风神韵味上，与想象中的西施之美有其可意会而不可言传的相似之处。而正因西湖与西子都是其美在神，所以对西湖来说，晴也好，雨也好，对西子来说，淡妆也好，浓抹也好，都无改其美，而只能增添其美。从西湖的美景联想到作为美的化身的西子，从西湖的"晴方好""雨亦奇"，想象西子应也是"淡妆浓抹总相宜"。诗与思相应、山与湖相应、景与人相应的空灵美，呈露无遗。从此之后，人们读这首诗，便对西湖之美充满了无限的想象。

若把西湖比西子，这等于把美的个性和共性之通道给打通了。西湖之美，美到什么程度呢，我们难以言述；同样的，西施之美，又美到什么程度呢，我们也同样是难以言述。苏轼的高明就在于一语道破"美"机，他把两个美合体为一个美，且给了这种美以想象的空间。从此一年四季无论什么天气，西湖都是美的。直到千年之后，我们发现西湖也还是像苏轼笔下的西湖，这是诗人的高明，更是西湖的高明，也是西湖边子民的高明。所以我们一直遵循着苏轼对美的那种眼光，正如我们到今天还喜欢的东坡肉。

当然，苏轼写西湖之美的诗词，远不止这一首。只是，至今，许多人仍认为这一首是描写西湖最好的诗。

西湖是有福的。在它最潦倒之际，遇上了苏轼这样的贵人。经过他的努力和整治，满湖的淤泥与荒草，变成了苏堤春晓；三个石塔本是告诫百姓不许在此区域种植菱角，没想到慢慢地这三个石塔成就了三潭印月这样的绝美景观。经过他的笔墨渲染，环境污染很厉害的西湖，马上变成了和西施一样美的西子湖。

春风里，秋雨下，冬雪中，苏堤和三潭印月成了人们游湖的最佳去处。尤其是在银色的月光下，那三个石塔，在湖水的相拥下，塔影云影月影共一色，辉映着烛光湖光月光，天地合一，万物永生。苏轼居然是一个出色的园林设计师，设计出如此美妙的赏月好景。

没有苏轼前，西湖也可能是美的。但是，水里的淤泥的臭味，一定会让人远而避之，南北两边的人们，可能还得撑船才能从这边到了那边，要不就是隔湖相望，借歌传情。苏轼一来，这些困难马上就不再成为困难。这是杭州人的幸运，也是这个城的幸运，也是西湖的幸运。它们遇上了一个爱民如子的地方官，碰上了一个才高八斗的大文豪。

如果没有苏轼，我们也就没有眼福去欣赏苏堤春晓和三潭印月了。缺了这两个景致的西湖，是不是就少了点让人难忘的美好和怀念呢？正因为西湖和苏轼相遇了，绝美的风景，加上一代才子的诗情，西湖终于在苏轼的点拨下，变得完美，就像一只丑小鸭逆袭蜕变为白天鹅！有了苏轼的西湖，仿佛使用了灵丹妙药，开始优雅地接受人们的赞美和朝拜。

苏轼在杭州待的时间并不算长，却给杭州人民留下了优美的诗文佳句，留下了一条南北成通途的幸福大堤，和一座三潭印月岛。当年一道淤泥垒筑的土堤，到今天树木森森花鸟宜人的绿荫大道；三个深水记号的石塔，最后成为整个杭州西湖的标志；还有那首脍炙人口的诗，同样随着时光流传了一千年，至今仍被人传诵。为官一任，造福八方。苏轼做到了！不仅做到了，还把他最美的诗给了西湖，把他一腔滚烫的心给了西湖和杭州的人民，所以，西湖才会这么美。一个苏轼，给了西湖这么多的遗产，怎不教后人怀想呢？

第二节　苏轼的人生地图和人生精神

林语堂在他的《苏轼传》序言中说：

"苏轼是一个不可救药的乐天派，一个伟大的人道主义者，一个百姓的朋友，一个大文豪，大书法家，创新的画家，造酒实验家，一个工程师，一个假道学的憎恨者，一个瑜伽术修行者，佛教徒，巨儒政治家，一个皇帝的秘书，酒仙，心肠慈悲的法官，一个政治上的坚持己见者，一个月夜的漫步者，一个诗人，一个生性诙谐爱开玩笑的人。"

林语堂的概括可谓入木三分。

如果从生死学视角概括苏轼的人生经历与人生精神，我们可以用"漂泊的人"和"旷达的人"来描述。

一、漂泊的人：应似飞鸿踏雪泥

苏轼的一生，都在漂泊中。有网友曾经用大数据制作了一份苏轼的人生地图，在那张地图上，苏轼的人生足迹几乎遍布整个北宋时期的中华大地！在那个没有飞机火车和汽车的时代，一个人一生能够抵达这么多地方，着实令人惊叹。对于苏轼来说，这些地方，有的只是蜻蜓点水，有的却是刻骨铭心。苏轼一生主要走过的地方包括：眉山、开封、凤翔（今宝鸡附近）、杭州、密州（今山东诸城）、徐州、湖州、黄州、南京、颍州（今安徽阜阳）、扬州、定州、惠州、儋州（今海南岛内）、常州。

这其中，

眉州，是苏轼无可替代的故土；

开封，是其梦开始的地方；

杭州，是一个让他魂牵梦萦的地方；

湖州，是苏轼的落难之地；

黄州，是苏轼涅槃重生之地；

惠州，是苏轼准备养老之地；

儋州，是苏轼人生漂泊的最后一站；

常州，是苏轼魂归之地。

苏轼1037年1月8日出生于四川眉州。眉州城内西南，有一座三苏祠，这座祠堂便是苏家的故居。苏轼的成长成才，受家庭影响很大。苏轼的家庭是个典型的小康之家、耕读之家，家里有丰富的藏书。父亲苏洵一共有六个子女，三男三女。苏轼和苏辙的前面还有一个哥哥三个姐姐，但他们都不幸早逝，恰恰就是苏家硕果仅存的这兄弟二人，日后竟然成为苏氏家族中最著名的人物。苏洵虽然一辈子没做过什么大官，但他是北宋著名的散文家、学者。苏洵对他这两个儿子的要求非常严格。除了严格监督学业，苏洵对两个儿子的人生教育也很到位。他曾专门写了《名二子说》一文，从苏轼、苏辙两兄弟的名字说起，告诫他们做人的道理，其中说到苏轼：

轮、辐、盖、轸，皆有职乎车，而轼独若无所为者。虽然，去轼则吾未见其为完车也。轼乎，吾惧汝之不外饰也。

文中的"辐"指车轮中连接轴心与轮圈的直木。"盖"指车盖。"轸（zhěn）"指车厢底后部的横木。"轼"指车厢前端供手扶的横木。文中的意思是说：对一辆车来说，车轮、车辐、车盖、车轸都有各自实际的用途。只有车轼，好像没什么实际的用处。但是如果去掉车轼，也就不再是完整意义的车了。

苏洵是想告诫苏轼：我之所以给你取名为轼，就是提醒你，才华横溢必然导致锋芒毕露，锋芒毕露必然会招致嫉恨、暗算，希望你在今后要收敛锋芒，而应该像车轼一样，虽然身处车子的显要位置，却很善于掩饰、保护自己，这就是无用之用。

知子莫如父。苏轼日后的经历，真真切切地印证了苏洵这篇文章中的担心。苏轼一生之所以麻烦、风波不断，一个很重要的原因就在于个性真挚坦率，面对问题，面对矛盾，只要心中有不同的想法、观点，都恨不能一气全说出来。他的诗文创作更是口无遮拦，如鲠在喉，不吐不快，不善于掩饰自己，结果麻烦一个接着一个。但这似乎也正是他可爱的地方，也是我们大家喜欢他的地方。

恰恰是苏轼的这样一种人生性情，建构了他三起三落的社会政治生活历程，和那样一张丰富、漂泊的人生地图。

一起：步入仕途。1057年苏轼22岁时参加科举考试，一举成名天下知。

第六章 从苏轼说生死体验与态度（上）

这一年录取进士388人，苏轼名列第二，他的弟弟苏辙名列第五。他的"高考"限时作文《刑赏忠厚之至论》后来收入《古文观止》。考中进士后，苏轼第一个职务是陕西凤翔府判官，从八品，干了将近3年。被召回朝廷后，他任职史馆（相当于国家图书馆）。神宗熙宁四年（1071），下派到杭州做通判，做了2年零9个月。然后到密州任太守（1074），当时38岁。后来又转任徐州太守2年，湖州太守3个月。

一落：1079年，任湖州太守期间，因为"乌台诗案"，苏轼被关在御史台审讯130天。宋神宗任用王安石变法，苏轼反对变法，站在旧党一边。李定和舒亶旦等人千方百计迫使宋神宗给他定罪，将他贬到黄州。黄州当时是下等州，贫穷落后。好在黄州离开封不远，基本生活还有保障。

二起：1085年4月，宋神宗驾崩，年仅10岁的哲宗继位，英宗皇后也就是太皇太后摄政，尽废王安石变法，史称"元祐更化"。任用司马光为宰相，也使苏轼青云直上。先任登州太守，到任5天就被召回京城，官至翰林学士知制诰，也就是皇帝秘书，这一职务一般由当时最有名望的学者担任，正三品。短短17个月时间，苏轼从戴罪之身的从八品升到正三品，跃升了12个官阶。苏轼在这一任上干了2年零6个月，起草了800多道诏书，干得非常出色。

二落：太皇太后和司马光全盘否定王安石的新法，苏轼坚持原则，反对全盘否定。因与太皇太后和司马光政见不合，苏轼觉得不开心，一再主动请辞外放。1089年7月至1091年2月，出任杭州太守。

三起：1091年3月回朝，当了7个月的吏部尚书，然后出任颍州、扬州太守，再任兵部尚书1个月、礼部尚书9个月。从苏轼频繁的上下左右调动，反映了朝廷当时极端矛盾的心态。

三落：1093年9月，太皇太后驾崩，18岁的哲宗亲政。哲宗的心灵已经有些扭曲，太皇太后摄政时，他基本上是个局外人，很郁闷，刚一亲政，就变本加厉地进行政治反扑，无情打击元祐党人。先把苏轼降为定州太守，赶出京城；上任1个月又被贬到遥远的惠州，2年零6个月后再贬，到更远的海南儋州，这已经是天涯海角。贬谪至此，就再无处可贬了。

苏轼从政40年，在地方做官33年，在朝廷7年；执政28年，被贬谪12年，正是这种上下左右的政治生活变化，构建了苏轼漂泊的人生，画就苏轼独特的人生地图。

公元1061年（嘉祐六年）冬，苏辙送苏轼至郑州，分手回京，作诗寄苏轼，苏轼和诗一首《和子由渑池怀旧》：

人生到处知何似，应似飞鸿踏雪泥。
泥上偶然留指爪，鸿飞那复计东西。

老僧已死成新塔，坏壁无由见旧题。

往日崎岖还记否，路长人困蹇驴嘶。

苏辙十九岁时，曾被任命为渑池（miǎn chí）县主簿，未到任即中进士。他与苏轼赴京应试路经渑池，同住县中僧舍，同于壁上题诗。如今苏轼赴陕西凤翔做官，又要经过渑池，因而作《和子由渑池怀旧》。

诗的前四句对于人生的经历，作了一个深刻的比喻：人生所经历过的地方和所经历过的事情，像什么样子呢？该是像天上飞翔的鸿雁踩在积雪的地上；这雪地上因那偶然的机会，留下了脚爪的痕迹，可是鸿还得继续飞行，哪里还去考虑南北东西！因为这个比喻非常生动而且深刻，后来便形成"雪泥鸿爪"这个成语，用以比喻往事遗留下来的痕迹。

作这首诗时，苏轼24岁。他对自己的人生地图似乎已经有了一种直觉的洞悉。

苏轼这一生辗转流离，所到地方都可以用政绩斐然来评价。他在密州抓盗贼，在徐州治洪水，在定州管军纪……可是在回首自己的人生地图时，苏轼作出了"问汝平生功业，黄州惠州儋州"的回答。这是自嘲，也是实话。时代没有给他指点江山的机会，并一次又一次把他逼至绝境，而他迎来的却是一次次涅槃重生，一次次播撒希望。

有人说，"苏轼流放三千里，好事做了一火车"，真的毫不夸张。苏轼的人生地图，见证了他的仕途起落，也见证了他的生活悲喜。他的一生如梦如幻，际遇起伏。他的足迹踏遍了大半个中国，刻画了一幅空前的人生地图。他也曾位极人臣，光彩夺目，他也曾壮志难酬，流放海外，然而无论荣辱贵贱，他皆处变不惊。一颗平常心，造就了他超然旷达的人生态度。"一蓑烟雨任平生"，在风雨之中，诗人的身影渐行渐远，然而他留给我们的故事，却在时光悠悠中，源远流长……

二、旷达的人：把诗和远方过成生活

苏轼被贬的足迹贯穿南北。苏轼是一个充满苦难的人，多灾多难的苏轼留给后人的感觉不是凄凄惨惨的，而是旷达透彻的。他是一个把诗和远方过成生活的人。

在太太去世十周年时，苏轼写了那首著名的《江城子》，"十年生死两茫茫，不思量，自难忘"，已经成为最为经典的悼念诗句。

在杭州任通判期间，苏轼写下了不少歌咏西湖的诗词，"欲把西湖比西子，淡妆浓抹总相宜"成为最为经典的描写西湖的诗句。

他在密州想起弟弟时，写出了最好的中秋词。"明月几时有，把酒问青天"

"但愿人长久，千里共婵娟"已经成为永恒的诗句。

因为乌台诗案而被贬谪黄州后，苏轼死里逃生，心魂震撼，他开始思考生命的真谛。他开始深思自己的个性，研究如何得到心灵的安宁。于是他变成地道的农夫。他开始在东坡耕田，自号"东坡居士"。他觉得自己的生活越来越像陶潜。

黄州虽是贫瘠的小镇，但是万缕闲情、风光、诗人敏感的想象力、月光美酒却混合成强大的魅力，使东坡活得很诗意。农田垦好，他衣食无忧，开始享受每天的趣味。他有一群朋友，大家都和他一样自由，一样口袋空空却悠闲无比。

一次夜游把太守吓坏了。那天他在江上小船中喝酒。晚上夜空很美，他灵感大发，写下了这首《临江仙》：

> 夜饮东坡醒复醉，归来仿佛三更。
> 家童鼻息已雷鸣。敲门都不应，倚杖听江声。
> 长恨此身非我有，何时忘却营营。
> 夜阑风静縠（hú）纹平。小舟从此逝，江海寄余生。

夜里在东坡饮酒，醉而复醒，醒了又饮。回来的时候仿佛已经三更。家里的童仆早已睡熟鼾声如雷鸣。反复敲门里面全不回应，只好独自倚着藜杖倾听江水奔流的吼声。长恨身在宦途，这身子已不是我自己所有。什么时候能忘却为功名利禄而奔竞钻营！趁着这夜深、风静、江波坦平，驾起小船从此消逝，泛游江河湖海寄托余生。第二天谣言纷起，说东坡到江畔写了这首告别词，就乘船逃走了。谣言传到太守那儿，他吓得要命，因为他有责任不让苏轼离开黄州。他立刻出去找，发现东坡还在睡觉，鼾声如雷。

这样一种解放的生活，使他的心灵产生蜕变；这种蜕变来的自由心灵，通过他的作品展现出来。刻薄的讽刺、激情与愤怒都过去了，留下的是温暖、宽容和幽默感，绝对醇美，完全成熟。他享受当下的生活，写出来四篇巨作：短词《念奴娇·赤壁怀古》：

> 大江东去，浪淘尽，千古风流人物。
> 故垒西边，人道是，三国周郎赤壁。
> 乱石穿空，惊涛拍岸，卷起千堆雪。
> 江山如画，一时多少豪杰。
> 遥想公瑾当年，小乔初嫁了，雄姿英发。
> 羽扇纶巾，谈笑间，樯橹灰飞烟灭。
> 故国神游，多情应笑我，早生华发。
> 人生如梦，一尊还酹江月。

还写下了《赤壁赋》和《后赤壁赋》，以及描写他有一天晚上睡不着，起身到承天寺漫步赏月的《记承天夜游》：

> 元丰六年十月十二日夜，解衣欲睡，月色入户，欣然起行。念无与为乐者，遂至承天寺寻张怀民。怀民亦未寝，相与步于中庭。
>
> 庭下如积水空明，水中藻荇交横，盖竹柏影也。何夜无月？何处无竹柏？但少闲人如吾两人者耳。

这篇文章充满了苏轼漫不经心的魅力，文奇短，却是瞬间佳境最敏感的记录。我们若相信一个人的文风只是心灵的自然流露，我们就可以看出他先得有那份心境，才能写出完美安详、单纯自足的作品。

《记承天寺夜游》表达的感情是微妙而复杂的，贬谪的悲凉，人生的感慨，赏月的欣喜，漫步的悠闲都包含其中。作者"解衣欲睡"的时候，"月色入户"，于是"欣然起行"，月光难得，不免让人欣喜。可是没有人和自己共同赏月，只好去找同样被贬的张怀民。两人漫步中庭，又是悠闲的。自比"闲人"，则所有意味尽含其中。对澄澈透明的美妙的月色作了生动形象的描绘，透露出作者在贬谪中虽感慨身微，而又随缘自适、自我排遣的特殊心境，充分表达了其旷达乐观的胸怀。

1082年春，被贬为黄州团练副使的第三个春天。与朋友春日出游突遇风雨，苏轼却毫不在乎，泰然处之，吟咏自若，缓步而行，写下了《定风波·莫听穿林打叶声》：

> 三月七日沙湖道中遇雨。雨具先去，同行皆狼狈，余独不觉。已而遂晴，故作此词。
>
> 莫听穿林打叶声，何妨吟啸且徐行。
> 竹杖芒鞋轻胜马，谁怕？一蓑烟雨任平生。
> 料峭春风吹酒醒，微冷，山头斜照却相迎。
> 回首向来萧瑟处，归去，也无风雨也无晴。

它通过野外途中偶遇风雨这一生活中的小事，于简朴中见深意，于寻常处生奇警，表现出旷达超脱的胸襟，寄寓着超凡脱俗的人生理想。纵观全词，一种醒醉全无、无喜无悲、胜败两忘的人生哲学和处世态度呈现在读者面前。读罢全词，人生的沉浮、情感的忧乐，我们的理念中自会有一番全新的体悟。

苏轼的好友王巩因为受到使苏轼遭杀身之祸的"乌台诗案"牵连，被贬谪到地处岭南荒僻之地的宾州。王巩受贬时，其歌妓柔奴（也就是寓娘）毅然随行到岭南。公元1083年（元丰六年）王巩北归，出柔奴为苏轼劝酒。苏轼问及广南风土，柔奴答以"此心安处，便是吾乡"。苏轼听后，大受感动，作《定风波·南海归赠王定国侍人寓娘》：

> 常羡人间琢玉郎，天应乞与点酥娘。
> 尽道清歌传皓齿，风起，雪飞炎海变清凉。
> 万里归来颜愈少，微笑，笑时犹带岭梅香。
> 试问岭南应不好，却道：此心安处是吾乡。
> 心安定的地方，便是我的故乡。

白居易《初出城留别》中有"我生本无乡，心安是归处"，《种桃杏》中有"无论海角与天涯，大抵心安即是家"等语，苏轼的这句词，受白诗的启发，但又明显地带有王巩和柔奴遭遇的烙印，有着词人的个性特征，完全是苏轼式的警语。它歌颂柔奴随缘自适的旷达与乐观，同时也寄寓着作者自己的人生态度和处世哲学。

公元 1075 年（神宗熙宁八年），苏轼在密州（今山东诸城）任知州，围猎后写下了《江城子·密州出猎》：

> 老夫聊发少年狂，左牵黄，右擎苍。
> 锦帽貂裘，千骑卷平冈。
> 为报倾城随太守，亲射虎，看孙郎。
> 酒酣胸胆尚开张，鬓微霜，又何妨？
> 持节云中，何日遣冯唐？
> 会挽雕弓如满月，西北望，射天狼。

"我虽年老却兴起少年打猎的热狂，左手牵着犬黄，右手举起鹰苍。戴上锦蒙帽穿好貂皮裘，率领随从千骑席卷平展的山冈。为了报答全城的人跟随我出猎的盛意，看我亲自射杀猛虎犹如昔日的孙权。我虽沉醉但胸怀开阔胆略兴张，鬓边白发有如微霜，这又有何妨！什么时候派遣人拿着符节去边地云中，像汉文帝派遣冯唐。我将使尽力气拉满雕弓，朝着西北瞄望，奋勇射杀敌人天狼。"作品以出猎开始，却以将利箭射向敌人这种出人意料的结局收尾；利用巧妙的艺术构思，把记叙出猎的笔锋一转，自然地表现出了他志在杀敌卫国的政治热情和英雄气概，这就把一首生活随笔式的小词写成了充满爱国激情的作品。这是苏轼第一次作豪放词的尝试。全词"狂"态毕露，虽不乏慷慨激愤之情，但气象恢宏，一反词作柔弱的格调，充满阳刚之美。

苏轼被一贬再贬，由英州而至惠州，最后远放儋州，前后七年。直到哲宗病死，才遇赦北还。公元 1100 年（元符三年）六月，苏轼自海南岛返回时写下了《六月二十日夜渡海》：

> 参横斗转欲三更，苦雨终风也解晴。
> 云散月明谁点缀？天容海色本澄清。

> 空余鲁叟乘桴意，粗识轩辕奏乐声。
> 九死南荒吾不恨，兹游奇绝冠平生。

在苏轼眼里，被贬南荒虽然九死一生也不悔恨，这次远游是平生最奇绝的经历。

作为一位将诗和远方过成生活的人，苏轼特别富有生活的情趣，特别善于发现并创造生活的趣味。这种情趣与趣味并不因其或多或少的通俗格调而走向庸俗，相反，苏轼巧妙地将高雅的情趣与通俗的面目统一在一起，所以苏轼在时人与后人眼中，永远都是一个雅俗共赏的知识分子。

与此同时，苏轼面对生活的苦难，表现出了超然旷达的境界。苏轼的一生，经历了三次巨大的贬谪生涯，还有其他数不清的不如意与挫折，但是他却从来没有被这些挫折打倒、击垮。即便是在孤悬海外的儋州，孤独的他也依然笑面人生、苦中寻乐。超然旷达不是在平常生活之上更高的精神境界，而是个人境遇降至平常以下的时候，依然能够保持平常的生活态度。从这个意义上来说，平常是福，是生活的本质。东坡就身体力行地实践了这个真理。

苏轼是中国古代历史上少有的文化全才。比如，从诗歌创作来说，他与门生黄庭坚并称"苏黄"，是宋代诗风形成最重要的奠基者、推动者之一；从词创作来说，他与南宋辛弃疾并称"苏辛"，是中国词史最杰出的词家之一，更是"豪放词派"的开创者；从散文创作来说，他与业师欧阳修并称"欧苏"，是宋代成就最大的散文家之一，极大地推动了古代散文的发展与成熟；从书法创作来说，他与黄庭坚、米芾、蔡襄并称"苏黄米蔡"，其书法风格自成一派，是北宋著名的书法四大家之一；从学术成就来说，他是北宋"蜀学"的代表人物，与当时以程颐为代表的"洛学"、以张载为代表的"关学"并驾齐驱……

在中国古代文化史上，很少有人像苏轼这样，广泛地涉猎文、史、哲及其他艺术门类。有很多人可能在自己所擅长的某一领域中是杰出的，但是没有一个人像苏轼这样在各个领域中都表现出了卓越和杰出的才华。这还不包括他在建筑、农业、绘画、宗教、饮食、医药、保健等方面所表现出的浓厚兴趣与深入研究。

苏轼以他的亲身实践，为人们树立了一种理想人格的标准。这个理想人格可以用古圣先贤的两句话来表达：一是"诚意、正心、修身、齐家、治国、平天下"（《大学》），二是"富贵不能淫，贫贱不能移，威武不能屈"（《孟子》）。苏轼的一生，不论遇到多么大的挫折与困难，不论遭遇到多少艰难曲折，始终不曾放弃对国家、百姓的责任感，始终坚持匡时救世的报国之志。无论他的生活境遇多么艰苦，个人地位发生了怎样的变化，面临怎样的威权压迫，他始终敢于仗义执言、不吐不快,这不是急躁冒进的个人主义,而是一种独立自主的可贵人格,这正是苏轼可爱的地方,也是他伟大的地方。

第三节 婚姻与家庭:生死之爱的多种样子

苏轼的人生地图,彰显了他人生路途上的跌宕起伏。不过,在苏轼跌宕起伏的一生中,始终都有心爱的女人陪着他。这样让苏轼的生命呈现出了温暖多情的色彩。

一、三位夫人,三种爱情的样子

苏轼一生中,先后有三位夫人。准确地说,是有两任妻子、一位侍妾,巧的是,三位夫人都姓王,分别叫王弗、王闰之、王朝云。

苏轼的第一位夫人叫王弗,是和苏轼情深似海、温柔通透的才女。王弗与苏轼是同乡,也是眉山人,是乡贡进士王方之女。她比苏轼小三岁,与苏轼结婚的时候才刚刚十六岁。

据民间的传说,他们俩是因为家乡的奇景"唤鱼池"命名,而结下良缘。唤鱼池,位于四川省眉山市青神县中岩寺景区。游客只要拍一拍手,鱼儿便会游过来,故名唤鱼池。现在景区有苏轼与王弗的塑像。史载,1051 年,苏轼负笈求学于中岩书院王方门下,三载后,因题"唤鱼池"名,王方器才,以爱女王弗妻之,时年苏轼 19 岁,王弗芳龄 16,留下了"唤鱼联姻"的千古佳话。

王弗是个聪慧谨慎、知书识礼的书香女子。父亲王方也是进士出身,更是当地书院里的老师,曾经教过苏轼。王弗嫁给苏轼后,每每苏轼读书,她就在旁边默默陪伴,从不曾说自己读过书。遇到苏轼有所遗忘的地方,她就反过来给予提醒,调皮的苏轼用其他问题来考王弗,她依然能对答如流,这让苏轼又惊又喜,对她刮目相看。

王弗的性格较为内向,苏轼说她"未嫁事父母,既嫁事公婆,皆以谨肃闻",对王弗的评价很高:一是"敏而静",就是聪敏而不张扬;二是"有识",就是有见识、有见解。王弗矜持而稳静的性格,与苏轼坦直豪放的个性形成鲜明的对照,却又能相辅相成。她对自己的丈夫有着深入的了解。一方面,她对少年成名的丈夫充满崇拜,但另一方面,她也发现在实际的生活中,这个天才的文学家在与人交往的时候因性情率真而口无遮拦,在处世待人上往往犯糊涂,分不清好人坏人。王弗以自己洞察世情的慧心,时时照顾着苏轼。每当有客人来拜访,王弗就会"立屏间听之"——悄悄地躲在屏风后面听他们谈话,过后便帮助苏轼明辨人情是非。

王弗除了在苏轼的人际关系上常有建言外，对于苏轼做出的一些逾越常规的事，也善于利用苏轼对父母的尊孝而予以劝诫。苏轼喜欢文物收藏、研究炼丹，他在《先夫人不发宿藏》中回忆，自己在凤翔时，因为怀疑坟地之中是"古人藏丹药"的地方，居然想去掘墓挖坟。王弗借婆婆的话，劝诫夫君停止这种不道德的行为，"使吾先姑在，必不发也"，让苏轼十分惭愧。婚后俩人感情甚笃，可惜好景不长，王弗年纪轻轻就撒手人寰，与苏轼的恩爱婚姻只有十年。去世的时候只有二十六岁，留下不满七岁的儿子苏迈。

苏轼的第二任夫人王闰之，是一位温良贤淑勤俭持家的"老妻"。王闰之是苏轼原配夫人王弗的堂妹，他们相识于苏轼蛰居家乡服父丧期间。熙宁元年（1068）七月苏轼除父丧，十月成婚。当时王闰之二十一岁，比苏轼小十一岁，她给苏轼生了两个儿子，即苏迨与苏过。

王闰之并不像堂姐王弗一样颇通诗书，她也不能细心地帮苏轼分析身边之人的性格缺点，不能加以提醒。她只是一个安心照顾三个幼子的忙碌女人，把自己的世界定格在内院深宅中。苏轼曾经写诗赞美她的贤惠，"妻却差贤胜敬通"，你看冯敬通人品好，文采好，却有个悍妻，而我苏轼就不一样了，我什么都不缺。"家有贤妻夫祸少"，王闰之为一生颠沛流离的苏轼提供了温馨安宁的家，陪伴着苏轼远谪天涯，如影随形25年。

苏轼被贬黄州，吃住都成了问题，王闰之持家有道，是个节约能手。每个月铜钱分成三十份悬挂于房梁上，每日取用，若有盈余就用来款待苏轼来访的朋友。衣服上有了补丁，金钗银簪都送进了当铺，素面朝天不施粉黛，她毫无怨言，尽心尽力。

王闰之虽不像王弗那样，可以在苏轼的交游往来间给予意见，但她对苏轼的日常起居和习性爱好了如指掌，对苏轼的性格，有着很大的包容和体谅。苏轼因为被贬黄州心情郁闷，加之他天生的以民为本，诸事皆劳心劳力，不得顺遂，但是王闰之适时的劝导立刻就能唤醒乐天派苏轼内心的开心豁达，给苏轼原本灰暗的人生添加了很多浓重的色彩。苏轼多次在诗词里谈及王闰之，视其为"老妻"。

王闰之虽则贤惠，但的确不如王弗精明聪慧。比如"乌台诗案"爆发时，苏轼在湖州被抓走之后，王闰之"几怖死"，几乎快被吓死，她担心朝廷会从书稿中再次罗织苏轼的罪状，就在一惧之下烧毁了丈夫的许多诗文手稿。其实，王闰之之为，也只是惊吓过度，护子心切所致。她安于内宅，把苏轼当成天，要他保护自己和孩子。她是活在当下的人，生死面前，"遗作"又有何不舍？

第六章 从苏轼说生死体验与态度（上）

宋哲宗元祐八年（1093）八月一日，苏轼担任端明殿学士、翰林侍读学士、礼部尚书，备享荣耀，四十七岁的王闰之却不幸去世了。王闰之陪伴着苏轼走南闯北，共度宦海浮沉的艰难岁月，这个贤内助的骤然去世，对当时年已五十八岁的苏轼可说是个重大的打击。

苏轼所达到的文学艺术高度，是王闰之难以企及的，但苏轼对她却充满感激，只因她的出现弥合了这个因王弗弃世而残缺的家庭，为苏轼营造了一个得以憩息、宁静温馨的港湾。王闰之在多年之后，得以和苏轼在异乡合葬，虽然不能同归故乡眉山，最终也算有个不算圆满的圆满。

苏轼的第三位夫人，其实名分上只是侍妾，名叫王朝云，是与苏轼心意相通的红颜知己。王朝云生在杭州，是琴棋书画样样皆通的歌姬。苏轼任杭州通判时，当时的苏夫人王闰之怜悯朝云的身世，将她买下作为侍女。当时朝云年仅十二岁。

苏轼因"乌台诗案"获罪时，遣散婢仆，但朝云不肯离去。后来苏轼身陷牢狱，夫人王闰之因过分忧惧，卧病多时，家中事务多亏朝云打理支撑。苏轼被贬谪黄州，终将朝云收为侍妾。在黄州的时候，朝云生了一个儿子，取名苏遁，不料苏遁因无法适应舟车劳顿的贬途生活，不到一年就夭折了。

在宋代，姬妾本是荣华富贵的美丽点缀，没有义务与主人荣辱与共。苏轼在朝中为官时为了应酬方便，也曾蓄养过数名歌女，但后来都相继辞去，只有朝云随他南迁惠州，成为他流放生涯中忠实的伴侣。

当苏轼再次被贬谪到惠州之时，王闰之已经去世，独有坚强的朝云跟从在旁，并且毅然承担起主妇的责任，在生活上细心周到地照顾着苏轼的饮食起居，精打细算地安排着一家人的生活。她每天念佛练字，与苏轼谈禅论道。对于现实生活上的拮据与艰困，她泰然处之，无怨无悔。此时的朝云深深地了解苏轼，了解他济世爱民的仁者之心、超然达观的人生境界，应当说，她在精神上渐渐与苏轼趋于同一。

苏轼曾评价她是"敏而好义"，机敏好学，悟性极高，潜心研究，琢磨大义。有这样一个故事，充分地说明了诗人与朝云的相知。

一天，吃完饭后，苏轼在院子里散步，忽然，他拍拍自己的肚子问侍妾、婢女："你们说，这里都装的是什么？"一个婢女赶忙说："您肚子里装的都是锦绣文章啊！"苏轼微微一笑，不以为然。另一个婢女接着说："您满腹经纶，肚子里都是巧妙机关。"苏轼摇摇头，未置可否。最后，朝云不紧不慢地说："依我看，学士一肚皮装的都是不合时宜。"一言中的，苏轼不禁捧腹大笑。这个故事虽有调侃、戏谑的成分，但从中却可看出，朝云的见识远远高于诸位侍女，只有她，才能做东坡的知音。

宋哲宗绍圣三年（1096）七月五日，朝云在惠州病逝，年仅三十四岁。失去患难中的知己，苏轼心中的悲痛无以言喻。苏轼将她安葬在丰湖岸边栖禅院东南山坡上的松树林中，并刻碑以铭。朝云的事迹，引起后世不少才情之士的共鸣。比如，曹雪芹在《红楼梦》中，曾借贾雨村之口，把朝云等古人看作与贾宝玉同类的"情痴情种"。她与苏轼的确已经超越了旧时一般的姬妾与家主的关系，而达到同志同道者的境界。

二、三次悼亡，对三位夫人的死亡纪念

苏轼在自己的现实生活中与三位夫人都感情甚笃，在她们先后去世后，苏轼又都写了悼亡诗或者文章，表达了自己对这份情感的珍惜，并展现了中国文化中独特的生死感通文化。

苏轼对第一位妻子王弗的感情很深。在妻子去世后，苏轼写了《亡妻王氏墓志铭》。在墓志铭中，苏轼介绍了王氏的名字、籍贯和家庭出身，称夫人为"君"，充分体现了彼此的互敬互爱。接着交代了她出嫁时的年龄和所生儿子之名。进而着重介绍了夫人几桩值得传扬的事情：一是，夫人在娘家、婆家侍奉父母舅姑，都以恭谨肃恬闻名；二是，陪伴丈夫在任上的政绩，经常告诫远离父母的丈夫，要按老父亲的教导办事。整个墓志铭既表扬了王氏患难之交恩爱深的高贵品质，又充分肯定了王氏夫人一生恪尽妇道的典范行为。在墓志铭的结尾，苏轼不胜悲伤地叹息："呜呼哀哉！余永无所依怙。"充分表达了夫妇之间超乎寻常的深厚感情。

在王弗去世十年后，四十岁的苏轼来到山东密州为官，这一年正月二十日，他梦见爱妻王氏，写下了那首传诵千古的悼亡词《江城子·乙卯正月二十日夜记梦》：

> 十年生死两茫茫。不思量，自难忘。
> 千里孤坟，无处话凄凉。
> 纵使相逢应不识，尘满面，鬓如霜。
> 夜来幽梦忽还乡。小轩窗，正梳妆。
> 相顾无言，唯有泪千行。
> 料得年年肠断处，明月夜，短松冈。

这首词是中国文学史上众多悼亡作品中最突出的一首。词的上阕主要是描写妻子死后，自己的风霜生活。"你离我而去已经整整十年了，我俩一个生者一个死者，处在两个茫茫然的世界中。用不着刻意地去思念和回忆，我自始至终从来都不会忘记你。"词的下阕是写与妻子梦中相会落泪的情景。"夜晚来

临，在幽幽的睡梦中，我忽然回到了千里之外的故乡，回到了从前我们恋爱的光阴中。还是你出嫁前的那间闺中小屋，还是那扇小小的窗户，你正在窗前梳妆打扮。我们互相对望着，谁都没有先开口说话，只有深情的泪水不停地从你我的脸上淌落。那年年月月让我为之牵挂为之肝肠寸断的地方，就是明月之夜下的那片小松冈，那是我们自由恋爱约会的地方！"

十年的阴阳隔绝并没有减轻苏轼对妻子的深情怀念。十年来，苏轼经历了更多的人生仕途上的艰难险阻，这引发他更为强烈的关于人生无常、岁月无情的感伤。生活上的困顿，让他一次次地回忆起王弗的聪明睿智及对他的深情与体贴。可是，十年后的自己早已是苍颜白发，往昔的意气风发、俊朗潇洒已不复现，现在即便相见，相信妻子可能也认不得自己了。而聪慧的夫人那美丽沉静的模样，却永久地收藏在诗人的心里。恍惚之间，诗人仿佛又一次见到了久别的妻子，还是那样年轻，还是那样深情，可千言万语又从何说起呢？只有泪水止不住的流淌……这样一种生死感通的情感体验，既是对苏轼与夫人现实情感生活的展现，也是生死之间的一种独特的情意领受。

对于第二位夫人王闰之，苏轼也有发自肺腑的深情。四十七岁的王闰之在陪伴苏轼二十六年之后也染病去世，苏轼悲恸至极，写下字字都饱含血泪的《祭亡妻同安郡君文》。虽然经过了很多很多年，但这篇文章总是让人充满感动与悲恸。

> 维元祐八年，岁次癸酉，八月丙午朔，初二日丁未，具位苏轼，谨以家馔酒果，致奠于亡妻同安郡君王氏二十七娘之灵。呜呼！昔通义君，没不待年。嗣为兄弟，莫如君贤。妇职既修，母仪甚敦。三子如一，爱出于天。从我南行，菽水欣然。汤沐两郡，喜不见颜。我曰归哉，行返丘园。曾不少须，弃我而先。孰迎我门，孰馈我田。已矣奈何，泪尽目干。旅殡国门，我实少恩。唯有同穴，尚蹈此言。呜呼哀哉！

在祭文中，苏轼写出了他对王闰之的评价。第一，"妇职既修，母仪甚敦。三子如一，爱出于天"。王闰之对堂姐留下的长子苏迈，就像对待自己的孩子苏迨、苏过一样疼爱。这在苏轼看来尤为难得。第二，得失如一，随遇而安。在与苏轼共同生活的二十六年里，她经历了苏轼在朝为官、八年外任、遭贬黄州、返回朝廷等各个时期，与丈夫在政治风浪中起伏升沉、饱受磨难，但始终保持着朴实诚挚的品格——既不因苏轼遭贬而口出怨言，也不因苏轼的荣耀而喜形于色。祭文饱含感情地描述了王闰之勤谨贤淑的短暂生涯，并在最后表达了"旅殡国门，我实少恩。唯有同穴，尚蹈此言"的心愿。

苏轼为三个与自己最亲近的女人,都写过诗词,比起那两位夫人,苏轼有关朝云的文字最多。比如《悼朝云并引》《朝云墓志铭》《惠州荐朝云疏》《朝云诗并引》《西江月》等祭文、诗词。从这些文字中,我们看到一个敏而好义、忠敬如一的朝云。

在《朝云墓志铭》中,苏轼写道:

> 东坡先生侍妾曰朝云,字子霞,姓王氏,钱塘人。敏而好义,侍先生二十有三年,忠敬若一。绍圣三年七月壬辰卒于惠州,年仅三十四。八月庚申,葬之丰湖之上,栖禅山东南。生子遯(dùn),未期而夭。盖尝从比丘尼义冲学佛法。亦麤(cū 同粗)识大意。且死诵金刚经四句偈以绝。铭曰:浮屠是瞻,伽蓝是依,如汝宿心,唯佛止归。

墓志铭最后,苏轼对于学佛信佛的朝云说:向佛学习,经常去寺院参学,这样就遂了你的宿愿本心,归依佛、法、僧三宝。王朝云是苏轼的红粉知己,也是苏轼后半生困蹇的仕宦途中的支柱,两人有许多心灵默契。苏轼的墓志铭乃是穿越前生今世的对话,含着因果,难违可等,却盼不来轮回。只能以文字设道场,为之祭奠,远去的流年。

苏轼称朝云为"天女维摩",象征其纯洁不染;朝云侍苏轼又忠又敬,一生如一。为感念朝云对他的情义,苏轼写下了《朝云诗》:

> 不似杨枝别乐天,恰似通德伴伶玄。
> 阿奴络秀不同老,天女维摩总解禅。
> 经卷药炉新活计,舞衫歌扇旧因缘。
> 丹成逐我三山去,不作巫阳云雨仙。

樊素以唱《杨枝词》闻名,故也称杨枝。白居易晚年多病时让她离开了自己。《赵飞燕外传》的作者伶元之妾樊通德,追随伶元一生,与其完成《赵飞燕外传》。朝云的情坚意决,就如同通德一般,怎不能使苏轼感动?引此典故,是苏轼深深体会到了朝云与自己的心意相通,这实际是苏轼的爱情宣言,在世人前表达自己对朝云的感激和伉俪情深。

官场的失意,成就了苏轼的诗意人生,也成全了朝云二十三年的爱恋:使苏轼发现了最后岁月的一份真情。更让人唏嘘的是,苏轼开始离不开朝云的时候,她却因产后虚弱,逝世于惠州,葬于丰湖边。

是上苍嫉妒苏轼和朝云的幸福,还是默默的付出让她已心力交瘁、油尽灯枯?也不禁要同情苏轼,他真是个苦命人,总是看着心爱的女子,一个个先自己逝去。先是王弗,后是王润之,这次是王朝云。越是感情真挚深厚,就越肝肠寸断，越痛不欲生。真不知道，一个人能经受得起几次这样的打击？

异地他乡，前路茫茫，远离亲人，现在连唯一的爱人都离去，苏轼更是对朝云日思夜想。夜来幽梦，常见到朝云，互诉衷情。但他发现朝云总是裙履尽湿，便问她为何如此？朝云道："妾每夕自孤山返家哺儿，须涉湖水故耳。"苏轼醒后恸哭流涕，怜惜不已，便在湖上筑堤，免朝云涉水之苦。

身心俱疲且孤独无限的苏轼，唯有以昔日的欢愉来慰藉自己，写了许多怀念的诗词，其中尤以怀念朝云为最多，如有《悼朝云诗》，一句"伤心一念偿前债，弹指三生断后缘"，写尽心中内疚与思念，堪比"十年生死两茫茫"。

朝云逝后，苏轼一直鳏居，再未婚娶。朝云终于成为唯一。

三、深情厚谊的领受与生死感通

死亡，对死者来说只是生命体从呼吸到静止的瞬间转变，并在静止的那个瞬间彻底完成其在世间所享有的权利与财富、所应承担的责任与义务，然而死亡本身还尚未结束，它需要为生者提供一个化解死亡带来冲击的缓冲地带与缓冲时间。中华文明为这缓冲设计了诸多方案，死亡仪式的烦琐、死亡落葬的规矩……在各种礼仪、各项事务的压力下，生者对死亡的悲伤、遗憾可略有缓解。

然而，仪式与落葬也都是瞬间完成的即时性工作，短期或许奏效，但无法支撑生者怀念死者的寂寂长夜，中华文明的温情亦在于此，它用高度发达的文学体系支撑了生者从短期到长期对死者的哀婉与怀念，用文字记录死亡的纪念。

中华文明中关于死亡纪念的文学内容、文学形式种类繁多，甚至诸多文体即是为死亡纪念专设。简单地概括，这种死亡纪念文字可以从死亡当下与死后怀念两方面加以区分。

死亡当下的死亡纪念指在死者死亡仪式、落葬过程中所使用的文学形式与内容，如挽联、墓志铭、行状等，是在死亡发生后短期内的纪念方式，有更多的即时性、功能性及概括性，其更注重用简短、精练的语言概括死者的一生，有更多盖棺论定的意味。

如果说死亡当下的纪念文体要求的是及时性、叙述性、全面性、溢美性，那么，死后悼亡的纪念文体要求则更为随意，它没有盖棺论定的文体责任，没有概括全面的文体压力，它所承担的只是生者对死者的思念，是在可作可不作之间，为生者提供了更大的自主性与主观性，也能在自由的诗文创作中体现真性情。比如悼亡诗，是字字血泪倾注淋漓情感；祭文，则是句句悲恸牵动罪己悔恨。

死亡纪念是以死亡为核心的应用文体。中华文明的深情在于，死亡纪念的承担者们，总是将自己对死者的情感融入死亡纪念的文字中。因为只有发自生者心灵的字字血泪与句句悲恸，方能凸显死亡并未如死亡本身那般冷酷、决绝，它始终有种温情萦绕，因为在生的世界，还有人在惦记。

2017年最催泪的电影之一《寻梦环游记》里面强调，死亡，是人类最好的发明。

人的一生要死去三次：第一次，心跳停止，你在生物学上被宣告了死亡；第二次，举行葬礼，人们宣告你在社会上不复存在；第三次，世界上最后一个记得你的人把你忘记，从此整个宇宙都不再和你有关，而这就是终极死亡。原来，最可怕的不是无所作为，而是身处没有深爱之人的远方；原来，最可怕的不是离开和死亡，而是被所爱之人遗忘。不是因为存在才被记住，而是因为被记住就已经是存在的意义。

做苏轼的夫人是何其有幸，每一个人都可以千古留名！

人有回忆追念，看起来是平常小事，实则意义甚深。人的回忆活动在当前，所回忆的是从前之事，回忆将当前看来消失于无的从前之事重现于当前。如果没有当前的回忆活动，就没有从前之事的重现；因此，不妨根据从前之事能重现于人当前的回忆，说从前的事实际上并未消失于无。

如果有人说从前之事已经消失于无，则只表明，他不知道有将从前之事重现于当下的渠道。人有回忆，回忆即为一适当的渠道。回忆既然是一渠道，则不妨由此推论，说宇宙中之事，本质上是一有永有，只待人善用渠道来将它呈现于当前。由此来看人的生命存在，生命存在是一有永有，当其死而为"隐中之有"，人或称之为鬼神，都可呈现在人当前的回忆追念之中。

人会回忆与追念，将人间世界看来是归于"无"的事情重现于当前，这既表示世间之事有则一有永有，同时也表示，从前之人、从前之事尚需要后人加以继承发扬，并与它有情感上及行为上的回应。

简言之，人对死者及其一生行事的回忆、追念，其中包含着对死者及其一生行事能够继志述事，领受其深情厚谊。人能对死者及其一生行事继志述事，领受其深情厚谊，实现生死幽明的感通，这才算把人对死者的回忆、追念的深一层意义完全展示出来。

思虑推测、想象、启示信仰，都不能真正彻通幽明，只有当下通过之所以生此大哀大感的真实情境"领取"其中的深情厚谊，才能实现生死幽明的彻通。"领取"是指，作为"生者"的我，让我自己超出我个人之生的深情厚谊，与"死者"超出其个人之生的深情厚谊直接相感。生者与死者各自超出其个人之生的深情厚谊的直接相感，便是可以实现"彻通幽明"的开关和契机。

所谓"超越个人之生的深情厚谊",并不是指一般人生活中普遍而日常存在的精神活动,而是一种独特的精神活动。首先,这一精神活动不是为了追求个人的某种生活理想、生活目的,所关涉的不是为了满足自己,此即"超越个人之生";其次,这种精神活动必须是针对具体其他个人的精神的,是对"这个人"的精神有所期望、顾念、祈盼,而且是真诚地希望与"这个人"的精神有"感通"。只有同时具备这样两方面条件的个人精神活动,才是足以担当起去"直接相感"的"超越个人之生的深情厚谊"。

这样的精神活动是一切人在一刹那之间都可有的。比如,一个在弥留之际的家中老人,对儿女指点家中的事;一个战场上伤重将亡的兵士,对同伴呼唤快逃;一个革命党人在病榻中,策划其死后的革命工作;一个某种社会事业的创办人,在临危之际,对其继承者的吩咐嘱托;以及一切杀身成仁、舍生取义的志士仁人,在成仁取义之时对来者的寄望;等等。这些不同人在"刹那之间"生起的生命活动,其实都是超越个人身体存在的精神活动,而且也确实都是在生死之际表现出来的,超越个人目的理想而存在的,并对其他个人的精神致其期望、顾念、祈盼之诚的独特精神活动。

在这些例子中,寄望后死者的众人,明知自己将死,明知自己已经走到现实生命存在的边缘,其平生志愿已经无法再经由自己身体的自然生命力去逐步实现;在这一"刹那",其平生志愿便当下全幅凸出冒起,表现为一种"超出其个人之生"的,对他人的期望、顾念、祈盼的"真诚"。这一真诚的期望、顾念、祈盼,直接溢出其个人现实生命之上、之外,以寄托于在生的"后死者"。此情此景,即如其精神步履行至悬崖而下临百仞深渊之际,蓦然一跃,以搭上另一人行大道,而直下通至后死者的精神之中。

先死者将其精神超越于个人之生而寄望于后死者,呈现为对后死者的深情厚谊;当后死者感到先死者的期望、顾念、祈盼之诚中这种精神的存在时,即使是铁石心肠,也不可能毫无"感动"。后死者面对先死者之深情厚谊所生出的这一"感动",具有双重意义:一方面,由此感动,后死者真实接触了、了解了死者的精神与死者的深情厚谊;另一方面,此感动得以产生,即代表后死者本身对于先死者的一种深情厚谊。

当先死者的深情厚谊激发起后死者的感动时,死者与生者的深情厚谊即实现了直接相感。在此直接相感的过程中,先死者的寄望表明:死者的精神,由其自身行将离开世界的肉体生命超越,一跃而存在于他人(后死者)的精神中;而后死者受其感动表明:后死者自身的精神,超越其平日的所思所为,直下以死者的精神为其精神。前者,是死者的精神走向生者而来;后者,是生者的精神走向死者而往。

在此"来"与"往"的交会中,死者知其将死,亦即知道其精神将因为精神承载者与表现者身体的死亡,由"明"而入于"幽",对他人而言成为不存在;而其对生者所表达出来的期望、顾念、祈盼之诚,则使其精神超越于其将死的身体之上,立即离于"幽"而入于"明",不安于其将对他人"不存在"的表现。

另一方面,生者受死者深情厚谊的感动,则是生者的精神,超越于自己的身体及日常生活之上,直下出于"明"而入于"幽",以感受死者的精神;这种对死者精神的感受,使得生者发现,死者的精神,未尝不洋洋乎如在其上,如在其左右,而存于"明",而并非随其身体的死亡而入于"幽"。

明白了生死之际的这种死者与生者"深情厚谊"的直接相感所具有的精神意义,就可以真正彻通幽明之际,领会死生之道。

人们如何能够真正做到生者与死者的这种"深情厚谊"的直接相感,从而实现通幽明、知生死呢?根本之道,莫大乎祭祀之礼乐!礼乐,尤其是祭祀礼乐,不只是一般的教育内容,而是激发生者与死者深情厚谊的直接相感,从而实现彻通幽明、知晓生死的根本路径,是实现形上形下之交融、天人之际会的根本途径。

这便是中国人以儒家义理为核心的最基本的生死观。这便是何以中国传统如此重视祭祀之理。这便是孔子何以要强调"祭如在,祭神如神在。"这便是"清明节"存在的真实生命意义。这便是中国文学史上如此众多的悼亡文学存在之理。这便是中国人何以如此重视家庭、婚姻、子女的根本原因。"婚姻是合二姓之好,上以事宗庙,而下以继后世也。"

第七章 从苏轼说生死体验与态度（下）

第一节 父子与兄弟：千里共婵娟的人伦之情

对于豁达豪放而又极重感情的苏轼来说，血浓于水的骨肉亲情是他生活的精神支柱和创作源泉。除了妻子和孩子之外，苏轼与弟弟苏辙的同胞之情，也同样感人至深。

一、北宋王朝的双子星

苏轼、苏辙，北宋王朝的双子星。他们一母同胞，却性格迥异。苏轼旷达洒脱，苏辙沉稳内敛。少年时一起伴读诗书，青年时双双名动天下，文学上他们相互唱和，宦途中他们携手共进。他们是兄弟，更是知己。无论经历怎样的顺逆枯荣，他们的感情始终如一。对苏轼而言，四海只有一子由。苏辙也总是说：兄长，你只管潇洒地向前走！

苏轼与苏辙的感情甚深，在仕途上，他们休戚相关、荣辱与共；在生活中，他们相互照应，时时记挂着对方；在文学上，他们互通有无、切磋琢磨；在精神上，他们相互慰藉，惺惺相惜。他们的手足之情，成为文学史上流传千古的佳话。

苏洵共有三男三女。长子景先在苏轼出生后的第二年就夭折了。长女于天圣六年（1028年）夭折。次女于庆历五年（1045年）苏轼十岁那年去世，死时应在十二岁左右。幼女八娘十六岁时嫁给舅父程潜之子程正辅。婚后程家待她很不好，八娘心情抑郁，嫁过去不到两年，就于皇祐四年（1052年）病逝。苏轼排行第五，苏辙排行第六，比苏轼小三岁。

苏轼、苏辙之间的深情厚谊，是在从小一起读书、一同成长的过程中培养出来的。苏辙在《祭亡兄端明文》中写道："手足之爱，平生一人。幼而无师，受业先君。兄敏我愚，赖以有闻。寒暑相从，逮壮而分。"他们俩从小就跟随父亲学习，春夏秋冬、寒来暑往，日日在一起刻苦攻读。

苏轼苏辙同榜考中进士。之后，在难度最高的制举考试中再一次双双榜上有名。苏轼得了第三等（一、二等皆为虚设，三等为实际最高等级），成为北宋开国百年来第一人！事实上，苏辙本也有机会名列三等，相比苏轼"直言当世之故，无所委曲"，他的策论却真正笔锋犀利，让人惊骇。他把矛头直指宋仁宗，详尽论说其为政得失，掀起了轩然大波。司马光对此特别欣赏，"所试文词，臣不敢言"，要将他置于第三等。考官胡宿坚决反对，最终定为第四等。宋仁宗看过两人文章后对皇后说："朕今日为子孙得两宰相矣！"苏轼也认为苏辙的文章比自己的厉害，说世俗不知苏辙的好处是因为文如其人，沉稳低调。其学生秦观也作证说："中书（苏轼）尝谓'吾不及子由'。"

如果说苏轼像烟火一样辉煌绚烂，那么苏辙就像烛光一样平和温暖。从年幼到出仕，兄弟二人相知相伴，相互欣赏，互相帮扶。苏辙说苏轼亦师亦兄，"抚我则兄，诲我则师"。而对苏轼而言，苏辙不只是兄弟，更是最好的朋友："岂独为吾弟，要是贤友生。"无论是在精神世界还是在世俗世界，他们一生都并肩携手，风雨同行。

入仕后，兄弟两人宦海漂泊，聚少离多。世人都看到了苏轼的旷达，苏辙却时时刻刻牵挂着苏轼的脆弱。观其一生，苏轼到哪儿都能走出天下何处不为家的气势。但每次和苏辙分离，画风却急转直下，各种凄凄惨惨戚戚。

嘉祐六年（公元1061年），苏轼出任凤翔府判官，为了照顾父亲，苏辙辞谢外职不就，与父亲同住京师。这是兄弟二人第一次分离。离别时，苏轼望着苏辙在雪地上骑着瘦马的背影，担心他衣衫单薄，一直看着他头上的乌帽在连绵起伏的沟陇中全然不见才转身离去。在寄给苏辙的诗中他写道：

> 亦知人生要有别，但恐岁月去飘忽。
> 寒灯相对记畴昔，夜雨何时听萧瑟。
> 君知此意不可忘，慎勿苦爱高官职。

他嘱咐弟弟，别只顾着追求仕途精进忘了咱们"夜雨对床"、常常团聚的约定啊！漂泊一生，苏轼每到一处都会给弟弟写信赠诗，诗作中以"子由"为题的诗词就超过100首。他对苏辙感叹："吾从天下士，莫如与子欢。"林语堂先生说：往往为了子由，苏轼会写出最好的诗。苏轼和苏辙兄弟之间的情谊，在诗文交往、政治磨难和生活的曲折中，上升为一种更高层次的人文情感、人文情怀。苏辙回忆起与苏轼进京考试时路过渑池寺院，在寺壁上题诗一事，作《怀渑池寄子瞻兄》。苏轼和诗："人生到处知何似，应似飞鸿踏雪泥。"

两人同在山东为官，却因公务繁忙不能相见，中秋节这天，清冷的月光下，想起五年未见的弟弟，苏轼心中感慨，写下千古绝唱《水调歌头·中秋》：

明月几时有？把酒问青天。

不知天上宫阙，今夕是何年。

我欲乘风归去，又恐琼楼玉宇，高处不胜寒。

起舞弄清影，何似在人间。

转朱阁，低绮户，照无眠。

不应有恨，何事长向别时圆？

人有悲欢离合，月有阴晴圆缺，此事古难全。

但愿人长久，千里共婵娟。

比起心无城府的苏轼，苏辙要沉稳持重多了。他深知苏轼秉性"其于人，见善称之如恐不及，见不善斥之如恐不尽，见义勇于敢为，而不顾其害。用此数困于世，然终不以为恨"。他尊重并努力维护苏轼的赤子之心，但也不忘时时劝诫。苏轼爱交朋友，苏辙苦口婆心劝诫他交朋友要谨慎。眼见不平事，苏轼"如蝇在喉，不吐不快"。苏辙听到急急制止，告诉他口不择言容易祸从口出。

公元1079年，苏轼被指在诗句里讥讽朝廷，乌台诗案发。御史台派人前往湖州缉拿苏轼。在河南任职的苏辙提前得到消息，立刻派人前去报信。又急急写下《为兄轼下狱上书》上呈皇帝，言辞恳切，请求朝廷削去自身官职来替兄赎罪。

苏辙为了救兄不惜以身犯险，而苏轼因为一场乌龙留给苏辙一首绝命诗。长子苏迈每天给狱中的苏轼送饭，父子约定，若无事则送肉和菜，若判死罪则送鱼。一日，苏迈有事，委托亲戚代送。为给苏轼改善伙食，亲戚特意做了一尾鱼。苏轼见鱼，以为大限将至，不禁悲从中来。平静后写下《狱中寄子由》："是处青山可埋骨，他年夜雨独伤神。与君世世为兄弟，又结来生未了因。"虽然是一场误会，但是在死亡面前，苏轼最先想到的是苏辙，最想说的话也是希望来生还能和他做兄弟，足见二人感情之深。苏辙读诗后大哭。这首诗辗转到了神宗手中，神宗看后被他们的手足之情深深感动。苏轼最终免去一死，被贬黄州，苏辙也受牵连被贬筠州（今四川筠连）。据说出监狱时，苏辙见到苏轼，拼命捂着他的嘴，提醒他祸从口出。

公元1080年，苏轼和苏迈前往黄州。苏辙带着家人和苏轼的眷属前往高安。安顿好自家人后，又把苏轼家眷送往黄州。乌台诗案，从始至终，苏辙都拼尽全力地为苏轼奔忙，毫无怨言。在黄州、筠州的四年，兄弟二人诗文往来不断。苏辙因喝酒过度犯了肺病，苏轼写诗相劝要他多加保养。听闻苏辙在筠州与官长不和，苏轼又劝苏辙不必委屈自己，大不了来黄州一起耕地种菜，也能怡然自得。

哲宗即位，太皇太后垂帘听政，兄弟二人被召回京城，共同经历了政治生涯的辉煌时期。绍圣元年（1094年），新党执政，二苏又开始了长达七年的贬谪生涯。苏轼晚年写道：欲问平生功业，黄州惠州儋州。而苏辙的贬谪地图也大致相似：筠州雷州循州。

苏轼被贬惠州，连路费都凑不出来。苏辙倾其所有，资助了哥哥七千缗。苏轼这才得以安排一家老小到宜兴生活，免除了后顾之忧。

绍圣四年（1097年），苏轼被贬海南，苏辙被贬雷州。五月，在藤州，这对难兄难弟相遇了。或许珍惜这次相聚的不易，或许冥冥中意识到这可能是最后一次相处，他们尽可能地慢慢赶路，延长相伴时日。此时的他们两鬓斑白，沉浮一生仍然身陷泥潭，想起少年出蜀时的意气风发，想到一直企盼的"对床听雨"遥遥无期，不禁慨叹连连。

分别前夜，苏轼痔病发作，难受不已。苏辙一夜未眠，照顾左右。他反复诵读陶渊明的《止酒诗》，劝哥哥戒酒。清晨，苏轼登舟渡海。自此，两人天各一方。

在海南，兄弟之间依旧诗信不断。苏轼分享他苦中作乐的海岛生活，苏辙写信告诉苏轼自己当了曾祖的欢喜。有时候长时间得不到苏辙的书信，苏轼就会担忧，还会用《周易》卜上一卦。

徽宗即位，苏轼获赦，苏辙也奉召回京。苏辙厌倦仕途，请求归隐许昌。苏轼决定处置完宜兴的田产后与苏辙相聚。

苏轼希望和弟弟住在一处，但是又怕增加他本就沉重的负担。当他思虑再三，决定与苏辙结邻而居时，赶上时局有变，他害怕再次卷入政治旋涡，只好作罢。他最后把兄弟不能聚首归咎于天命。给苏辙的信中，他托付了身后事，并叫他不要破费，不必徇俗。很快，苏轼因瘴毒发作，在常州去世，终年六十六岁。临死前，苏轼对友人钱济明说："唯吾子由，自再贬及归，不及一见而诀，此痛难堪。"一生都在追求"对床听雨"的苏轼，终究临死都没能再见到弟弟。苏辙从此闭门著书，不谈政事。苏辙隐退后，七十七岁时病逝于许昌（今属河南）。苏轼去世十一年后，苏辙去世，和苏轼葬在一起。终于，苏轼和苏辙以另一种形式兑现了归隐田园、夜雨对床之约，自此再也不分开。

二、兄友弟恭的家庭人伦

在中国传统的"五伦"生命关系中，家庭人伦就占三。一为夫妇关系，一为父子关系，一为兄弟关系。兄弟关系的基本人伦是"兄友弟恭"。子女次第生出为兄弟姊妹，是独立的生命个体的次第成就。独立个体之间的关系是间接关系，也就是说，兄弟姐妹是通过对父母的关系而成兄弟姊妹的。这样一种独立生命个体之间的"间接关系",自然就有"互外"而"相抗衡"的"对峙"之势。如何化解这种自然的"对峙"呢?中国传统教育中将"友爱"与"敬"并行,由此建立独立个体生命之间的"兄友弟恭"伦理关系。兄弟姐妹之间应该友爱而且相敬,但是,弟妹对于兄姊应该主于敬,兄姊对于弟妹则应该主于爱。

弟妹应当敬兄姊,与人应当"敬长",是依于同一道德理性的。敬长是念及先我而在者的不能自已的情感。"长者"即是"先我而存在者",对于我还未存在时就已经存在的存在者,我尽管可以思考想象到,但我永远不能够直接感受到,因为在这中间根本没有"感"之可能。由是,在我尚未存在时的"长者的存在",只是存在于我的"理想境"之中。当我想到我尚未存在之时,他就已经存在,我即知道,在那时的现实世界中,"我等于零"。"我等于零",即我只是一什么都不是的"虚位"。所以,当我想到一人"先我而存在"时,我即同时直觉到我曾经只是"虚位"。这样一种"我之虚位感",即使我对对方采取一种"承托"的态度,同时对于我的现实活动加以适当"收敛"。这种对对方的承托态度与对我自己现实活动的收敛,即是敬之本质。

敬只是一自己收敛凝聚,而同时对对方作一承托虚受的态度。敬是一种纯粹的精神活动。其所以为纯粹的精神活动,正在于敬根于我的虚位感。我的虚位感使我收敛我的现实活动,即使我自己超越"现实之我"而"忘我"。这一"忘我"同时也就使我肯定"对方之我",而承托虚受之。

"敬"的本质是"收敛",由虚己而承托对方;"爱"的本质则是"发扬",充实自己以包覆对方。"敬"源于直觉到"自己有所不足";"爱"则源于直觉到"对方有所不足"。当直觉到"彼足而我不足"时,我即"以虚承实",是为"敬";当直觉到"彼不足而我足"时,我即"以实充虚",是为"爱"。"敬"是现实活动的"纯粹超越";"爱"则是现实活动的"自然扩展",并在扩展中显现对最初现实活动的超越。

通常来说,"爱"是以现实活动的展开来使"未有者"成为"有",所以,"爱"一般情况下总是面向愚者、弱者、贫者而施。而兄姊对弟妹的爱在于,"年长者"面对"年幼者",即觉得"年幼者"多所不足,此"有所不足"本身,即可引发我对他的爱。所以,兄姊对弟妹,即使纯粹从"年龄较长"本身的意义而言,便应该包含有"多加爱护"之意。

回望苏轼、苏辙兄弟,两人间的情深意长令我们感动,他们这段难能可贵的手足之情,也成为千古传颂的一段佳话。他们兄弟二人从小一起长大,一起走出了故乡眉山,一起在广阔的世界里各自奋斗,两人都做出了令人瞩目的成绩。他们心中最大的愿望,就是晚年的时候能够重返故乡,兄弟俩相守终老。

然而造化弄人，雷州分别之后，他们终是没有能够再次聚首，这对于两个亦师、亦友、亦兄弟，同时也是最为亲密的知己来说，真是一个悲剧。

曲折磨难的人生经历，险象环生的政治环境，玉成了苏轼和苏辙兄弟的文学才华和人生境界，映照出他们二人患难与共的兄弟情谊。自古以来，兄弟阋墙、文人相轻者数不胜数。苏轼苏辙兄弟却能在诗词唱和中相知相伴，在宦海沉浮中同进同退，在患难困顿中友爱弥笃。

苏轼苏辙兄弟就是这种"兄友弟恭"的典范。也正是因为有了他们，我们才真切地体会到什么叫患难知己，什么叫休戚与共，什么叫最为真实、真诚的人心！苏轼和苏辙就像两盏明灯，能够永远照亮我们未来的路途，也能够照亮我们每个人的心。"与君世世为兄弟"，中国古代文化中的"悌"字之意全在这里了！

三、苏门三文豪的生命成长之道

苏轼不仅与苏辙兄弟并称北宋双星，加上父亲苏洵，并称"三苏"，所谓"一门三文豪"！而"三苏"就占了中国文化史上著名的"唐宋八大家"之三。"三苏"何以能够以如此耀眼的生命展现在人类文明史上？其生命成长之道给我们什么启示？

"三苏"中的父亲苏洵，故事富有传奇色彩。《三字经》中传诵"苏老泉，二十七，始发愤，读书籍"，可以说，苏洵是大器晚成。苏洵很聪明，正因为如此，常常仗着聪明，学习态度就不认真。他总觉得自己比同龄人高明，读书有何难？所以少时不好读书。

由于父亲健在，没有养家之累，所以他在青少年时代有点像李白和杜甫的任侠与壮游，走了不少地方。甚至结了婚，仍是终日嬉游。夫人生长女，但未满一岁就夭亡，苏洵不知有生死之悲，仍未发奋读书。但是，他的父亲依然是"纵而不问"。

一方面苏洵这般玩世不恭，一方面其父亲又是如此淡定。苏洵的父亲是希望让孩子自己体味人生悲喜，所谓"不教就是最好的教"。最好的教育是自我教育，最大的动力是自我实现的内力。苏洵的父亲便在遵循着这一自我教育的生命成长之道。直到母亲病故，苏洵才第一次应乡试举人，但不幸落第。他找出几百篇自己的旧作细读，不禁喟然叹道："吾今之学，乃犹未之学也！"苏洵一把火，全烧了。他开始重读《论语》《孟子》以及韩愈的文章，穷究诗书经传诸子百家之书，贯穿古今。苏洵闭门苦读，并发誓读书未成熟前，不写任何文章。此时，苏洵已二十七岁。

苏洵自己体会到了"聪明反被聪明误"。正是因为自己骄傲自满，目空一切，才在学术上毫无进步。当一个人发自内心领悟到这一点的时候，他才会又羞又愧，悔恨交加。

假如苏洵的父亲不是给孩子空间，让他们自己体会感悟，而是又打又骂，抑或是从小到大不断唠叨责骂，又将会是怎样的结果呢？如果不是苏洵一把火，烧了自己的旧作，而是他的父亲这样做，那么苏洵还会发奋努力吗？人生之路，平坦的也好，坎坷的也罢，温暖的也好，凉薄的也罢，都需要自己去体味、面对。

四年后，苏洵进京考试落榜，第二年回家闭门苦读，同时教授苏轼。

古人云："纸上得来终觉浅，绝知此事要躬行。"苏洵曾去四川阆中探望哥哥苏涣，看到哥哥治理地方成绩很好，颇受感动。后来，苏洵又各地游学，结交有学问的师友，增加了不少见闻和人生经验。经过五六年的刻苦研读，苏洵学问已成。

三十六岁那年，苏洵又离家出外游学，自眉州出发到嘉州，游峨眉山，然后顺流而下从夔（kuí）州巫峡下荆州，准备前往京师。夫人则在家教苏轼读《范滂（pāng）传》。

三十八岁到四十六岁，苏洵继续居家读书，考究古今治乱得失的同时，教导苏轼和苏辙读书。苏洵多次远游，和成都官员张平交好，张平曾向欧阳修举荐苏洵，未果。

四十七岁的苏洵带两个儿子一起进京应试，谒见翰林学士欧阳修。欧阳修很赞赏他的《衡论》《权书》等文章，认为可与刘向、贾谊相媲美，于是向朝廷推荐苏洵。苏轼、苏辙兄弟俩同时中榜。苏轼当时二十二岁，苏辙十九岁。于是，"一日父子隐然名动京师，而苏氏文章遂擅天下"。

苏轼、苏辙兄弟登科时，苏洵想到自己曾科场失败，叹道："莫道登科易，老夫如登天，莫道登科难，小儿如拾芥。"苏洵的才华，未必是二子的榜样，但是他的努力和自律，一定是孩子最好的榜样。

"一门三文豪"可以说是奇迹，历史罕见。不过，更值得我们反思和学习的，是"苏门教育"所蕴含的生命成长之道。

首先是苏洵的父亲对于苏洵大器晚成的态度。正是苏洵父亲的"纵而不问"，才有了后来苏洵发自内心的发愤。这种从生命内在激发出来的主动学习的力量，才是一个人成长的最大动力。

其次是，苏洵作为父亲陪伴孩子读书的经历。我们可以想象，三苏在家读书的场面应是十分温馨感人的。即使苏洵外出游学，母亲也会在家陪伴孩子继续读书。只要苏洵回到家，就又会陪孩子一起读书。这样的家庭环境和氛围，自然而然营造了一种"以生命影响生命"的生命教育场。这种读书氛围的结果

141

是，无论知识的深度和广度，还是诗词文章，苏洵对苏轼兄弟的影响都是巨大的。

苏洵引导孩子读书，也是颇费心思。相传，苏轼、苏辙兄弟小时候非常顽皮，不思学习，贪图玩乐。苏洵经常教育他们，动之以情，晓之以理。然而这样和风细雨式的说服教育收效甚微。尽管如此，苏洵并没有采用"棍棒"教育，而激发孩子的好奇心和强烈的求知欲望，积极引导，诱其入门。

据记载，每当孩子玩耍时，苏洵就躲到他们能看得到的一个角落里看书。聚精会神，神采飞扬。当孩子们围过来的时候，他又将所读之书"藏"起来。孩子们发现了父亲这个"怪现象"，以为父亲读的是什么好书。趁父亲不在家时，将书"偷"出来，仔细阅读。慢慢地，他们把读书当成了一种乐趣。自然而然地，苏轼兄弟驶入了读书成才、读书成就生命的轨道。

再次是，苏洵"读万卷书行万里路"的生命成长体验。正是因为他多次游学，增广见闻，他的文章才妙语连篇、内涵丰富、思想深刻、笔势雄健。从而，也影响了两个孩子的生命态度和文章风格。教育，是深入灵魂的事，是精神上的扎根和熏染。父母所扮演的角色，应该是引领者。希望孩子走多远，你就应该要求自己走得更远；希望孩子攀登多高，你就应该要求自己攀登得更高！无论是苏洵的自我教育，还是他的教子之道，都充分彰显了以生命影响生命、以生命引领生命的传统家庭生命教育之道。

第二节　好死与死亡准备：止于不可不止的生死态度

死亡是人生的终极可能性。一个人面对死亡的态度，其实也是一个人人生观念的一部分，甚至是核心部分。中国人将死亡视为"回家"。其实，死亡确实就是"回家"。至于这个所回之"家"在哪里，与每个人的信念、信仰密切相关。你相信自己生命从哪里来，也就相信会回到哪里去。苏轼的"归乡"，既是自己被贬谪到海南后重新回归故乡的"归乡"，也是生命走到最后回归来处的"归乡"。

一、走向临终的归乡路

1100年正月初九，宋哲宗崩逝，由弟弟端王赵佶继位，是为徽宗。二月，朝廷大赦天下。苏轼以琼州别驾，在廉州（今广西合浦）安置，不得签书公事。但因地处偏远，直至五月，苏轼才接到诏书。苏轼略做安排，在六月二十日乘船离开海南。六月二十日，登船渡过琼州海峡，已是夜深之时，天上万里无云，月光将海面映照得格外澄清明净，他禁不住赋诗《六月二十日夜渡海》

道:"九死南荒吾不恨,兹游奇绝冠平生。"虽然在荒僻的岭南历尽磨难、九死一生,但饱览奇景异俗不也是平生难逢的快事吗?

在海南整整居住了三年的苏轼,本以为将会老死于此,正因如此,他已调整好自己的心态,将自己融入当地的生活中。历经了五年贬逐投荒的艰苦生涯,此时的苏轼已是六十五岁的暮年老翁,简陋的生活条件损害了他的健康,已经是身心皆疲。苏轼已不再有当年东山再起的雄心壮志。但同时,也正是历经了无穷的苦难和波折,苏轼对人生、对宇宙、对自然都有了更为深入透彻的思考和了悟。

自从五月接到内迁的诏令后,年迈的苏轼展开了与五年前贬谪边荒时近似的漫长旅程,仍旧是诏令多改,依旧是奔波劳顿。

离开海南之后,苏轼在徐闻县与秦观见面。秦观为"苏门四学士"之一。两人临别前,秦观把自己预写的一篇挽词给苏轼看,"其语哀甚,读者悲伤之"。仿佛知道自己大限已近,苏轼看了挽词后,以"齐死生,了物我,戏作此言"来安慰秦观,"遂相与啸咏而别"。孰料这一别便是永诀。八月,秦观在藤州(今广西藤县)"出游华光亭"时去世。

苏轼于七月四日抵达廉州贬所,在廉州尚未安定下来,又接到诏书,"改舒州团练副使,徙永州"。七月二十九日,苏轼与苏过一起离开廉州,赶往永州(今属湖南)上任。

九月六日,经过郁林(今广西玉林)时,惊闻秦观病逝藤州的噩耗,苏轼悲痛不已。苏轼为此专门改道前往藤州,想去吊祭秦观之灵,可惜当他抵达藤州时,秦观女婿范温已经扶柩而去,苏轼为此大感伤恸。离开藤州之后,苏轼与苏迈、苏迨二子以及全家在广州相聚。随后乘舟北赴永州。

十一月中旬途经英州时,朝廷再次下诏,复苏轼为朝奉郎,提举成都府玉局观,外军州任便居住。"提举成都府玉局观",其实是朝廷赐给苏轼的祠禄官名,这是宋代大臣被罢职之后朝廷为示优礼所给予的称号,以道教宫观为名,无职事,仅借名食俸。就是说现在的苏轼可以享受一份七品的俸禄,而且可以随便选择住处。对此,苏轼感到由衷的高兴,此时的他一身疲惫,心中急切地希望能够尽快安定下来。

苏轼自从在英州接到"任便居住"的诏命之后,心中一直为北归养老的住处多有考虑。他所考虑的因素最主要有两点:一方面,是与弟弟苏辙间血浓于水的亲情。苏轼心中非常渴望在垂暮之年,在历经劫难、九死一生之后,能与弟弟苏辙朝夕相处、重拾天伦,尽享"同归林下,夜雨对床"之乐。另一方面,是应对朝廷政局变化。此时的苏轼对政治"心似已灰之木",一心只想"闭户治田养性而已",他已不想再次卷入政治的旋涡中。

他想住在"土如濡""米胜珠"的江南,以免再次卷入政治旋涡;也曾想过回四川老家,"归蜀"终老;但若不能如愿,便以杭州为家。常州亦是苏轼自海南北归,曾经多次考虑度过余生的地方。另外,在贬谪惠州时,苏轼只带上了小儿子苏过和侍妾朝云,长子苏迈、次子苏迨已于宜兴安家,所以宜兴是有生活基础的。当苏轼到达虔州(今江西赣州)后,曾准备住在常州、舒州(今安徽安庆)或真州(今江苏仪征)。

五月间,苏轼到达金陵。当苏轼敏锐地觉察到朝廷正在朝着不利于旧党人物的方向发展时,他迅速打消了原来去颍昌(今河南许昌)与弟弟苏辙会合、并且终老颍昌的打算,因为颍昌距离开封这个政治中心也是政治旋涡实在是太近了。苏轼写了一封信给弟弟,向他解释改变心意的原因。苏轼终于下定了退归常州的决心。他虽然非常渴望能与弟弟苏辙朝夕相处,尽享"同归林下,夜雨对床"之乐,却又因时势所逼,不能达成愿望,心中的遗憾难以言说,只能感叹此乃天意,天命不可违!

二、死亡准备和临终的坦然

当苏轼终于决定归老常州时,他其实已身染重病。自元符三年(1100年)六月离开海南,从瘴疠之地内返,苏轼途中已身染瘴毒;加上这一年以来行走道途、生活不定,已过花甲之年的苏轼,早已精力衰颓。再加上多以舟楫为家,所行之处,河道熏污,秽气袭人,五六月间又正是暑夏之时,江浙地区天气炎热、气候潮湿,白天骄阳似火,夜晚暑气蒸腾,郁闷湿热。六月,六十六岁的苏轼终于病倒。从六月一日病倒到七月二十八日去世,这五十多天的时间里,苏轼的病况时好时坏。

六月一日,苏轼因为"饮冷过度,中夜暴下(痢疾)",折腾了整整一个晚上。第二天他衰弱疲惫到了极点,只能卧床静养,看点金石印章,吃了些有补气固表作用的黄芪粥后,觉得好多了。第二天,苏轼还约了米芾一起吃饭。谁想到几天之后,他忽然再次腹泻不止,消化系统紊乱,胃部闷胀不堪,完全没有食欲,身体难以平卧,晚上都睡不着。过了几天,情况并未好转,加上舟行"河水污浊不流,熏蒸成病",病情愈见沉重。

随着病情的不断加重,苏轼预感自己将不久于人世,于是强撑着病躯,给弟弟苏辙写信,嘱托后事:"即死,葬我嵩山下,子为我铭。"

六月十二日,苏轼离开真州,渡江过润州(今江苏镇江),前往常州。十五日,苏轼到达常州,朋友钱济明正等候在那里。苏轼独自睡在船舱中,见钱济明进来问候,慢慢坐起身来,对钱济明说:"我好不容易才历经艰险,万里生还,不料现在却需将后事相托。只是自从贬往海南之后,我和子由就不得再见一面，倘若真是从此永诀，此痛难堪。"并将自己在海南时完成的《论语说》《书传》及《易传》三本著作，全都托付给钱济明，请他先不要拿给世人看，相信三十年后，会有人真正懂得这些著作。

七月十二日，苏轼忽然觉得病势减轻，身子疏爽了许多，他说："今日意喜近笔砚，试为济明戏书数纸。"于是起床手书《惠州江月五首》，第二天又作《跋桂酒颂》，一并送给钱济明。看到苏轼病情有了起色，家人和朋友都为此而感到高兴。谁知到十四日晚上，苏轼病情急转直下，一夜高烧不退，伴以牙龈出血，直到天破晓状况才稍稍缓和。第二天，他在《与钱济明书》中详细地写下当晚的情况："某一夜发热不可言，齿间出血如蚯蚓者无数，迨晓乃止，困怠之甚。"从病象来看，苏轼患有瘴毒，以及肠胃、心肺、血液多方面的疾病。

苏轼具有一定的医药知识，他分析自己的症状，自我诊断，并自己开药。可是自病自诊，却有失误。苏轼所服药石无效，气寝上逆，无法平躺，只能终日倚坐床头。苏轼自知不起，十八日，将三个儿子叫到床前，交代了后事，他说："我生平没有做过什么坏事，死后必然不会坠入阿鼻地狱。我心中毫无畏惧，你们别为我而哭泣。"

二十三日，苏轼睡醒过来，得知径山寺长老维琳冒着暑热远道前来探病，惊叹不已，连忙写信邀他于夜凉时来家对榻倾谈。维琳方丈与苏轼交谊已久。早在十几年前，苏轼任杭州知州时，就曾聘请维琳前去主持径山寺法席。而今苏轼劫后余生，却已病入膏肓，维琳远道专程探疾，话题自然集中到生死问题上。

二十五日，苏轼病情加剧，他手书一段话与维琳道别：

>　　某岭海万里不死，而归宿田里，遂有不起之忧，岂非命也夫！然死生亦细故尔，无足道者。惟为佛为法为众生自重。（《与径山维琳二首》其二）

苏轼慨叹：自己虽然年老投荒但幸运历劫得生，正想退隐养老之时，却一病不起，此事怎能不说是上天命定呢！但我自己个人生死事小无足挂齿，请阁下为弘扬佛法，为天下苍生保重身体！

二十六日，他手书一段偈语给维琳，偈语写道：

>　　与君皆丙子，各已三万日。一日一千偈，电往那容诘。大患缘有身，无身则无疾。平生笑罗什，神咒真浪出！（《答径山琳长老》）

苏轼生于宋仁宗景祐三年（农历丙子年），至此时已在世二万三千四百六十日。结尾"平生笑罗什"两句，维琳不解其意，苏轼索笔写道："昔鸠摩罗什病亟，出西域神咒三番，令弟子诵以免难，不及事而终。"南北朝后秦时期天竺高僧鸠摩罗什病危之际，口出三道神咒叫他的弟子诵读以禳解病情，结果毫无效验，最终病故。苏轼听着维琳为他诵经祈福，认为这些东西都不足信，只有参透生死才是真正的大彻大悟。苏轼在他的这封绝笔手书中，明确地摒弃任何不切实际的迷信与虚妄。

二十八日，苏轼进入弥留状态。他的听觉、视觉已经渐渐迟钝。维琳方丈在他耳边大声说："端明宜勿忘西方！"苏轼喃喃回应道："西方不无，但个里着力不得！"钱世雄也凑近他的耳畔大声说："固先生平时履践至此，更须着力！"苏轼又答道："着力即差！"苏轼的这两个回答再次表明了他的人生观念：世间万事，理应顺其自然。文章之道贵在"随物赋形"，贵在"行于所当行"，"止于不可不止"，人生又何尝不是如此？西方极乐世界存在于每时每刻对自然、人生不经意的了悟当中，绝非一时一刻之下穷尽全力所能到达。

苏轼对于佛学有很深的造诣，但以他对待生活的态度，从来不可能将自己的生命托付给虚幻缥缈的西方极乐世界。即便真有所谓的西方极乐世界，对于苏轼而言，它也存在于自己对社会、对生活每一刻真实的把握之中，存在于自己对生命、对理想的每一次真实的实现当中，存在于自己情趣盎然、意趣横生的个性当中，对此，他自始至终都保持着清醒与自信。面对死亡，苏轼平静而安详。他光明磊落，无怨无悔，他对生命的深刻体验，对人生的了然洞察，消解了病痛之苦与死亡之惧。

宋徽宗建中靖国元年（1101年）七月二十八日，苏迈含泪上前询问后事，苏轼静静地躺在那里，不作应答，溘然而逝。建中靖国元年五月，苏轼路经金山时，见到李公麟为他所作的画像，即兴写下一首诗《自题金山画像》，表达了自己彼时的心情，也算是对自己一生的总结：

> 心似已灰之木，身如不系之舟。
>
> 问汝平生功业，黄州惠州儋州。

黄州、惠州、儋州的经历，对苏轼自幼渴望兴邦治国的功业理想而言，具有反讽意味；但如果就贬居三地时他所获得的文学、学术成就，所达到的人生境界而言，恰恰又是巨大的人生功业！回顾这十多年的贬谪生活，恰恰是他文学事业的辉煌时期，也是他人生思想发展、成熟乃至最后完成的关键时期。或许可以这样说，如果没有这一段生存挫折的磨炼，也就不可能有后人心目中的那个苏轼。这或许就是宇宙生命的独特辩证法。

苏轼永远地离开了我们，却在中国人的生命和文化中得到永生！从生死来说，尽管苏轼未能实现"无疾而终"的自然死亡，但在直面死亡过程中所展现的坦然态度和豁达心态，以及对后事的清晰交代，临终时亲人和朋友的陪伴，其死是没有遗憾的"善终"。而苏轼对死亡的准备和直面,对于我们现代人如何提高死亡品质、获得善终,也具有非常积极的启发意义。

第三节　现代人的死亡准备

谈生易谈死难,对死亡的讨论,是一个不算轻松的话题,在日常生活中,我们很难去经常面对。而事实上,从出生的那一刻起,死亡就伴随着我们生的每时每刻。生死本一家,出生与死亡是生命存在的两个端口,当我们分享生之喜悦时,我们对生命的另一端——死亡又是如何看待的呢?同时,对于死亡,你有没有考虑过做一些准备呢?

一、生前预嘱与遗嘱

生前预嘱(Living will)作为一种临终事项的自我准备,实际上是一种"医疗事前指示",因此,也可以称为"医疗预嘱",它是指人们事先,也就是在健康或意识清楚时签署的,说明在不可治愈的伤病末期或临终时要或不要哪种医疗护理的指示文件。遗嘱(Will)是公民在生前对财产或其他事务所作的个人处理,一种表达一个人的意图和愿望的法律文件,主要用于处理身后财产。它是一个人的个人遗产即金钱、资产以及其他所有物,死后将怎样进行分配的法律声明。从生效时间看,生前预嘱作用于个体死亡之前,而遗嘱生效于个体死亡之后。从作用对象上看,生前预嘱主要涉及医疗选择,而遗嘱指向财产分配。

生前预嘱最早是在20世纪70年代在美国开始出现的。一些罹患恶性疾病的患者,趁自己能做出决定时,就自己所患的恶性疾病是否愿意接受治疗或接受某些特别的治疗,向医生、家人和朋友表达自己的想法。最初,生前预嘱并没有固定的格式,也没有法律效力,它只是一份让病人表达治疗意愿的文件。

得知自己已经走上生命归途,也就是死亡即将来临,对谁来说都是一个艰难时刻。但是,尽早知道这个事实也许会有另外的作用,那就是可以让我们"向死而生",振奋自己的精神,让自己在余下的日子里过得尽可能舒服、安宁和有意义。生前预嘱就是以独特的选择将死亡召唤到当下,让自己体验到死亡即将来临时希望做什么或不做什么、怎么做或不怎么做。

假设你现在身处生命末期的病榻之上,如果可以选择,你会想要被怎样对待呢?让我们静下心来,试着想象一下。

如果是我,我想我会希望:

我的嘴唇和口腔一直保持湿润。

如果我不能控制我的肠道或者膀胱功能，我希望床保持干净，如果它被污染了请尽可能快速更换……

我希望定期温水沐浴，所有时间里身体都能保持干净，没有气味。

我还希望能够得到个人护理，比如剪指甲、理发和刷牙……

我希望尽可能有人拉着我的手和我说话，尽管也许我可能看不见听不见也不能感受到任何接触了。

我还希望我喜欢的画和图片，比如莫奈的《百子莲》、我和家人的照片能挂在病房接近我床的地方。

我希望家人和朋友不要过于悲伤，如果他们对于我的死亡有困扰的话，能接受心理咨询，希望有关我的记忆能给他们享受而不是遗憾……

每当这样想的时候，我好像对不可控的死亡又多了一些确定。因为"生前预嘱"作为当事人在自主状态下的选择，既可以说明自己不要什么，比如临终时的心肺复苏、气管插管；也可以说明自己要什么，比如充分止痛、舒适等等，这就给我们面对自己的临终生命状态提供了一个提前思考的机会，也提供了一个自主的抉择权利。让我们在危机来临时能对"好死"和"善终"多一点信心和想象，使更多人在生命归途上显得比较有准备和比较有尊严。

生前预嘱的准备，是为了避免我们在无法自主选择时，失去对自我生命的掌控，解决的是个人面对死亡的医疗自主性问题。但是，除了对身体的自主性，人还是一个综合复杂的存在，我们有独特的生命活动的痕迹，有支撑我们生命存在的各种生命关系，有我们对身后事的自我管理。预立遗嘱，便是帮助我们厘清生命关系，自主做好身后事的安排。它重在表达我们在面对死亡时对于社会生命的一种自主选择，避免因为自己的死亡而给亲人带来不必要的麻烦。

遗嘱是表达个人的意图和愿望的法律文件，用于处理身后的财产。它具有物质与情感的双重影响力。

首先，遗嘱是一件有价值的工具，可以计划我们的遗产并将它们交付给受益人。遗嘱可授予立遗嘱人（制定遗嘱的人）一种不朽的声望，因此可以认为遗嘱是死者最后的话，是一件对他的遗产进行分割的法律工具。

此外，遗嘱还可以激发强有力的感情，体现着立遗嘱人对他的后人的情感和意愿。人们通常认为遗嘱只是一个分配财产的工具，常常忽视它的情感功能。遗嘱相关的法律义务可能对在世者产生一系列的影响，并影响他们对逝者悲伤的强度或进程。同时，遗嘱对立遗嘱人及其受益人双方具有安慰作用，有时甚至是治疗作用。

比如，晚期病人及家属可以请专业人士一起来探究病人面对死亡的心理冲突,或者协助制定一个遗产计划。做遗产计划不仅可使在世的人有尽可能完善的经济保障,还有助于确保丧亲者和晚期病人双方达到心境平静。能把身后事在身前安排就绪,会给双方带来一些确定感。

现代社会,立遗嘱既是一个感情问题也是一个法律问题。遗嘱作为一种法律工具,又是建立在道德之上的。从这个角度讲,遗嘱只是一个形式,目的是回归家庭和亲子关系中最素朴的亲亲与爱人之心,以法律形式化解未来可能出现的家庭矛盾。那么,如何预立遗嘱,做好人生最后一份"作业"呢?结合生死学研究的成果,预立遗嘱可以大致遵循以下几项原则。

首先,要现在预立。预立遗嘱既然是生前预先订立死亡后的嘱托,那么从现在开始,只要你是有行为能力人,就可以着手预立遗嘱,不必等到快死才草草撰写。你可以在仔细考虑后,就死后遗体、器官处理、未了心愿等,作一个清楚的嘱咐。

其次,要慎重行事。预立遗嘱是计划自己的死亡。换句话说,它是计划自己死后的大事,而不是计划何时死亡、如何死亡。死后的大事很多,比如死后身体器官的捐赠、遗体的火化、葬仪的举行、遗产的继承等。预立遗嘱,是极其严肃的大事,因此必须慎重行事,不能儿戏。

再次,要文简意赅。遗嘱是由预立的人,运用通用的文字撰写成通顺的语句,用以表达遗嘱的意旨。所以,遗嘱的文辞语句,必须一目了然。例如"我死后,请将我的体内器官,分别捐赠给急需手术移植的病患,不可以的话,我的身体就火化或安葬在XX的山坡上……",这样的表述就显得有些啰嗦,没有定见了。

再次,要字迹清楚。遗嘱的撰写,需要运用通用的文字,亲人才看得懂;如果采用手书,那么书写要端正、清楚,切勿潦草、歪斜,这样才有人愿意看,而预立遗嘱的人,才有人格上的尊严。

再次,要表明心愿。预立遗嘱的目的,是在表明死后心愿,嘱托后事。预立遗嘱的人,不一定要高龄、老迈,也不一定要病入膏肓、面临死亡。只要具有行为能力,无论男女老少,人人都可以为自己的未来死亡预立遗嘱。例如"假若我死了,请将我的遗体,埋葬在山明水秀的湖畔""我若不幸离开尘世,请照顾我的子女",这便是遗嘱上所表明的意旨。

最后,要签名作证。遗嘱的预立如涉及财产的继承,一定要依民法的规定办理。除了自笔遗嘱得由自笔人签名,并记明年月日外,凡代笔遗嘱、口授遗嘱、密封遗嘱与公证遗嘱等,都必须有两位以上的见证人签名作证,才具有法律上的效力。

遗嘱作为生前嘱托与吩咐如何处理死亡后遗产及遗体的一种文书,表面上看似乎无关紧要，没有多大用处，但当个人不幸罹患绝症、重疾与急症面临死亡时，却具有依生前所预立遗嘱处理后事的功效。人生短促，生命无常，我们常说"不知道意外和明天哪一个先到"，一个人在什么时候会突然死亡，不是我们所能预料得到的，所以，预立遗嘱在现代社会显得格外重要。

二、安宁疗护与临终关怀

死亡代表着现有社会关系的一种告别。对死亡的恐惧和回避，是我们的本能。但仔细想一想，我们似乎对死亡的态度也不全然是的恐惧和回避。我们有庄子为亡妻"鼓盆而歌"，也有民间"福寿全归"的喜丧，这说明在某种意义上，善终也是一件值得庆祝之事。那么，如何才能"好死"呢？这就涉及我们是否在还能做出决定的时候，愿意为死亡做一些准备了。现代医疗发展催生了一些新观念、新方法、新技术，尤其是"安宁疗护"的观念及"临终关怀"的措施。它们让死亡的过程显得不再痛苦、恐怖和可怕，并且给了我们一种选择，即面对死亡时找回死亡尊严的可能性。也正因为如此，才有了前面所讨论的"生前预嘱"观念的提出和推广。

安宁疗护力图使冰冷的医学科技变得温暖，不再只是外在身体"病"的治愈，而是内在心理"痛"的缓解，而且更加要强调家庭、社会的灵性照顾。在安宁疗护的理念中，更多的是强调自然法则，即不加速、不加工、不延后也不等待死亡，是让病人"安乐活"，而非"安乐死"，以实现"生死两无憾"的理想。

世界卫生组织定义的安宁疗护（姑息治疗服务）包括：

缓解疼痛和其他令人痛苦的症状；

维护生命并将死亡视为一个正常过程；

既不加速也不延迟死亡；

整合患者护理的心理和精神内容；

提供支持系统，协助患者尽可能过上积极的生活，直至死亡；

提供支持系统，协助家庭应对患者患病期间及丧失亲人的痛苦；

利用团队，处理患者及其家庭的需求，包括在必要情况下提供居丧辅导；

提升生活质量，对病程产生积极影响；

在病程早期，与其他旨在延长生命的治疗手段一起应用，包括化疗或放疗，还包括需要开展的调查，从而更好地了解和管理令人痛苦的临床并发症。

安宁疗护是人们更愿意也更能够接受的终末期病人获得"尊严死亡"的途径。当然，这需要病人、家属以及医护人员等对生命与死亡有一些新的理念，比如：接纳死亡的理念、生命质量重于生命数量的理念，以及尊重晚期病人的生命、权利和尊严的理念。

安宁疗护的核心内容，是医务人员和照顾者对终末期病人所提供的一套缓和医疗服务，根本上说，它要解决的并不是疾病的治愈问题，也不是病人生命的延长问题，而是病人生命质量的提高问题。安宁疗护的工作重点，是通过各种医学措施，如临终护理、疼痛控制、营养治疗、临终康复、心理关怀、死亡教育等，实现对病人躯体症状的控制和心理与精神痛苦的抚慰。

安宁疗护对终末期病人来说，最重要的意义在于帮助他们实现"安宁地生，静美地死"的人生境界。通过各种控制痛苦的医学措施，安宁疗护帮助病人消除各种症状，不受痛苦折磨，并保护其身体和容颜不受毁损，以保持其体貌尊严。在其死亡之时，安宁疗护仍积极帮助病人控制各种躯体症状，帮助其在安静、祥和、没有痛苦的状态下离开世界，避免其受到现代医学"英勇治疗"之辱。因此，安宁疗护可以帮助病人达到"生如夏花之灿烂，死如秋叶之静美"的人生境界，获得尊严死亡。

有"台湾安宁疗护之母"之称的赵可式教授，就安宁疗护的理念提出适用于华人语境的解释。她称之为"三三四四"，谐音善生善死。这是对安宁疗护理念很好的总结：

三善指：病人善终、家属善别、活着的人善生；

三平安是指：身平安，心平安，灵平安；

四全照顾是指：全人照顾、全家照顾、全程照顾、全队照顾；

四道人生是指：道歉、道谢、道爱、道别。

今天的安宁疗护（缓和医疗）已经不等同于临终关怀，而是涵盖了临终关怀的概念，是对于老年病、慢性病和危重病人，从确诊开始的全程照护和对症治疗。

临终关怀，本质上就是临终阶段的安宁疗护。临终关怀直接解决的是患者主要关心的问题，比如症状与疼痛控制，对别人控制自己生活的担心，还有对孤独死去的焦虑。临终关怀的主要目标是提高病人家庭的自主能力，帮助病人在死亡前控制疼痛并保证生活的质量，使家属在病人死亡过程中和承受丧亲之痛时获得支持性的帮助。

临终病人的安宁疗护，需要充分了解和关照患者的真实需要并及时满足。一般来说，临终病人至少有以下几方面的需要希望得到关怀与满足。

首先是躯体需要与关怀。主要表现在镇痛和躯体形象方面。疼痛可能使临终病人的睡眠被严重剥夺，无法休息，同时食欲不振、营养不良，因而更加衰弱。加上呻吟、呼号会增加疲乏，因此，对于临终病人来说，迫切需要镇痛。另一方面，在躯体形象方面，长期卧床会导致男的须发长而乱、女的头发乱而长，而且面如枯槁，骨瘦如柴。因此，特别需要个人身体形象方面的关怀与照护。

其次，是感情需要与关怀。按照凯勃勒·罗斯模式，人的临终过程大致可以分为三个阶段，第一阶段为急性危机阶段，第二阶段为慢性生/死阶段，第三阶段为决定死亡阶段。这三个阶段特别需要安定情绪，进行疏导，把恐惧转为安然，呻吟转为忍痛，负性感情转为正性感情。因此，临终阶段的安宁疗护，特别需要关注病人的情绪情感反应与要求。

再次，是社会需要与关怀。走向死亡的过程，不只是个人肉体生命遭受痛苦、心理生命忍受煎熬，同时个人社会生命也受到了伤害。因此，在临终护理过程中充分呈现其生命的社会性，是极为重要的。包括透露诊断的结果，注意沟通的模式及渠道的选择，比如：是封锁消息还是开诚布公？

第四，是心理需要与关怀。临终病人有各种的焦虑、恐惧，也有无法自我支配的无力感，因此，需要在临终安宁疗护中给予更多的心理支持，比如激发患者的自我控制与自立自强的勇气和能力，实现患者为他人作贡献的价值需求，协助满足病人回顾一生的灵性需求。

最后，还有精神需要与关怀。精神需要的满足在一定程度上是可以通过死亡实现超越性的人生价值的，包括明白生与死的意义，希望精神信仰给予关怀与一定程度的满足。比如能够在临终前会见亲人，写遗嘱，甚至抽一支烟或吃一点最爱吃的糖果等。

赵可式教授结合华人传统的基因，对临终关怀逐步总结出一些基本原则。

第一，是全面照顾原则。亦即四全照顾，包括全人、全队、全家、全程的照顾。全人照顾，是指对病人本人，施以身体、心理、灵性、社会方面的照顾。比如：身的照顾，包括协助净身、便溺、减轻病痛，援助生活琐事等；心的照顾，包括解除空虚、烦闷、寂寞、恐惧等情绪；灵的照顾，包括协助静坐、冥思、祷告、诵经，或聆听圣乐与梵音等；社会的照顾，包括协助写信，协助预立遗嘱等等。全队照顾，是指由医院医生、护理人员、宗教人士、社工人员、志愿者以及治疗师、药剂师、营养师等所组成的医疗服务团队，按日按时巡视安宁病房，对临终病人施以综合性的疗护与照顾。全家照顾，是指动员病人所有家属，轮流陪伴或照顾病人，使病人不致萌生被冷落的感受，或者埋怨子孙不孝。全程照顾，是指医院医疗团队以及病人家属，对于临终病人的照顾，由生到死、有始有终、绝不轻易放弃，包括死后遗体的处理，也遵照遗嘱、遗书或一般习俗、礼仪，并慎重料理后事。

第二，是人性关怀原则。罹患严重伤病的临终病人，在临终前的安宁疗护期间，心理方面最需要的，莫过于人性的关怀与照顾。也就是，即使是走向死亡，他仍然被视作一个真实存在的人。所谓人性的关怀与照顾，即以人的善良本性所引发的爱心、怜悯心、同情心、慈悲心、互助心等动机、行为，去关怀、慰藉与照顾病人。比如，医生在例行巡视病房时，向病人打招呼、问好，和颜悦色地轻拍病人肩膀，问病人打针了没有，吃药了没有，有没有什么地方不舒服，睡眠好不好。而护理人员打针时，总是轻轻地将针孔扎进病人的手臂，还关心地问病人痛不痛，有没有不舒服。爱心的表现，便是人性的关怀。人性的关怀，可以提振病人的求生勇气，促使病人敢于挑战病魔，敢于与死亡搏斗。同时，人性的照顾，也可以使病人有生命受到尊重的感受，而不致有被冷落的感觉。

第三，是减轻痛苦原则。罹患严重伤病的病人，住院接受疗护期间，身体上难免有不能忍受的疼痛，因此总是急盼医护人员能为其注射药物、免除或减轻其痛苦。安宁疗护的目的之一，便是免除或减轻病人的痛苦，并对病人施以缓解性、支持性的医疗照顾，临终过程的安宁疗护更应该如此。与此同时，在临终病人生命危急或已无生命迹象时，也可以依据病人生前的意愿，或征得家属的同意，不施行心肺复苏术，而任其自然地、无痛苦地死亡。减轻或免除痛苦，是所有伤病病人最迫切需要的，缓和医疗的精神与目的即在于此，临终安宁疗护也应该以此为基础。

第四，是尊重意愿原则。临终病人在医院安宁病房接受安宁缓和医疗期间，生命大多已濒临死亡的绝境，随时有"往生西天"的可能。对此，病人或许早有预知。因此，大多数临终病人生前常有种种意愿的表示，比如预立遗嘱、财产的遗赠、死后遗体的火化、葬仪的举行、生命危急时不施行心肺复苏术等，除了执行安乐死不能允许外，其他合情合理的意愿，应受到充分尊重。尊重病人的意愿，就等于尊重其人格、尊重其生命。

第五，是纾解哀愁原则。人之将死，其心难免有哀愁、难舍之感，因此，医院的医疗团体或病人的家属，对于临终病人应尽其所能，妥善加以照顾，设法纾解其哀愁，尽可能让其无忧无虑、安详自在地咽下最后一口气。为了纾解病人的哀愁，最好的方法便是陪伴床侧，或者与其聊天，或者倾听其陈述种种往事，或者协助其灵修、静坐、祷告，或者协助其翻身按摩等，总之，要尽量不使病人独自躺卧病房，无人陪伴、照顾。

第八章　从岳飞说生死情怀与家国

"青山有幸埋忠骨，白铁无辜铸佞臣"，这是镌刻在岳王庙附近岳飞坟前的名句。杭州西湖一方山水，因为有岳飞埋葬于此，有岳王庙而增色不少。但凡游览过西湖的朋友都知道，跨上有白娘子与许仙相会的美丽传说的断桥，走过白居易任杭州太守时，造福一方，疏浚西湖而成的白堤，便是风光秀丽而人文荟萃的小孤山。在小孤山的西北端，不仅有钱塘名妓苏小小的衣冠冢，辛亥革命的女侠秋瑾也长眠于此。为何秋瑾女侠最终葬于小孤山呢？据资料记载，原来秋瑾生前十分仰慕南宋大英雄岳飞将军，曾留下"愿埋骨西泠"的遗愿，她希望死后葬于岳飞墓附近。后人最终实现了辛亥女侠的遗愿。可见，岳飞的人格与精神历千年而不衰，共三光而永光。

第一节　"西湖三杰"与岳飞的英雄人格

杭州西湖之美是自然与人文的和谐之美。这里的人文，不仅因历代文人墨客的诗词歌赋而大放光芒，还因有一批忠义勇武的政治家、军事家长眠于此，而光耀千古。他们中以岳飞、于谦和张苍水最为有名，历史上人称"西湖三杰"。

他们有一个共同特点，即都是大厦将倾、国家危难之时被冤杀，死后都葬于西湖，这就让杭州西湖不仅有文人之气，更有英雄之魂。

西湖三杰的首杰，就是岳飞。岳飞作为中国老百姓家喻户晓的英雄人物，在杭州尤其受到爱戴和崇敬。在杭州，不仅有岳庙、风波亭、岳家湾、打铁关等跟岳飞直接有关的胜迹和地名，还有杭州名吃"葱包烩"，蕴含着老百姓善恶分明、褒忠贬奸的价值取向和对岳飞的爱戴。在中国的民间，岳飞与关公一道成为最受人们推崇的忠义之士。

由岳飞很自然的会想到于谦，他几乎是岳飞故事在明朝的翻版。于谦是正宗的杭州人，官至兵部尚书，现在的杭州重修了于谦墓和于谦祠，位于三台山附近的茅家埠，那是跟自然山水颇为吻合的。人们到了纪念他的地方便自然会想起他那一首著名的《石灰吟》："千锤万凿出深山，烈火焚烧若等闲。粉骨碎身全不怕，要留清白在人间。"游览西湖，瞻仰于谦祠，人们不禁对这位至死都要做清白之人的忠臣，肃然起敬。这就是一种精神信仰。

"西湖三杰"中最后一位，乃是明末的兵部尚书张苍水，他是抗清名将，1664年九月初七，张苍水被清军杀害于杭州弼教坊。当他赴刑场时，大义凛然，面无惧色。他举目望见吴山，叹息说："大好江山，可惜沦于腥膻！"在就义前，他赋《绝命诗》一首。诗是这样写的："我年适五九（指四十五岁），偏逢九月七。大厦已不支，成仁万事毕。"传闻临刑时，他"坐而受刃"，拒绝跪而受戮。张苍水墓位于杭州南屏山北麓荔枝峰下，这完全符合他生前的愿望。

有情有义的杭州人让这些英雄能安息于好山好水之间，这其实也是西湖的福气，西湖因为有这些英烈的长眠，而多了些英雄气。杭州正因为有岳飞、于谦、张苍水这样的"西湖三杰"，才使今天的我们还有精神坐标可寻。

关于岳飞可歌可泣的故事，人们传颂得多，我们知道得也多。900多年来，尽管沧海桑田，风云变幻，他的英雄事迹一直在中华大地上传颂，激励着后人。岳飞，生于1107年，遇害于1142年，终年仅39岁，出生于河南的汤阴。在南宋山河失守、生灵涂炭之际，他率领纪律严明、骁勇善战的"岳家军"收复失地，捷报频传。但在秦桧等主和派、投降派的阴谋之下，他被勒令撤退回京，功亏一篑，最终抱憾、含恨，被以"莫须有"的罪名杀害，一同被杀的还有其子岳云、部下张宪等。

岳飞被害以后，一个名叫隗（wěi）顺的临安狱卒，偷偷地把他的遗骨埋葬起来。直到宋高宗死后，宋孝宗即位，岳飞的冤狱得到平反昭雪，人们把岳飞的遗骨改葬在西湖边栖霞岭上，后来又在岳墓的东面修建了岳庙。宋宁宗在位时追封岳飞为鄂王。

岳飞受到后人崇敬，因为他具有崇高的家国情怀、牺牲精神和英雄人格。这表现在几个方面。

首先，岳飞是忠孝仁义的典范。中国自古崇尚忠孝节义，强调国家和集体利益至上。关于岳飞，一个著名的故事是，岳飞的背上刺有四个大字："精忠报国"（另一种说法是"尽忠报国"）。谁刺的呢？岳母，岳飞的母亲。在中国人眼中，最大的家庭责任是对父母尽孝，而岳母却给儿子刺了一个"忠"字。忠与孝往往是一致的，忠臣往往是孝子，孝子往往是忠臣。但是，在极端情况下，则会发生"忠孝不能两全"的情况。当这一情形发生时，岳飞母子选择的是"为国尽忠"，舍弃的是"为母尽孝"。那么，这里想问一个问题，这个关于岳飞的故事和传说是真实的吗？我的回答是，无论刺字是真还是假，岳飞的"精忠报国"精神是真实的。而且，这个故事千百年来被中国人传颂，本身就表明我们认同这一价值观，认同国家利益至上，崇尚这样的爱国主义精神。

第二，岳飞的悲剧命运赢得了后人的无限同情。岳飞一心抗金、收复失地，智勇双全，乃武乃文，结果却惨遭迫害，激起了民众崇善抑恶的道德责任感。现代新儒家唐君毅先生在讨论"英雄型人格"时说道："一度成大功而又失败的英雄，之所以特别受人崇敬，则因英雄之所以为英雄，乃在其能不顾一切，勇往直前，而显一超越之风姿。若成功，则落到现实，唯其遭遇失败与死亡，归于一悲剧的命运。飘忽而来，飘忽而去，乃使英雄之超越的风姿，显出于其得失成败死生之外。"从生命人格来说，岳飞就是这样一位悲剧性的成大功而最后失败的英雄人物，也就更显出他的超越风姿。

第三，岳飞帅兵纪律严明，又体恤部署，且以身作则。他率领的"岳家军"号称"冻死不拆屋，饿死不打掳"。当时的对手金军，就有"撼山易，撼岳家军难"的评语，以示对岳家军的由衷敬佩。

最后还要说的是，岳飞极具个人魅力。他一生廉洁正直，从不计较个人得失。曾有人问他："什么时候天下才能太平？"岳飞说："文臣不爱钱，武将不怕死，天下便可太平！"岳飞正是这样一位既不爱钱也不怕死的忠义将军。岳飞还是一位极具才情的文学家、书法家，他的《满江红》脍炙人口："怒发冲冠，凭栏处，潇潇雨歇。抬望眼，仰天长啸，壮怀激烈。"这是其人生志向和豪情的生动写照。他的书法潇洒俊逸，在书法史上独树一帜，享有盛誉。

岳飞伟大的人格和魅力，在他的身后，赢得了极高的荣誉，获得了世人的公认和高度评价。南宋末年的文天祥评价说："岳先生，我宋之吕尚也。建功树绩，载在史册，千百世后，如见其生。至于笔法，若云鹤游天，群鸿戏海，尤足见干城之选，而兼文学之长，当吾世谁能及之。"（吕尚：姜太公）

明朝开国皇帝朱元璋也说岳飞是："纯正不曲，书如其人。"

孙中山先生评价说："岳飞魂，是中华民族的精神代表，也就是民族魂。"

千年之后，岳飞依然是我们敬仰和学习的英雄豪杰。

作为一位南宋名将、抗金英雄，他的生命故事千百年来被人们传颂、敬仰。他伟大的家国情怀和英雄人格，被后人崇敬、赞叹不已。在《宋史·岳飞传》中，评价岳飞说："西汉而下，名将代不乏人，但求其文武全器、仁智并施如宋岳飞者，一代岂多见哉？"就是说，每一历史时代都有名将忠臣，但像岳飞这样文武兼备、既仁且智、忠孝两全的英雄，真是世所罕见啊！岳飞忠义的精神和悲剧命运真可谓可歌、可泣！在我们看到的后世评书、戏曲的传唱中，"岳元帅"的形象越来越高大。他的家国情怀和牺牲精神汇入中华民族精神长河中，成为中华文化中不朽的丰碑。

第二节 岳飞的人生悲剧及《满江红》的悲剧精神

作为"全忠全义不全尸"的悲剧英雄,岳飞为后人留下的,不仅是巨大的人格魅力与高尚的精神品格,他的悲剧命运还令人叹惋与深思。对于岳飞之死,我们可以从政治、军事、社会心理等角度进行探讨,也可以从更为深层次的文化因素和体制因素进行分析。

首先,这里存在着个人魅力与时代政治文化的冲突。岳飞无疑是极具个人领导魅力的,其军事才能和家国情怀,对于身处山河沦陷的朝廷上下,本是极其宝贵的。他纪律严明的"岳家军""冻死不拆屋,饿死不打掳",在老百姓心目中也有着极高的美誉。而且,即使是在建立功勋之后,岳飞仍然保持着艰苦朴素的作风,过着极其简朴的生活。他廉洁无私,把赏赐全部分给士卒,与岳家军同甘共苦。更为重要的,由于他卓越的军事才能,捷报频传,而他的目标是直捣黄龙,雪靖康之耻,迎回徽钦二宗。这些看起来都是应受到高度肯定的,却也都是朝廷主和派难以容忍的。

因为,纪律严明的岳家军虽然骁勇善战,但都只听岳飞一人调遣;岳飞与士兵同甘共苦,淡化等级秩序和上下尊卑的观念,具有平等意识和兼爱思想,但这一作风与宋代儒学昌盛背景下的政治生态文化相冲突。因为,上层统治者虽也表面赞美,时而作秀,但岳飞忽略等级意识,从根本上否定了正统思想的根基,从根本上否定了以儒家文化为正统意识的统治核心。也更为重要的,若岳飞最终胜利,实现迎回徽钦二宗的目标,宋朝万民虽可一雪靖康之耻,但必然危及宋高宗的统治地位。

可见,民族大义和宋朝万民的国家利益与上层统治者的现实政治利益发生了冲突。民族民众利益被现实政治利益打败,这为岳飞遇害埋下了伏笔。

这就是悲剧英雄的人生悲剧。也是历史上悲剧人物中最有代表性的。他生活在战争频繁的时代,这样的时代,正是需要英雄、造就英雄也尊崇英雄的时代。岳飞生活在两宋之交,正是凭战争决定国家存亡的危难关头。金军入京,将北宋灭亡于烽火之间;金兀术南下,使南宋飘摇于风雨之中。在这场关乎南宋生死存亡的较量中,岳飞和他的"岳家军",为南宋政权筑起了一道赖以生存的坚固长城,挽狂澜于既倒,救社稷于危难。然而,可悲的是,岳飞这位对国家一片忠心的名将,顺应了时代成为英雄,却没有得到以皇帝为代表的朝廷主和派的尊崇,反倒成了自己人手下的冤魂。

他不见容于所处的时代与环境,被自己效忠的朝廷毁灭,却得到了士卒和下层人民的深深同情与怀念,显示出巨大的人格魅力和悲剧色彩。

由岳飞之死，我们可以进一步想到，在人类死亡史上，有一大类死亡是与政治有关的。其中，包括战争带来的死亡。我们可以将这一类死亡称为"政治性死亡"。为了研究和分析"政治性死亡"现象及其本质、规律、影响，便有了"死亡政治学"。在数千年的中国历史中，有一个现象经常出现，那就是历代名将难得善终，他们往往不是死在敌人手中，而是死在自己人的刀下。如伍子胥、白起、韩信、岳飞、袁崇焕，等等。

这些名将之所以不得善终，自有其复杂的主客观原因。就客观方面而言，如果遇上只能共患难不能共安乐的君王，名将就往往难以善终。名将"戴震主之威，挟不赏之功"，手握兵权，位高权重，难免被君王猜疑。这是历史的常态。当然也有英明的君主爱惜名将，想办法与他们共保富贵，如唐太宗宽恕尉迟敬德，宋太祖杯酒释兵权。明智的将帅则深谙"月盈则亏，盛极必衰"的道理，深畏满盈，或功成身退，或谦虚谨慎，使自己免遭伤害。如范蠡在辅佐越王勾践灭吴后，知道"大名之下，难与久居"，毅然离开越国；南朝名将韦睿功劳越大越谦虚，梁武帝对他始终信任不疑；唐朝名将郭子仪谦虚谨慎，进退有节，平易近人，"功盖天下而主不疑，位极人臣而众不嫉"。

然而，对于岳飞这位一心报国、志在收复失地的英雄将领而言，从来就是只求战死沙场，从未想过政治斗争的复杂性。当然，这样说或许小看了岳飞的智慧，尤其是小看了岳飞的人格和牺牲精神。因为在岳飞那里，国家和民族大义才是自己所关心的，而生死是被置之度外的，无论是政治斗争的凶险还是战争带来的残酷。这恰如后世林则徐的名言："苟利国家生死以，岂因祸福避趋之！"于是，我们应该进一步说，岳飞用生命诠释了"忠"的含义，即所谓"尽己之谓忠"，对于岳飞来说，能做的唯有尽忠职守而已。正是尽忠职守，成就了岳飞的英雄人格和英雄精神，也给他带来了悲剧人生，而悲剧人生使他的英雄人格更加高大！"杀身成仁""舍生取义"正是岳飞所追求的。这是他的生命观和生死观。我们唯有仰慕大英雄的伟大，我们切勿以平凡解构崇高。

读岳飞伟大的《满江红》，我们容易读出岳飞的英雄气概、壮志豪情，词中有直接的抒发和体现。然而，我们还应该读出豪情背后的悲壮和牺牲精神。

满江红·怒发冲冠

怒发冲冠，凭栏处，潇潇雨歇。

抬望眼，仰天长啸，壮怀激烈。

三十功名尘与土，八千里路云和月。

莫等闲，白了少年头，空悲切！

靖康耻，犹未雪。臣子恨，何时灭！

驾长车，踏破贺兰山缺。

壮志饥餐胡虏肉，笑谈渴饮匈奴血。

待从头，收拾旧山河，朝天阙。

上阕壮怀激烈，破空而来：我胸中的怒火在熊熊燃烧，愤怒无法遏制；而我凭栏之处，骤雨才歇。抬眼望去，看到大好河山刚被收复却又失去，不由得仰天长啸，要吐尽这满腔愤懑！三十多年立下的功名，不过如尘土般微不足道；南北转战数千里，艰难困苦唯有云月相随，唯有天地云月可鉴！好男儿，要抓紧时间为国建功立业，莫要蹉跎岁月，待年老时徒伤悲！这既是自励，也是勉励后人千万别让宝贵的青春年华虚度，空留下枉然的悲切和愧悔。

下阕进一步表现作者报仇雪耻、重整乾坤的壮志豪情：靖康之耻，还未雪洗，臣子之恨，怎能磨灭？期望能驾车长驱直捣敌营，踏破贺兰山！义愤填膺，谈笑蔑敌，发誓要痛吃敌人的肉，渴饮敌人的血。待我从头再来，收复旧日山河，朝拜故都京阙！

"靖康耻，犹未雪。臣子恨，何时灭"四句，句式短促，音韵铿锵，一句比一句紧迫地将作者一腔民族义愤反诘而出，语感强烈，力透纸背。

这首表现复仇御侮、英雄壮志的千古绝唱，充满了爱国主义的激情，语言朴实粗犷，音调高亢悲壮。全词表示了对入侵者的切齿痛恨，发出了驱逐入侵者、收复河山的坚定誓言。词中强烈的爱国主义精神、昂扬的战斗激情及必胜信念，在后世中华民族反侵略斗争中产生了深远影响。清人陈廷焯（zhuō）的评价很中肯，他说："何等气概！何等志向！千载下读之，凛凛有生气焉。"

第三节　从岳飞庙看中国的祀庙文化

杭州岳王庙是南宋抗金将领、民族英雄岳飞的长眠之地，也是历代民众凭吊、瞻仰岳飞的纪念圣地。南宋绍兴三十二年（1162年）岳飞遗骸改葬栖霞岭今址，嘉定十四年（1221年）朝廷赐紧邻岳飞墓的智果寺为功德寺。岳飞墓、庙历经八百多年的沧桑，屡废屡兴，充分体现了历代人民对岳飞连绵不绝的崇敬和纪念之情。岳王庙现占地23.5亩，建筑面积2793平方米，总体布局上可分为岳飞墓园区、忠烈祠区和启忠祠区三大部分。走进岳王庙，在魁梧青翠的香樟翠柏映衬下，大殿庄严肃穆，尤其是"还我河山"匾额下方竖立的岳飞像勇武刚毅，使人想见岳元帅当年金戈铁马的英姿飒爽。

除了杭州岳王庙，在岳飞的家乡，河南汤阴县有始建于明朝景泰元年（1450年）的岳飞庙，距今已经有五百多年的历史，是一处保存完整的明清古建筑群。此外，河南开封的朱仙镇，乃是岳飞大破金军收复失地，取得大捷的地方，明朝正德四年（1509年）修建了岳飞庙，规模恢宏，至今仍是青少年爱国主义教育基地。三大岳飞庙与全国其他岳飞庙一起，成立了后人瞻仰、祭祀岳飞的神圣场所。

由此，我们大家可以想这样一些问题：为什么会在全国各地有那么多"岳飞庙"？为什么还会有关帝庙、孔明庙等历史人物的庙？为什么有连绵几千年的孔庙及其相应制度？为什么还会有土地庙？北京的天坛、地坛、先农坛等是做什么的？中国人的"庙宇"背后的生死智慧是什么？要回答这些问题，我们需要首先了解中华优秀文化传统中的祭祀文化。

我们中华民族是一个十分强调返本报始、慎终追远的民族。中华先民怀着报恩和祈求幸福的心愿，在礼乐文化秩序的背景下，形成了源远流长的祭祀文化传统。我们自古就有吉、凶、军、嘉、宾等"五礼"之说。其中，祭祀之礼属于吉礼。祭祀文化所祭祀的对象，包括天神、地祇、人鬼三大类。但凡关系到民众生活的自然界如天地、日月、风雨、河岳、四季和人类的祖先、圣贤等，均在祭祀之列。清初大儒顾炎武在其《日知录》中说："古人每事必祭其始之人，耕之祭先农也，桑之祭先蚕也，学之祭先师也，一也。""一也"，就是说古人祭祀圣贤背后的道理是一致的，这就是涉及祭祀的文化意义。

为什么要祭祀呢？《荀子》中说得好："礼有三本：天地者，生之本；先祖者，类之本也；君师者，治之本也。无天地，恶生？无先祖，恶出？无君师，恶治？三者偏亡焉无安人。故礼，上事天，下事地，尊先祖而隆君师，是礼之三本也。"

这就是说，当我们认真思考生命的根源时，我们就会认同，"天地"，是宇宙万物生命之本；"祖先"，是个体生命之本；"圣贤"，是文化生命之本。通过祭天地，人的生命乃与宇宙生命相通，而可臻于"万物皆备于我""上下与天地同流"的境界。通过祭祖先，人的生命乃与列祖列宗的生命相通，而可憬悟一己生命之源远流长及其绵延无穷之意义。通过祭圣贤，人的生命乃与民族文化生命相通，而可真切地感受慧命相承、学脉绵流的意义。

中国人对于生化万物、覆育万物的"天地"，自己生命所从出的"祖先"，以及立德立功立言的"圣贤"，对此三者而同时加以祭祀，加以崇敬。这种回归生命根源的"报本返始"的精神，确确实实是"孝道伦理"的无限延伸；而其中所充盈洋溢的"崇德""报功"的心情，亦未尝不可视为一种不容其已的"责任感"之流露。

祭天地。始于周代的祭天也叫郊祭，冬至之日在国都南郊圜丘举行，祭天盛行到清代才宣告结束，虽然祭祀天的权力被历代最高统治者垄断，但其中所蕴含的中国人对天地的敬畏文化是一贯的，影响深刻的。夏至是祭地之日，礼仪与祭天大致相同，汉代称地神为地母，说她是赐福人类的女神，也叫社神。

祭祖先。祖先之祭也就是宗庙之祭，人们在阳间为亡灵建立的寄居所即宗庙，古时有天子七庙、诸侯五庙、大夫三庙、士一庙、庶人不准设庙的相关礼仪。

祭圣贤。如孔庙乃是中华圣哲和先师孔子的。还有哪些圣贤，我们要祭祀呢？《礼记·祭法》上说："夫圣王之制祭祀也：法施于民则祀之，以死勤事则祀之，以劳定国则祀之，能御大灾则祀之，能捍大患则祀之。"就是说，圣明的帝王规定祭祀对象，有这样一些标准：其良政善法施行于人民的，就祭祀他；效死尽力于国家事业的，就祭祀他；劳苦卓绝的定国安邦的，就祭祀他；能抵御重大灾害的，就祭祀他；能捍卫人民，解除大祸的，就祭祀他。可见，但凡是对人类社会发展有重大贡献，人民就愿意将其立为祭祀对象。毫无疑问，岳飞属于"以劳定国"者，即他以他劳苦卓绝的收复失地、安定邦国的丰功伟绩而受到后人的祭祀。

中国人对"天地君亲师"的崇敬、祭祀，以及其背后所蕴含的反本报始的精神，使当下的生命与天地、祖先和圣贤之精神相连接、相感通，使我们的生命有根基，我们的文化有源头，我们的精神有归宿，我们的心灵获得超越性的力量。

中国文化中祭天地、祭祖先、祭圣贤的"三祭"之礼的生命文化意义，在现代新儒家、哲学家唐君毅先生那里，获得了充分的理解和诠释。唐君毅先生说，受到中国儒家文化熏陶的人，不必信仰任何宗教，便可以在与天地、祖先、圣贤的生命连接与感通中获得生命的力量，德性得以敦化，心灵境界得以提升，从而能够真正地安身立命。

在初步理解中国祭祀之礼和祭祀现象的生命文化意义之后，我们可以进一步理解中国独特的祀庙文化。在中国的佛教寺庙和道观之外，还存在着太庙、宗庙祠堂、天坛地坛日月坛、孔庙、关帝庙、土地庙、岳飞庙等非常多的庙宇。这些寺庙的存在不是简单的迷信或宗教信仰所能解释的。需要从中国人死而不绝、整体存续的灵魂观念、生死观念和生命观念角度去理解，需要从前面我们讲到的祭祀活动在中国生命文化中的意义角度去理解。

庙，本义是供奉祖先神灵的地方。在古人看来，人同时保有魂与魄，"人死曰鬼"。当人还活着的时候，魂魄和形体是合二为一的，当人去世之后，魂魄脱离形体而出。魂为阳而上归于天，魄为阴而下降于地。生死有别，所以又将生前附于形体的魂魄称为鬼神。魂魄的观念后来演变得更加复杂。但无论如何，古人认为人死后并非终极消失，而是英灵仍在，所以需要有所归依，于是后人将之供奉起来，这就是宗庙、木主、灵位产生的思想根源。后来，由于万物有灵等观念，古人将一切超越性的精神存在，均以祀庙的方式加以供奉，范围有所扩大，有祭祀圣贤者，如祭祀孔子者称文庙或先师庙，祭祀武人者称为武庙。如山东曲阜的文庙、张家口的关帝武庙等，皆颇著名。此外，还有基于民间信仰而祭祀神灵的庙，如称镇守神祠为城隍庙、富贵神祠为财神庙，天妃庙（后改称天后宫）、娘娘庙等都是此类。

  祭祀祖先、先贤等要修建庙宇，还有一个宗教文化心理的原因。当我们要表达对祖先、圣贤亡灵的崇敬时，按照唐君毅先生的说法，不能只存于个人主观之内心中；我们必须在现实世界中，将此不可见的精神，加以客观化，为之安排一现实的地位——由此而为之镌碑，为之立牌位，为之画像，为之塑形，为之设殿——由此而有祠庙之修建。唐君毅先生还说："有祠庙而人之入祠庙者，乃能由念其名、瞻仰其形、徘徊其庙中，以遥想其不可见之精神，而亦致其崇敬之心。""我们只要深知此中人之必当有崇敬之心，及此心之必求客观化其所崇敬者，便知祠庙之必当有。"

  我们瞻仰、参访中国的祠庙时，往往可以看到各种特别的碑碣、对联、匾额及题跋等。这类陈设，按照唐君毅先生的理解，乃表示后人对其所崇敬之祖宗圣贤人物的一番纪念、崇敬、赞美、感恩、怀想之情意。这些情意，最初是修建祠庙者及来此瞻仰的后人的一种精神上的主观感应。西方的教堂以及纪念堂之类，不大重视这些东西。从中可以看出中西文化的差异。

  中国的祠庙重视这些东西并视为必要，则表示中国人之视此主观的感应与其所崇敬之对象，在精神上为可以互相激扬，可一同提升自己的心灵境界。由此中国人去瞻仰祠庙，往往并不只是直接对祖宗或圣贤人物致其崇敬，亦兼是透过其所悬的匾额、碑碣中的文字，体会其中的情意，进而引发自己的崇敬之心。匾额、碑碣中的文字本身，是前人的精神感应的表现。我们读这些文字，体会其中的敬意，则为我们透过前人的敬意，再引申我们自己精神上的感应。这种前人、后人以及对祖先、圣贤人物之神灵的崇敬本身，互相交织渗透，形成了瞻仰祠庙者一种更深厚、更崇高的精神体验。

  唐君毅先生甚至有一个设想，认为中国之祠庙制度若能保存下去，则我们的图书馆、历史博物馆、艺术馆及讲演厅、文化会堂等，皆当尽量环绕人物之祠庙而设立。如一般性图书馆，尽可建于孔庙之旁；道教图书馆，可建于道观及老子庙旁；佛教图书馆，设于佛寺旁；天文图书馆设于张衡之祠，工程水利图书馆设于大禹庙，姓李之著作集于李姓之宗祠，姓张之著作集于张姓宗祠。而公共讲演，亦可于陶渊明、杜甫等人之祠庙中讲诗，于朱子、王阳明之祠庙中讲理学，文天祥、岳飞之祠庙中讲国防。唐先生的设想不可谓不高明而深刻！

  理解了祀庙文化的精神意蕴，大家再次瞻仰岳王庙时，相信会有更多的收获和精神滋润。头门正中所悬挂的"岳王庙"三字牌匾，饱含着后人对岳飞的爱戴。门两侧的"三十功名尘与土，八千里路云和月"对联，是岳飞所作《满江红》中的名句，也是岳飞豪情和报国之情的写照。正殿忠烈祠，中间高悬横匾"心昭天日"，为新中国开国元帅叶剑英手书，这四个字正是来自岳飞生前所叹"天日昭昭"。岳王庙内各种匾额、碑碣目不暇接，诉说着历代对岳飞的爱戴和仰慕。

《诗经》有云："高山仰止，景行行止。"太史公司马迁仰慕孔子曰"虽不能至，然心向往之"。千年之后，我们也以同样的心情仰慕岳飞的伟大人格，从其悲剧命运中感悟生死，感悟人生的价值，从岳王庙巍峨的建筑和千年以来香火不断的事实中，看到中国祀庙文化的精神力量。今天，岳王庙作为爱国主义教育基地，其传承的岳飞精神依然在中华大地上教育后人要有家国情怀，要懂得反本报始。习近平总书记说，不忘本来，才能开辟未来。包括祀庙文化在内的中华优秀传统文化是我们的根和魂，包括岳飞精神在内的中华民族精神是激励我们不断前进的不竭动力和源泉。

附：与石灰共白的于谦

于谦，是地地道道的杭州人——杭州府钱塘县（今浙江省杭州市上城区）人，也是给西湖以阳刚精神的西湖人。西湖给人的感觉常常过于柔美，然而也有人从中发现了阳刚之气。清代文人袁枚写道：

江山也要伟人扶，神化丹青即画图。
赖有岳于双少保，人间始觉重西湖。

诗中所说的"岳于双少保"正是大家熟知的岳飞和于谦。少保是官名。明清少保皆为从一品。太师、太傅、太保，都是东宫官职。太师教文，太傅教武，太保保护其安全。少师、少傅、少保均是他们的副职，后来名存职异，变成一个荣誉称号。

一、与西湖齐美的人间阳刚

于谦，明朝名吏，一代清官，人称"于龙图""于青天"。20 岁左右就写了流芳百世的佳作《石灰吟》：

千锤万凿出深山，烈火焚烧若等闲。
粉身碎骨浑不怕，要留清白在人间。

这首述志诗就是于谦一生的写照。于谦才华横溢，很年轻时就做了高官，以"廉洁公正"闻名，绝不徇情枉法与贪官为伍。当时宦官王振在皇帝英宗朱祁镇面前很是得宠，他招权纳贿，贪赃枉法，肆无忌惮，文武群臣畏其权势，纷纷献金求媚，唯独于谦不买王振的账，有人劝他说：不献金也可带些土特产送点人情。于谦听后哈哈大笑，举起双袖风趣地说："谁说我什么也没带？我带有两袖清风。"并作诗一首：

> 手帕蘑菇和线香，本资民用反为殃。
> 清风两袖朝天去，免得闾阎话短长。

于是，"两袖清风"便作为为官清廉的成语而千古流传。闾阎，指里巷内外的门。后多借指里巷，泛指民间，借指平民。在于谦的一生中，王振之流像鬼魅一样纠缠着他，王振曾唆使爪牙弹劾于谦，将于谦打入死牢，全城老百姓纷纷到京师上书，请求释放于谦；又集合了一万多人，伏阙上书，请求朝廷恢复于谦的原职，于谦才幸免于难。

不久，王振又挟昏庸的22岁的英宗率50万大军出征瓦剌。结果，明军战败，英宗被俘，史称"土木之变"。京城群龙无首，一片混乱，于谦奉命于危难之际。他勇挑重担，认真备战，发动民众坚壁清野，主动出击，最终大败瓦剌。于谦想彻底挫败瓦剌挟英宗威胁朝廷的阴谋，提出了"社稷为重，君为轻"的合理方针，拥立朱祁钰正式登基，是为景帝，改元景泰，遥尊英宗为太上皇。这本是权宜之计，却为日后被杀埋下了祸根。

瓦剌看到英宗已无可利用的价值，便把他放了回来。这一举动看似平常，实则凶险。常言道：一国不能有二帝。果然，不久英宗靠阴谋诡计，完成"夺门之变"又重新登基。其实，皇位之争时，作为兵部尚书的于谦手握兵权，完全可以左右政局。但为了顾全大局，国家安全，社稷巩固，他默然不动，听任英宗复辟，以身任祸，以死报国，最后以"意欲谋反罪"慷慨赴死。

抄于谦家时，人们发现，这位一品大臣竟然"家无余赀，萧然仅书籍耳"！而贪官王振被处死后，没收其家财：京城内外私邸数处，金银六十余库，玉盘百余面，珊瑚六七尺高的二十余株，马数万匹，其他币帛不计其数。接替于谦的兵部尚书陈汝言，不到一年就累赃巨万。英宗皇帝感慨道："于谦在景泰年间，曾为朝廷所倚重，死时家里一贫如洗，而陈汝言只当了一年兵部尚书，却累积这么多的财富。"感到错杀了于谦。

像于谦这样的好官、清官、义官，他的忠心爱国，他的勤政廉洁，他的严守节操都达到了极致，在任何时代都是为官者的楷模。在明朝那样腐败的年代，于谦的努力是那样的无助和乏力，可他为什么还要坚持？无疑，这与信仰和理想有关，有信仰和理想的士大夫灵魂是高贵的，他们视身外之物如粪土，践行的是为官一任、造福一方，追求的是在青史上流芳百世。留得清白、两袖清风，足以让于谦们的美名与西湖美景齐美！

二、与石灰共白的生命样态

《石灰吟》几乎是于谦一生的自我写照。

这样一位清正廉明而且功勋卓著的高级官僚，何以会有杀头抄家的结局呢？原因可能是非常复杂的。如果要一言以蔽之，在皇帝易位、政权更迭之际，工于谋国而拙于谋身，即使像于谦这样能够力挽狂澜的干才，面对复杂的政治斗争，也难免顾此失彼。

于谦政治悲剧的根源，就在于他在一个特定的历史时期，在异族入侵、皇朝国家面临倾覆的时刻，以一介臣民而在不知不觉中卷入了皇权转移和更替的旋涡。景泰即位本来是很自然的，因为"土木之变"后，英宗被瓦剌也先掳去，"国不可一日无君"，明廷内部急需办两件事，一是立一个新君，二是对付瓦剌的再次进攻。由皇太后出面，将英宗的异母兄弟成王朱祁钰立为新君是顺理成章的事。但景帝是个性格软弱的皇帝，缺乏胆略，而且多病。皇位之争，就是如此的血淋淋。处于这种政治旋涡之中的于谦，难免悲惨的下场。

于谦看不起那些懦怯无能的大臣、勋臣、皇亲国戚，因此憎恨他的人很多。又始终不赞成讲和，虽然皇上因此能够回来，但皇上并不满意。徐珵因为提出迁都南京，受到于谦斥责，这时把名字改为有贞，得到提升进用，经常对于谦恨得咬牙切齿。石亨本来因为违犯了军法被削职，是于谦请求皇帝宽恕了他，让他总理十营兵，但因为害怕于谦而不敢放肆，也不喜欢于谦。英宗复辟，杀害于谦和景帝，出手很快。简直可以说是突然袭击。英宗在石、曹、徐之流的策划下，以历史上惯用的"莫须有"手法，给于谦安了个最大罪名："坐以谋逆，处极刑"。他们是用杀害于谦来表明"夺门之变"的正确。

于谦的悲剧结局固然与明英宗朱祁镇复辟有直接的关系，但根源却是于谦的人格特征和性情气质以及由此形成的人际关系。于谦的品德与才智，罕见其匹，其谋国之忠和至刚大勇让后人不能望其项背，然而于谦的性情气质却屡屡招祸。他从来不计个人私利，为官争理不争利，更不会阿谀奉承或搞阴谋诡计，不拉帮结派，没有自己的小团体；他嫉恶如仇，遇到邪恶之人和事，他就"如蝇在喉，吐之乃已"；他的处世方式直来直去，不加任何掩饰。

这种性情气质和处事方式犹如一把锋利的双刃剑——正是因为上述品质，于谦才光风霁月。但这种品质和行为方式对一个政治家而言无疑是一种"致命伤"，一种足以断送政治前程的"人格缺陷"。于谦因为这一"人格缺陷"得罪了太多人，被得罪者或欲伺机报复或要落井下石。

明英宗朱祁镇"南宫复辟"后，石亨、徐有贞等以"意欲"谋逆之罪奏请英宗判处于谦极刑。当时，朱祁镇犹豫地说："于谦实有功。"不忍杀于谦。但是，徐有贞进言："不杀于谦，今日之事无名。"朱祁镇心意乃决，下令斩于谦。无论那些正史的修撰者如何粉饰，都无法掩盖一个事实：朱祁镇重新坐上龙椅再次操控生杀大权时，第一个要杀的是于谦，第二个就是弟弟朱祁钰。

"土木之变"发生，英宗朱祁镇被瓦剌掳走，沦为蒙古瓦剌部的人质。几天后，临危受命的兵部尚书于谦为了击碎瓦剌首领也先以英宗为人质要挟明朝的阴谋，掌握战争的主动权，拥立郕王朱祁钰。此举第一使英宗朱祁镇成了有名无实的太上皇，第二使祁镇失去了人质的价值，南返的希望变得渺茫。瓦剌挟持朱祁镇至大同城下，胁迫明军打开城门，于谦举荐的大同守将郭登对瓦剌军大喊："赖天地祖宗之灵，国有君矣。"拒开城门。后来也先几次对朱祁镇说："中朝若遣使来，皇帝归矣。"又扬言欲送其归明廷。这时，朝廷大臣多主议和，迎归英宗，唯于谦独排众议，称"社稷为重，君为轻"，在皇权至上的社会，于谦的话是冒犯君王之狂言，无论哪个皇帝听了都会心存芥蒂。英宗最终得以回到明朝，但是于谦的祸机也就由此萌生。

景帝对于谦的态度有一个从信任到不信任的变化过程。在"土木之变"发生之初以及之后较长的一段时间内，景帝对于谦的态度称得上极度信任，极度尊礼，甚至有一种心理上的依赖。于谦雄韬伟略，殚精竭虑，扶危定邦，明朝在惊涛骇浪中度过了劫难，朱祁钰也由此确立了威信。因此，朱祁钰对于谦自然心存感激。然而国事稍有宁靖之时，嫌猜者日众，怨谤随兴，身居高位的于谦成了众矢之的。

景泰二年（1451年）之后，朝中经常有人弹劾于谦权柄太重，而景帝对于谦不信任的记录在史书中随处可见。景泰五年（1454年）二月，兵科都给事中苏霖奏劾于谦权势过重，却"推诿责任"，而朱祁钰竟然嘉纳苏霖之谏，下令于谦等上陈攻守方略，不要临事推诿。于谦当然能感觉到景帝对他的防备，所以才屡屡上章请辞兵部尚书职务。

徐有贞、石亨、曹吉祥等人无疑是明英宗朱祁镇南宫复辟的大功臣，这些人个个都要置于谦于死地。正统十四年（1449年）十月，瓦剌部自紫荆关、白羊口两路大举进犯京城，身为侍讲的徐珵建言朝廷迁都南京，遭到于谦的厉声呵斥，于谦还上疏说："（徐）珵妄言当斩。"徐珵虽然保住了脑袋，但是在朝堂上丢尽了面子，以至于很长时间无法升迁。

于谦对石亨是有恩的，因此本来完全可以与他结成同盟，因为于谦的一纸奏疏，石亨的命运一夜之间发生了巨变。于谦是硬生生地将石亨推向了与己为敌的阵营中。太监曹吉祥对于谦也是心存嫉恨的。"土木之变"发生后，曹吉祥监京营军，可是常常受到总指挥于谦的节制，而且重要决策都出自于谦，曹吉祥必定感到失落和怨愤。何况，于谦曾经奏请裁革宦官监军之制，这一来，就得罪了身为监军太监的曹吉祥。即使不发生"夺门之变",徐、石等都时刻欲置于谦于死地,何况有"夺门之变"这样一个绝好机会,于谦岂能不死!

于谦是一个理想主义者,他不能容忍那些陈年痼疾继续侵蚀军队,不能容忍那些贪婪骄纵者继续危害国家,他一心要使明朝军队成为一支英勇善战、军政清明的队伍,于是付出了惨重的代价。

"土木之变"发生后,部队扩充,况且在非常时刻,往往超常规地遴选提拔军官,因此京军中把总、管队等官,有的是夤缘冒进、非才滥充者,轻则无勇无谋,无法带兵上阵;重则贪图贿赂,剥削害军。于谦会同石亨对军官进行考核,力求军队任用得人,不误边事。对于那些不法军官,无论职位的高低,无论出身的贵贱,即使是自己荐擢的,他从不姑息。于谦整肃军队的决心,却使自己失去了军官们的支持。

王振弹劾于谦的奏辞中称于谦"交结权宦,挟天子以令群臣;树立党私,引凶邪以充庶位"。事实上,于谦在朝廷上几乎没有势力上的同盟者,他是孤独的,正如他自己所说:"满怀心事谁能识,独坐花前听鸟啼。"但是他持守着这份高洁的孤独:决不结党,不培植自己的个人势力,他公正无私地对待每一个人。因此即使是他自己荐举的人,也没有成为他的盟友。

上述做法证明于谦是一个人格高尚的人,他将国家利益、百姓利益放在首位,既然国家赋予他重任,就要在其位谋其政,谨守本职,纠错惩恶,兴利除弊,刚正严明。于谦的这种品性和处世方式使他四方树敌,陷于孤立无援之境地,终于导致了这样一个悲哀结局:当石亨、徐有贞一伙阴谋拥戴朱祁镇复辟时,竟然没有一个人将这一情报送给身为兵部尚书的于谦,于是阴谋者从容地策划并实施着阴谋,轻易地将于谦送上了断头台。

没迎回前皇帝的岳飞死了,迎回了前皇帝的于谦也死了。历史出具的答案是:成为英雄就是走向死亡。当他们选择做英雄的时候,他们已经将生死看得很淡,更不会将个人利益当成决策的指针。这个时候,他们已经违反了游戏的潜规则,当他们进而要求皇帝将国家利益置于个人利益之上时,他们已经注定会死在皇权的魔爪之下。我们这个民族,就这样一次次被宋高宗、明英宗们推下深渊,又一次次地被岳飞和于谦们托向复兴。

三、政治性死亡与死亡政治学

公元前 484 年,吴王要北伐齐国,越王勾践用子贡的计谋,表示要率领他的军队帮助吴国。此举意在转移吴国的注意力,同时削弱吴国的国力。太宰伯嚭(pǐ)接受了越国的贿赂,鼓动吴王去打齐国。吴王信用伯嚭之计。伍子胥劝谏说:"夫越,腹心之病,今信其浮辞诈伪而贪齐。(即使)破齐,譬犹石田，无所用之（不能种植庄稼）。"吴王不听，派伍子胥出使齐国。

伍子胥临行之前，对他的儿子说："吾数谏王，王不用，吾今见吴之亡矣。汝与吴俱亡，无益也。"伍子胥趁为使者去齐之便，把自己的儿子寄托给齐国鲍氏，改姓王孙氏。

对于伍子胥没完没了的谏诤，吴王夫差越来越不耐烦。加上伯嚭的逸言，夫差对伍子胥更加不满。他伐齐得胜回国时，得知伍子胥寄子齐国的事，立即以私通敌国、怀有二心的罪名，赐子胥以属镂之剑，迫他自杀。死前，伍子胥对夫差说："而抉吾眼县吴东门之上，以观越寇之入灭吴也。"然后自刎而死。

夫差当然没有为他办理这件后事，他恨及枯骨，把伍子胥的尸首包在皮革里，抛在江中，名曰"鸱夷浮江"，使之葬于鱼腹。又十二年，公元前471年，越灭吴。

秦昭王四十九年（前257），秦军围赵国首都邯郸失利，秦王命秦国名将白起接任秦军首领。白起认为之前秦王未能乘胜追击，失去了战机，这一仗必定无功而返，就托病推辞。后来，前线不断失利，秦王派范雎（jū）劝说，白起仍称病不起，秦昭王只好派王陵攻邯郸。王陵攻邯郸，打了五个月，仍然不能得手。秦昭王再命白起挂帅，白起仍然称病，拒不受命。于是，秦昭王大怒，把白起原有的爵位连降二十级，贬为普通士卒，驱逐出咸阳。出西门十里至杜邮（今陕西咸阳东北）时，因有人向昭王密报，指白起沿路咒骂昭王，昭王立即派遣使者赐剑令其自杀。白起死前曾懊悔杀降过激，认为自己该死："我固当死。长平之战，赵卒降者数十万人，我诈而尽阬之（全部活埋），是足以死"。

秦昭王四十七年（前260），长平之战时，白起秘密接替王龁任秦军统帅。赵军主将赵括被秦军射死，加上粮食匮乏，赵军崩溃，秦军俘虏赵军40万。但白起害怕赵军降兵无法管理，就设下一计，以酒肉安抚降兵，又命令秦兵以白布裹头，吩咐说"凡首无白布者，即系赵人，当尽杀之"。

赵国降兵不曾准备，又无器械，束手就戮。45万赵军，一夜俱尽，仅释放240名兵卒回国散布消息以震慑赵国。史载当时"血流淙淙有声，杨谷之水皆变为丹，至今号为丹水"。白起收被杀赵兵们的头颅，聚为头颅山，又在山上建台，称为"白起台"。

长平之战后，赵国军队主力尽灭，首都邯郸也陷入兵荒马乱之中。白起认为机不可失，力主马上追击邯郸，追捕赵王。然而当时秦国宰相范雎主张大战过后，应先休养数月，才可攻赵。秦昭王采纳了范雎的意见，暂缓伐赵，错失战机。这也是白起后来托病不从王令的缘故。白起是战争机器之始祖，此后中国历来不缺此类人才。五胡乱华、张献忠等均以杀戮为荣耀，为能事。但残害太多的生灵和鲜血，往往断送卿卿自家性命，直至贻害家族后世的福祉。

战争是导致人类大规模死亡的一种社会现象，自古至今人类历史上发生了无数次战争，每次战争都造成成千上万人类生命的丧失，给人类带来了巨大灾难。澳大利亚的史前壁画证明，从史前时代人类就存在着因为战争而死亡的情况。在和平时期，人们为了挽救一个生命可以付出巨大的代价。然而经过医学家竭尽全力救治的为数可计的病人，在战争面前却显得那么微不足道。所以研究战争和死亡的关系就具有特殊意义，可以促使人类反对战争，保卫和平。

人类的历史可以说就是一部战争史，经常性的、大规模的战争是导致人类死亡的一个极为重要的因素。据统计，从公元前3200年到公元1964年长达5164年期间，世界上共发生战争14513次，其间只有329年是和平年代，总共造成36.4亿余人死亡。

士兵绝大多数是青壮年，由于他们所处的年龄段，他们的死亡直接降低了人类的平均寿命。战争通过直接和间接的方式导致人类死亡，直接的方式是指战场上即刻或延迟的死亡；间接的方式是指战争对社会经济、社会秩序等产生影响后，继之所出现的人的死亡。

除了自然灾荒以外，频繁的战乱是古代中国民众死亡的主要根源。如秦汉期间的战争导致人口大量的死亡。在汉末和三国时期的108年间（157年—265年），全国人口损失了80%以上。唐末安史之乱，历时仅5年，全国人口却减少了四分之三。清兵入关，同样是血流成河，尸骨累陈。据史学家尚钺的统计，1623年全国人口为5165万，而1660年却只有1908万，不到40年时间，死于战祸的人口就达3千多万人，就是说，每5个人中就有3个人死亡。

古希腊人之所以死亡率很高，经常发生战争是重要原因。希腊城邦和公民体制的生存是以经常性的对外战争为重要条件的，战争必然导致伤亡。虽然一次战役的伤亡不大，但处于经常性的战争中，累积的死亡数字就相当可观。死于战争的人往往是青壮年男子，是正在从事或即将从事人口繁殖的公民，他们的战死对人口发展的影响是巨大的，高死亡率对希腊人口增长起了遏制作用。到了中世纪，欧洲因战争而死亡的人数有增无减。十字军的东征、1337到1453年持续百年的英法战争、德国的三十年战争等，均导致成千上万人死亡。

20世纪的两次世界大战，使得人类自相残杀的规模扩大到前所未有的程度。据统计，历时4年多的第一次世界大战共死亡1100万人。第二次世界大战长达6年，参战国为61个，共有17亿人口被卷入，占当时世界人口总数的3/4，参战的士兵高达1亿1千万人，死亡总人数约6997万。第二次世界大战临近结束之际，1945年8月6日，美国在仅有20万人口的广岛扔下人类历史上第一颗原子弹，其后又在长崎扔下第二颗原子弹，共导致10.6万人死亡，人类战争似乎就要进入一个更为残酷、更为让人恐惧的核战争阶段。第二次世界大战结束以来，世界上还爆发了300多场局部战争，总共死亡1000多万人。总的说来，在20世纪的所有战争中共死亡1亿多人。

战争期间，不仅直接参战的将士大量死亡，成千上万的普通民众也不可避免地成为战争的牺牲品，而且其死亡人数往往多于参战的士兵，成为冤魂。历史学家威廉·爱克哈特通过精密计算，得到这样一个数字：从1770到1990年，世界各国在历次战争中共计死亡人数为1.01552亿人，其中约一半人（4700万）为并未参与战争的居民，而且与阵亡的直接参战人员相比，民众死亡人数有不断上升的趋势。例如在第二次世界大战时期，平民在战争中的损失要比军队大得多，在因战争死亡的6997万人中，平民死亡5332.5万人，约占死亡总数的75%。

有人从死亡恐惧分析战争，认为人类历史上连绵不断的战争，都起源于自我死亡的恐惧。由于人把个人的命运隶属于某一团体、党派、国家等，所属群体的存亡也就是自己的存亡，为了自己的生存就得为政治群体而战斗。在政治群体的名义下参与战争的人可以免去任何心理障碍，勇猛冲锋、无情对敌。人类历史之所以成为战争史，就在于人民面对战争时，常常认为是在为自我的存在而牺牲或杀人，为所属政治群体的安全利益而牺牲或杀人。

战争作为了一定的政治目的而进行的武装斗争行为，其特点就表现为一种有计划、有预谋的死亡，这是和其他场合下的死亡不同的特点。交战双方的每一方在制定军事计划时，都必须预算出敌方和己方在一场战役中将要死亡的人数，即可消灭多少敌方的有生力量，甚至以敌方死亡的人数作为战绩。

弗洛伊德1915年发表《目前对战争与死亡的看法》，论著表明，第一次世界大战是弗洛伊德以精神分析法深层次地托出死本能的契机。正是在第一次世界大战中，死亡问题，特别是非自然死亡问题，成了一个残酷的、世界上大部分人都必须面对的问题。在战争中，若干人同时死去，成千上万的人在一天中一块死去，这一切在弗洛伊德看来，都有助于人们对"我们人人均有的、隐藏于我们精神生活最深层的、不为意识所察觉"人的"死本能"的探讨。

弗洛伊德不仅从战争出发追溯了人的"邪恶"本能，还从此出发，探究了战争必不可免的根由和基础。在他看来，既然"邪恶"是人的原始的和基本的本能，战争就是人类社会不可避免的事情了。"战争剥去了后来发展起来的文明的外衣，揭示出我们每个人的本性。战争迫使我们再次成了不相信自己之死的英雄，给外族人贴上了'敌人'字标，盼他们早死，或者杀死他们。战争还劝告我们，要从心爱者的死尸中站立起来。但是战争还无法消灭，只要民族生存的条件不同，民族间相互排斥剧烈，就将有也必定有战争。"

在战争期间，军队中将士的死亡虽然是他们自动参战即所谓"自主选择"的结果，但士兵在战场上死亡的同时，他们行动的动机毕竟是在反抗死亡，就是说他是在企图杀死敌人以保全自己的斗争中被杀死的。"大丈夫当战死疆场，马革裹尸而还"是中国传统人生教育或死亡教育的原则之一，明显地突出了在战场上寻求死亡的潜在意识，是"死本能"在战争中的典型表现。而在非战争情况下诸如自杀的行为中，主人公的最终行动却是"自觉自愿"主动就死，这种行为同人类的求生避死的本能是完全对立的，但是与人类的死本能却是完全顺应的，最大限度地显示出人的精神力量对其求生本能的抑制或超越。

第九章　从李叔同说生死学

第一节　绚烂一生李叔同

1880年，李叔同出生在天津一个巨富之家，他家世代经营盐业与银钱业，这是当时利润最高的两种生意，其父李世珍是同治年间的进士，官至吏部主事，后辞官承父业而为津门巨富。毫不夸张地说，李叔同是含着金汤匙出生的富家公子。

他父亲去世时，晚清重臣李鸿章不但登门祭拜，而且亲自为丧仪"点主"，李家的声望在此时达到巅峰。时年，李叔同年仅5岁。母亲王氏是家中的三房姨太，十九岁生下他时，父亲已六十八岁。李世珍家门显赫，子息却不旺，长子早夭，二子李文熙又体弱多病，老来得了李叔同这个幼子，自然视若珍宝。

李叔同童年就展现出惊人的聪慧，尚在学舌之际，就能跟着老父亲摇头晃脑地背诵对联。他六岁启蒙，十岁熟读诗书，十三岁学训诂书法，"年十三，辄以篆刻和书法名于乡"。十五岁就诵出"人生犹似西山日，富贵终如草上霜"这样的绝句。

他生活优渥，自幼天才，但也有因大家族而生的苦闷。父亲早逝，母亲是个偏房，身为庶子的李叔同在大宅院中的日子并不好过。年方十七的二哥李文熙必须要挑起家族生意的重担，而年幼的李叔同，则被寄予了光耀门楣的期许。李叔同的母亲只是一个三房姨太，所以他自幼是被大房郭氏带大的。他先从兄长文熙读书，继而拜常云庄先生为师。兄长对他要求很严，日常功课不得马虎，应对进退也不得稍越礼仪。母亲的谨小慎微，兄长的严格教导，大宅门生活的封闭无趣，让李叔同早早地产生了叛逆心理。

16岁，李叔同考入辅仁学院，终日以制义为业，也就是学习八股文。可是随着年纪渐长，他对经国济世的正经学问丧失了兴趣，反而喜欢上了唱戏这类"贱业"。从小就学习书法、金石等技艺的李叔同，内心早埋下了艺术的种子，而在接触到戏曲这一艺术时，他不可自拔地沦陷了。

同时沦陷的，还有他那情窦初开的少年心肠。他暗恋的是个叫杨翠喜的坤

第九章 从李叔同说生死学

伶。杨翠喜本姓陈，幼年时家贫，被卖给了一个杨姓乐师，从师习艺，十四五岁就出落得花容月貌，加上天生一副好嗓子，一经登台献艺，立刻博得满堂彩。杨翠喜每晚在天津福仙戏楼唱戏，《梵王宫》《红梅阁》都是她的拿手剧目。只要她一登场亮相，台下的叫好声就立刻此起彼伏。李叔同的母亲一向喜欢看戏，自从24岁守寡，她更是迷上了泡戏园子，每次去戏院看戏，她都会把李叔同带上。长大以后，他就习惯了一个人去梨园。那时杨翠喜刚刚崭露头角，李叔同几乎每天晚上都会去福仙戏院给杨翠喜捧场。杨翠喜在舞台上笑靥如花，歌喉婉转，台下的李叔同看得目不转睛，听得如醉如痴。戏院散场后，李叔同便提着灯笼，送杨翠喜回家，年少时的爱恋最为热烈也最真挚，两颗年轻的心越来越近。

李叔同曾经送给杨翠喜两首《菩萨蛮》，词中充满了柔情蜜意：

其一：
燕支山上花如雪，燕支山下人如月；
额发翠云铺，眉弯淡欲无。
夕阳微雨后，叶底秋痕瘦；
生怕小言愁，言愁不耐羞。

其二：
晚风无力垂杨嫩，目光忘却游丝绿；
酒醒月痕底，江南杜宇啼。
痴魂销一捻，愿化穿花蝶；
帘外隔花荫，朝朝香梦沾。

彼时他是富家公子，她是知己美人，他为她一掷千金，她对他目盼流连。戏文里才子佳人的故事就真切地发生在李叔同的身上。然而这份甜蜜的初恋很快就无疾而终。杨翠喜的名气越来越大，很多京城的高官巨贾来到天津，都会去福仙戏院一睹这位名伶的风采，其中就包括庆亲王奕劻和他的儿子载振。天津的地方官员段芝贵听说京城的庆亲王竟对一个戏子感兴趣，连忙巴结。段芝贵花重金把杨翠喜从戏院里赎出来，亲自护送到北京，把杨翠喜亲手送到庆亲王父子的府上。而这一切，李叔同毫不知情。杨翠喜心中虽万般不愿，但却不得自由身，只能接受命运的安排。李叔同得知自己倾心的女子被当作礼物送入了豪门，伤心欲绝，终日以泪洗面。一代名伶，就此消失。

李叔同的母亲和二哥看到李叔同因为失恋郁郁寡欢，非常焦急，赶快托人为他物色结婚对象，希望另一个女人的温柔能抚慰他的心碎。很快，媒人就给李叔同物色了一个富家茶商的女儿——俞氏。俞氏比李叔同大两岁，眉目端正，知书达礼，两家又门当户对。旧时社会，富贵人家的公子往往会娶比自己大一些的老婆，因为那时人们结婚较早，妻子年龄大些便更稳重，可以更好地照料丈夫的生活。对于这桩婚姻，李叔同万般不愿。俞氏出身大家，贤惠恭顺，可在年少的李叔同眼中，这些优点恰恰都是她无趣的地方。他更憧憬激荡的爱情，寻求心灵的契合，像杨翠喜那样热烈的女子，才更得他的欢喜。可是二哥李文熙答应他，只要娶俞氏为妻，他就可以拿出30万家产给李叔同出去自立门户。母亲由于是小妾的缘故，在李家生活并不舒心，早就想出去单过了，因为孝顺，也因为父母之命媒妁之言不可违抗，李叔同只得接受了这门亲事。俞氏空有原配的名分，与他却是聚少离多，虽为他生下三个孩子，却始终没有得到过他的心。

1901年，李叔同以第十二名的佳绩考入南洋公学，师从蔡元培先生，并成为他的得意门生。在这里，他接受了较系统的儒家经典教育，还吸纳了"新学"的精华。为了支持学潮运动，他主动退学，加入新学组织"沪学会"，在沪学会，李叔同的文章屡屡列为第一，更被上海的名士达人所青睐，他也被视为"才子"而驰名于上海滩。他精通书画篆刻，和上海书画名家一起办《书画报》，成立"书画公会"；他在音乐上很有造诣，主张求新求变，将《诗经》等古文填词在西洋音乐里，成为流传广泛的歌曲；因为旧体诗词写得极好，他加入文人社团"城南文社"；时常交游宴饮，切磋文章，还和许幻园、张小楼、蔡小香、袁希濂结拜金兰，称为"天涯五友"；作为资深票友，他开设演讲讲习班，组织学习新剧，为宣传婚姻自由，亲自编写文明戏《文野婚姻》等剧本；他还走到台上，亲自登场表演……

1905年，李叔同母亲王氏因病去世，李叔同扶柩回乡，并效仿"东西各国追悼会之例"，给母亲举行了一个既中又洋的盛大丧仪。富家公子的任性使他想一出是一出，在母亲的追悼会上，他竟请来数百中外来宾，举哀之时，还在众人面前弹钢琴、唱哀歌。他母亲是中国旧社会最传统的妇女，从不识西洋礼仪为何物，却在死后办了这样一场丧事。此举被人视作奇事，天津《大公报》还专门发文称其为"文明丧礼"。

料理完母亲的丧事后，李叔同就将俞氏和两个儿子托付给天津老宅的二哥照料，远走日本留学。他一到日本就先把辫子剪了，改成西方最时髦的三七分，脱掉了长衫马褂，换上西装，穿尖头皮鞋，戴没脚眼镜。当时的有志青年，无不以明治维新后的日本为学习榜样，希望能在日本学习西方制度，回去建设祖国。可那时大清还没亡，李叔同这样直接生猛剪头发的留学生，少之又少。李叔同的敢作敢为可见一斑。他衣食住行一切入乡随俗，没多久便能说一口纯正流利的日语了，彻底地把自己变成了一个"东京人"。

在日本，他先考取了东京美术学校，又兼在音乐学校学习乐器和编曲。立志要改头换面的李叔同在日本依旧没有改掉他的少爷做派，他花巨资在上野不忍湖畔租了私人洋楼，添置钢琴和大量美术、音乐书籍，居室装扮得艺术味极浓，并取名"小迷楼"。他花最昂贵的票价去听一场音乐会，自费出版并发行了中国近现代第一本音乐刊物《音乐小杂志》，还和同学一起创办了中国第一个话剧团体春柳社。由于李叔同的影响，大批的中国留学生开始接触话剧，将话剧带回国内，成为中国话剧史的开端。

他在日本学习西洋绘画，需要人体模特，那个时候日本的风气也不够开化，模特儿不好找，裸体的女模更是重金也不可求。他便厚颜去问房东的女儿：你愿不愿意当我的模特？没想到对方一口就答应了。这位房东的女儿后来成了他妻子。

1910年，李叔同回国。他先在上海太平洋报社当编辑，不久便被南京高等师范请去教图画、音乐，后来又应杭州师范之聘，同时兼任两个学校的课，每月中半个月住南京，半个月住杭州。他当上老师，便要有老师的样子，于是不再穿漂亮的洋装，而是换上灰色粗布袍子、黑马褂、布底鞋。学生以为他是古板木讷之人，他却教学生画石膏像，将裸体模特带到写生课上，假日里跑到野外写生，大开学风，成了社会上的一道新景。他的学生丰子恺说："凡做人，当初，其本心未始不想做一个十分像人的人，但到后来，为环境、习惯、物欲、妄念等所阻碍，往往不能做得十分像人。其中九分像人、八分像人的，在这世间已很伟大，七分像人、六分像人的，也已值得赞誉；就是五分像人的，在最近的社会里也已经是难得的'上流人'了。像老师那样十分像人的人，古往今来，十分少有。"

第二节　律宗大师弘一法师

杭州与南京自古就是佛土，所谓"南朝四百八十寺，多少楼台烟雨中"，杭州的寺庙则更多了，大小两千余所。作家郁达夫就说过，杭州最多的东西有两样，蚊子跟和尚。佛寺多在风景名胜处，李叔同长年在这两地任教，也没少逛。自古文人把西湖比西子美人，李叔同却在西湖的氤氲朦胧的雾气里感受到了佛法空灵。

文艺人士出家在民国并不罕见。苏曼殊就曾以"自刎"要挟住持为其剃度，声称要"扫叶焚香，送我流年"。可他三次出家，三次还俗，情根仍在红尘中，忍不了佛教的清规戒律，只落了个"风流和尚"的称呼。而李叔同，却是个有了想法一定会去付诸实践并且做到极致的人。

1918 年，39 岁的李叔同春节期间在虎跑寺度过，并拜了悟和尚为其在家弟子。正月十五，李叔同正式皈依佛门，取名演音，号弘一。农历七月十三日，入虎跑定慧寺，正式出家。至此，李叔同正式成为了弘一法师。剃度几个星期后，他的日本妻子，与他有过刻骨爱恋的日籍夫人伤心欲绝地携了幼子千里迢迢从上海赶到杭州灵隐寺，抱着最后的一线希望，劝说丈夫切莫弃她出家。这一年，是两人相识后的第 11 年。然而叔同决心已定，连寺门都没有让妻子和孩子进。他的妻子知道已挽不回丈夫的心，便要与他见最后一面。

李叔同的日本妻子："叔同——"

李叔同："请叫我弘一。"

妻子："弘一法师，请告诉我什么是爱？"

李叔同："爱，就是慈悲。"

妻子无奈对着关闭的大门悲伤责问：慈悲对世人，为何独独伤我？

关于和妻子分别，李叔同的同学黄炎培曾在《我也来谈谈李叔同先生》一文中写道："船开行了，叔同从不一回头，但见一桨一桨荡向湖心，直到连人带船一齐埋没湖云深处，什么都不见，叔同最后依然不一顾，叔同夫人大哭而归。"

李叔同在出家前给日本妻子写了一封信：

诚子：

关于我决定出家之事，在身边一切事务上我已向相关之人交代清楚。上回与你谈过，想必你已了解我出家一事，是早晚的问题罢了。经过了一段时间的思索，你是否能理解我的决定了呢？若你已同意我这么做，请来信告诉我，你的决定于我十分重要。

对你来讲硬是要接受失去一个与你关系至深之人的痛苦与绝望，这样的心情我了解。但你是不平凡的，请吞下这苦酒，然后撑着去过日子吧，我想你的体内住着的不是一个庸俗、怯懦的灵魂。愿佛力加被，能助你度过这段难挨的日子。

做这样的决定，非我寡情薄义，为了那更永远、更艰难的佛道历程，我必须放下一切。我放下了你，也放下了在世间累积的声名与财富。这些都是过眼云烟，不值得留恋的。

我们要建立的是未来光华的佛国，在西天无极乐土，我们再相逢吧。

为了不增加你的痛苦，我将不再回上海去了。我们那个家里的一切，全数由你支配，并作为纪念。人生短暂数十载，大限总是要来，如今不过是将它提前罢了，我们是早晚要分别的，愿你能看破。

在佛前，我祈祷佛光加持你。望你珍重，念佛的洪名。

第九章 从李叔同说生死学

叔同戊午七月一日

关于这一点，原配俞氏倒是更懂得一些。李叔同的二哥让她去寺院寻丈夫回来，她平静地说：我们不去，因为他是不回来的。旧时女子，很难活得像她那么清醒明白，也许，是她早已习惯了等待和失望。

弘一法师用了大约半年的时间去整理自己的财产和私物，将自己多年来视若珍宝的书籍、字画、折扇、金表都赠送给了友人，就连衣服也一件不留。在天津的祖产、在上海的房子，一桩桩一件件他都安排妥当，这位慈悲的丈夫在出家前曾预留了三个月薪水，分为三份，其中一份连同自剪下的一绺胡须托老友转交日籍妻子，并拜托朋友把她送回日本。就算是一个普通的学生刘质平，他也不忘安排好继续接济他在日本求学的事情。唯独对于俞氏，他始终没有一言。即使多年以后，俞氏去世，他也没有离开青灯古佛去看她一眼。曾经的风流公子，如今的慈悲法师，竟对结发之妻绝情至此。1922年正月，新年的爆竹声还未歇，俞氏撒手人寰。四十五岁，并不算太大的年纪，她生命的大半都是在漫长的等待中度过。家族认为她一生勤勉贤惠，为李家绵延香火，弘一法师无论如何都应该回家送俗世的妻子最后一程。报丧的书信传到杭州，弘一正在庆福寺编著《四分律比丘戒相表记》。无常的是，那时赶上京绥铁路工人大罢工，杭州到天津的交通被阻断，弘一没有成行，继续编写他的佛学著作。俞氏凄凉入土，独守空房了一世，死后仍要独居一穴。

李叔同出家的消息在当时引起了轰动和诸般猜测，新闻的爆炸性远远超过同年段祺瑞当上国务总理、孙中山辞去大元帅一职。世人大多无法理解，这位名满天下的文坛大佬，只是一时兴起吧？这个任性妄为的富家公子，如何受得了佛门清苦？

"研究佛法不一定要出家的。"夏丏尊劝过他；"在家修行也是一样的。"马一浮也这样劝他；有一位女读者，更是在他剃度之后，天天来寺里找他，求他还俗。可是李叔同却是认真的。在此后二十六年的时间里，弘一法师逐渐断绝了俗世的往来，及至去世，每天只食一餐，除了留下少量衣被和雨伞，俗世里的一切他都舍弃了。

至于李叔同为什么要出家，他的学生丰子恺曾经这样解释：我认为他的出家是当然的。我以为人的生活，可以分作三层：一是物质生活，二是精神生活，三是灵魂生活。物质生活就是衣食。精神生活就是学术文艺。灵魂生活就是宗教。"人生"就是这样的一个三层楼。懒得（或无力）走楼梯的，就住在第一层，即把物质生活弄得很好，锦衣玉食，尊荣富贵，孝子慈孙，这样就满足了。这也是一种人生观。抱这样的人生观的人，在世间占大多数。其次，高兴（或有力）走楼梯的，就爬上二层楼去玩玩，或者久居在里头。这就是专心

177

学术文艺的人。他们把全力贡献于学问的研究，把全心寄托于文艺的创作和欣赏。这样的人，在世间也很多，即所谓"知识分子""学者""艺术家"。还有一种人，"人生欲"很强，脚力很大，对二层楼还不满足，就再走楼梯，爬上三层楼去。这就是宗教徒了。他们做人很认真，满足了"物质欲"还不够，满足了"精神欲"还不够，必须探求人生的究竟。他们以为财产子孙都是身外之物，学术文艺都是暂时的美景，连自己的身体都是虚幻的存在。他们不肯做本能的奴隶，必须追究灵魂的来源，宇宙的根本，这才能满足他们的"人生欲"。

　　世间不过就这三种人。我虽用三层楼为比喻，但并非必须从第一层到第二层，然后得到第三层。有很多人，从第一层直上第三层，并不需要在第二层勾留。还有许多人连第一层也不住，一口气跑上三层楼。不过我们的弘一法师，是一层一层走上去的。弘一法师的"人生欲"非常之强！他的做人，一定要做得彻底。他早年对母尽孝，对妻子尽爱，安住在第一层楼中。中年专心研究艺术，发挥多方面的天才，便是迁居在二层楼了。强大的"人生欲"不能使他满足于二层楼，于是爬上三层楼去，做和尚，修净土，研戒律，这是当然的事，毫不足怪的。

　　做人好比喝酒；酒量小的，喝一杯花雕酒已经醉了，酒量大的，喝花雕嫌淡，必须喝高粱酒才能过瘾。文艺好比是花雕，宗教好比是高粱。弘一法师酒量很大，喝花雕不能过瘾，必须喝高粱。我酒量很小，只能喝花雕，难得喝一口高粱而已。但喝花雕的人，颇能理解喝高粱者的心。故我对于弘一法师的由艺术升华到宗教，一向认为当然，毫不足怪的。艺术的最高点与宗教相接近。二层楼的扶梯的最后顶点就是三层楼，所以弘一法师由艺术升华到宗教，是必然的事。

　　丰子恺的"人生三层楼"说，一扫世俗对李叔同出家因由所推测的破产说、遁世说、幻灭说、失恋说、政界失意说等他心测度，切合实际，振聋发聩。丰子恺应该是最了解他的老师的。

　　林语堂说："他曾经属于我们的时代，却终于抛弃了这个时代，跳到红尘之外去了。"

　　张爱玲说："不要认为我是个高傲的人，我从来不是的——至少，在弘一法师寺院围墙的外面，我是如此地谦卑。"

　　李叔同出家，好友经亨颐告诫学生，此举"可敬而不可学"。他一向是一时兴起做的事情，便一定要做到的那种人。做佛法，他也要做到极致。他出家，怎么看都应该选择轻灵的禅宗，禅宗讲究顿悟，最适合李叔同的性子。可是，他却选了戒律最严谨最刻板的律宗，不做住持，不开大座，谢绝一切名闻利养，以戒为师，粗茶淡饭，过午不食……

弘一出家的时候，律宗已断绝了 700 余年。所以他只有自己潜心研究。为了弘扬律宗，他四处奔波，编修佛典，一边讲学，一边云游，他在佛法上的造诣越来越深，被尊为律宗第十一世祖，声名甚至超越当年文人李叔同。可惜世间已无李叔同。

为了修复早已失去真传的南山律，弘一用了四年的时间，将自己关在一个小隔间里，遍考中外典籍才将《四分律比丘戒相表记》完成。因了这南山律的复杂难以记诵，弘一还用了列表说明的形式写出书稿。

1924 年，迈进佛门已有六年的弘一，又前往浙江普陀山求见当时参礼当代善知识中最膺服的印光大师。当时的印光概不见客，弘一被拒在了山门之外。于是他便在山门的大树下苦等，由天明等到天暗。虔诚至极终于让他见到了印光大师，与他同修了七日。正是这七日的同修，深刻地影响了弘一往后的修行生涯。

弘一的修行不是闭门苦修，他出家晚，迫切地想修得像一个和尚像一个佛陀大师。弘一修的是律宗，一举一动皆有规律。在他的俗世好友夏丏尊找到他的时候，正见他与一众僧侣挤在一间拥挤的禅房里。他于河边采水，以鲜竹漱牙，一条破旧的毛巾擦脸。夏丏尊想替他换，可他却只道"用得很好""这个好""都很好"。修了佛的弘一，在他眼里没有一样是不好的，身外之物他早已不在乎。

在修佛的后半生里，他云游各处，四处讲法弘扬律宗。1925 年，云游宁波七塔寺、杭州弥陀寺、定慧寺。1926 年，自温州至杭州，居招贤寺，从事《华严疏钞》的厘会、修补与校点。1927 年，主持丰子恺皈依三宝仪式期间与丰子恺共同商定编《护生画集》计划。1928 年，在温州大罗山诛茆坐禅。秋至上海，与丰子恺、李圆净具体商编《护生画集》。1932 年，厦门的南普陀寺里，他见了太虚法师，居闽南佛学院，参与整顿学院教育，想要扭转佛教颓败的局面。弘一办了一所新的佛学院，与闽南佛学院同时授课，学院名为佛教养正院。他便在厦门讲起他的律宗，开始了律宗复兴的步伐。在厦门讲律期间，弘一还为太虚法师写的《三宝歌》谱曲，供僧人传唱。那时，弘一的律宗已传遍了中国大地。

1937 年，他受邀前往青岛讲律。在青岛的湛山寺，弘一迎来了一场声势恢宏的欢迎会，深觉自己有违律宗戒律。于是便与湛山寺的倓虚法师约法三章：一不为人师、二不开欢迎会、三不登报扬名。护生画集、三宝歌、各处讲律、开设佛学院……弘一在他学佛的二十四年里，将佛法秉持到底，四处弘扬。很难想象，在这个三十九岁才受戒落发为僧的弘一，却能与虚云老和尚、印光法师、太虚法师并称为民国四大高僧。

当然，对弘一来说，他出家既不是为了当律宗第十一世祖，更不是为了能和虚云、太虚、印光并称"民国四大高僧"。弃家毁业不为此，大彻大悟不消说。真实的他，六十三个流年，在俗三十九年，在佛二十四年，恪遵戒律，清苦自守，传经授禅，普度众生，却自号"二一老人"：一事无成人渐老，一钱不值何消说。他出家二十四年，生活用品绝大多数都是出家前带去的，一件僧衣缝缝补补穿了十数年，补丁还都是从垃圾堆捡回去的破布条。

丰子恺请老师提笔写字，他写完后还把剩下的几张宣纸一并奉还，只将裁剩下来的碎纸条留着，一点不肯浪费。按照学生丰子恺的说法，他遁入空门，是因为这位才子物质和文艺之中，都玩够了，生命力又旺盛，必须去探索灵魂生活。

第三节　弘一法师的生死学

1942年秋，弘一法师或许提前预知了自己的死期，他提前写好了遗嘱，从容不迫地安排好后事，与刘质平、夏丏尊等一一道别，进而断食，并谢绝医疗探视，口诵佛号，写下"悲欣交集"四字。这是弘一法师的临终遗书。寥寥四字，无穷玄机。

弥留之际，他对随侍的妙莲法师说："你在为我助念时，看到我眼里流泪，这不是留恋人间，或者挂念亲人，而是在回忆我一生的憾事。"

他还特别叮嘱：当我呼吸停止时，要待热度散尽，再送去火化，身上就穿这破旧的短衣，因为我福气不够。身体停龛时，要用四只小碗填龛四脚，再盛满水，以免蚂蚁爬上来，这样也免得在焚化时损伤蚂蚁。

大师病重后，拒绝医疗探问，一心念佛。10月10日下午，弘一法师索来纸笔，写下"悲欣交集"的绝笔交给妙莲。大师"悲"什么？"欣"什么呢？与婆娑世界离别是悲，往生西方是欣。山川草木、宫室楼台、尊荣富贵乃至亲朋骨肉，在佛家看来，如昙花一现，皆为幻象、梦境。梦中离别，亦有悲情，虽有悲情，实乃空虚之悲。而欣则是真欣！涅槃入寂，成就正觉，岂非最可欣之事？自古无哪位高僧大德往生之时道出这四字，这足以证明弘一大师的无上智慧！

10月13日（阴历九月初四）晚，弘一法师安详圆寂于福建泉州不二祠温陵养老院陋室板床之上。他的眼角沁出晶莹的泪花。一代大师就这样逝去了，连同他渊博的知识，惊人的才华，不凡的经历……像流星划过太空，又如飞蛾扑向星辰。

传说弘一法师吉祥圆寂，右胁而卧，神态安详，令人不胜景仰。火化时，众人均看到棺内有多色猛烈火光在闪烁,拣出舍利子 1800 余颗,舍利块 600 颗。关于舍利的传言不知真假。只知他这样的人,世间罕有。

民国风烟里,弘一法师是活得最恣意潇洒的一个,虽然人命玩不过时代,可他是唯一不必为生活奔波所苦,不必为时局艰难所限,不必蝇营狗苟于乱世的人。日本入侵期间,他还写下"念佛不忘救国,救国必须念佛"。

半世风流,半世为僧。电影《一轮明月》的最后,弘一法师走上一座石桥。桥下是人群熙熙攘攘,桥上是一稚童玩着陀螺,专心致志,仿佛周围的喧闹全与他无关,弘一正瞧得出神,远处忽然传来一声呼唤:"三郎,回家吃饭啦。"

弘一回头,仿若年少时,母亲含笑立在门口,招手轻唤:三郎,回家啦。生逢乱世,每个人都被时代的洪流裹挟而下,偶有逆流而上的,便发出一声两声怒喊,得以名垂青史。一开始,李叔同是属于后者的,新青年们追逐着时代的浪潮奔跑,而李叔同就是那批浪花前头领跑的人之一。跑着跑着,也许是累了,也许是厌了,他一拐弯,上了岸,从意气风发的文人李叔同变成了律宗祖师弘一。红尘滚滚,他再没有回身去望。

然而,弘一法师究竟不同于一般的和尚。他传奇般的一生,乃是不断自我超越、自我升华的一生。即使皈依佛门,也不是"走投无路,遁入空门",而是痛感众生疾苦,为了人生之根本问题"行大丈夫事"的。所以我们在法师的尘缘之中,更多看到的是一丝一毫不肯苟且的做人态度,是"救护国家"的火热心肠,是对生命的无限热爱与悲悯……正如弘一大师的法侣,高僧广洽法师所说:"虽亲近大师有年,但觉其语默动静,无非示教,因不敢以文字赞一词也。"

弘一法师生死观的形成和他出家前的思想认识有直接关联。出家前的李叔同无论是声名还是财产都非同一般,他能够毅然弃俗剃染,与世隔绝一心向佛,并非一时之举,乃是长期受到佛教影响而最终明其精义之后的抉择。

童年的经历对个体的人格形成非常关键。在父亲逝后的成长历程中,佛教作为李叔同的个人偏好常常在他的学习过程中得到关注。纵观李叔同从童年接受旧教育饱读经史子集及其他杂学的过程,都没有脱离来自人生启蒙阶段佛教的影响,佛教始终隐隐贯穿在李叔同青少年时代的学习生活当中。佛教以建立对生命现象的反思为理论起点,其基本目标可以看作逆转生老病死的自然生命流程,从日常平均化状态中时时提升生命质量最终获得生命的超越。四谛、十二因缘、六道轮回等理论揭示了生命存在的本质是苦,是无常,是空,以此为基础为个体提供生命超越的契机。然而,在佛教中国化的过程中,唐宋以后禅净逐渐合流一统天下,净土经典和思想的流行,致使来世信仰成为主流。佛教设置丰富多样的佛菩萨净土作为人们向往和信仰的理想国，乃是因为佛教超越生死的终极境界是佛教的最高目标"涅槃"无形无相，难以想象，对一般信徒而言为"佛道悬远，闻者生畏"。

另一方面，轮回有苦，福报再大终有尽头。这样，净土就起到连接轮回和涅槃的中转站的作用，众生可以仰仗他力出离轮回、永脱生死，故往生净土是佛教行人完成生命超越的稳妥而简捷的方式。就佛教净土本意来说，净土信仰实非他力信仰，唯心净土当是净土信仰的本质，其修行注重的同样是当下。近代以来，佛教发展颓废，其超越生死的终极目标被淡化乃至掩盖，甚至净土修行也被庸俗化为仅追求死后的往生。

扎实的理论功底，使得弘一法师得以精研佛经回归佛教积极超越生命的主旨，他破除了社会对"往生"追求的错误观念，回到净土修行的根本，在诸多著述和讲义当中都有提及。其中，又以《晚晴集》为代表，集中而全面地展示了他的生死观。

佛教对死亡问题多维度、多层次的解决最终导致其生死观于明清以降在社会操作层面严重畸形发展，以超亡度荐为其主要社会功能，佛教因此被视为"死人的宗教"。佛教注重实修实证的特点，注重在念念相续当中则提升生命质量的做法基本为社会所忽视甚至遗忘，教界则以赶经忏、举办超亡度荐的法会为潮流。佛教的社会形象由此沦为专门为死人服务的一种特殊工具，其积极进取寻求生命超越的特质在教内基本上被淹没。

有鉴于此，一批有识之士不辞辛苦地力图扭转佛教发展的颓势，恢复佛教本来的色彩。太虚大师提出"人间佛教"试图激荡起佛教积极入世的精神；欧阳竟无创办支那内学院意在彰显印度佛教理论之精细完美；印光法师等大力弘扬净土来带领国人实现力所能及、眼所能见的佛教法门；弘一法师选择重振南山律宗乃是为教界正本清源、重建僧伽团体的道风。大德的所有努力都是意在改变佛教的社会形象。

落实到个人的修行上，弘一大师遥拜印光大师为师，在以戒护心精进严持的基础上，归心净土法门，以念佛为"了生脱死"的入手处。《晚晴集》当中，净土修行是主要内容，其中又以印光大师的法语为最多，这些都体现出法师自身所注重的修行理论和实际修行的法门。除去诸多净土祖师推崇净土的语录，文中有一些来自祖师经验的具有可操作性的对于念佛修行的具体指导，这代表着弘一法师对净土修行的理解。

从中可以得见：弘一法师把握住了佛教修行的根本精神。《晚晴集》中，法师引用了印光大师法语："随忙随闲，不离弥陀名号。顺境逆境，不忘往生西方。""直须将一个死字，挂到额颅上。"并专门对"死"字作出注释云"此字好得很",道出超越生死在于起心动念的当下。这表明法师认识到佛教超越生死的主要法门——往生净土来自修行不间断的积累,而修行的核心又在于念念起修。

同时,弘一法师明了修行的紧迫性。通过彻悟禅师法语"是日已过,命亦随减,一寸时光即一寸命光"以及"光阴不虚度"已经可见一二。《晚晴集》中又收有印光大师所说:"念佛要时常作将死堕地狱想;则不恳切亦自恳切,不相应亦自相应。以怖苦心念佛,即是出苦第一妙法;亦是随缘消业第一妙法。"恐惧地狱之苦作为修行动力,是历代祖师大德常用的教导方法,也是在自然生命状态下化解死亡恐惧的一种有效方法。

弘一法师将净土修行也落实于生物学死亡。死亡在佛教有着非一般意义上的含义。从未来去向上划分,佛教的死亡分为轮回之死和超越轮回之死;从修行的角度看,前念已逝为死,后念未起曰生,念起念落就是生生死死。从前者的角度看,净土法门导向往生西方极乐世界,以生命的终点作为切实的判断标准;从后者角度出发,念念相续心不离净土,就是成就了佛国往生。从世俗意义的死亡出发,弘一法师开示:人们面临老病死的人生情境时,当"才有病患,莫论轻重,便念无常,一心待死。"

佛教直面死亡的勇气在此得到彰显。死亡,在佛教不仅不是忌讳话题,也非要被征服的对象,而是需要切实解决的人生问题。面临死亡,人们通常会惊恐不已,患得患失,其心难静。而佛教教给人的是直面死亡,迎接死亡,超越死亡,正所谓:"当生大欢喜,切勿怀忧恼,万缘俱放下,但一心念佛。往生极乐国,上品莲华生,见佛悟无生,还来度一切。"

具体到弘一法师引用的这一法语,是在教导学人:以"无常观"来消解死亡带来的种种恐惧,以诚心念佛来提升生命末期的质量,以等待西方三圣接引来保持平和安宁的身心状态。

死亡,在佛教是提升生命质量的最后机会。结合净土信仰的接引之说,弘一法师有专文曰《人生之最后》。按照净土理念对末期病患的照顾做详细指导,全文分为病重时、临终时、命终后一日、荐亡等几大方面,分门别类地针对各种可能的情况作出临终引导。其核心思想是:帮助临终者建立或保持正念,透过适当的方法,对临终者的意念做清净的转化,帮助其人摆脱对死亡的恐惧,抓住人生之最后时刻完成生命的升华。

法师指出:"吾人临命终时,乃是一生之腊月三十日,为人生最后。若未将往生资粮预备稳妥,必致手忙脚乱呼爷叫娘,多生恶业一齐现前,如何摆脱。临终虽恃他人助念,诸事如法。但自己亦须平日修持,乃可临终自在。奉劝诸仁者,总要及早预备才好。"

第十章 从马一浮说生死智慧与哲学

第一节 今世颜子与一代儒宗

杭州西湖的花港观鱼景区，有一座马一浮纪念馆。如今，西湖一带常常人头攒动，但这座纪念馆却少人问津。有游人偶然间进入这座纪念馆，也不免要发出"马一浮是谁"的疑问。中国现代史上，马一浮和梁漱溟、熊十力并称为"新儒家三圣"。不过，和梁漱溟、熊十力相比，马一浮生平不但更为寂寥，也更为不合时宜。

一、西湖边的今世颜子

他曾这样感慨："日日学大众语，亦是苦事，故在祖国而有居夷之感。"换言之，他是一名祖国的陌生人，而且，这是他的主动选择。

马一浮是浙江上虞人，1883年，出生在成都。幼年时，他随父回到原籍绍兴。马先生出身书香官宦门第。父亲的诗文在当地就曾有着不小的名气。母亲何氏也是在闺阁中受过良好的传统文化教育的女子。尤其于传统文学的传承上，母亲自有心得。所以，马一浮先生的家庭，在当时的社会间应该算是开明的。

受母亲的影响，马一浮的姐姐家居时是可以吟风咏月、玩弄文字的。马一浮的幼年，充分禀受了慈爱母亲的教诲。他在九岁之时，就熟读了《楚辞》《文选》这样的经典。

1898年，十六岁的马一浮遵从父命参加了科举考试的县试，考中第一名。列同榜者，还有周树人（鲁迅）、周作人兄弟二人。这时的中国，正进入思潮激荡的时代。越来越多的人开始信奉达尔文、赫胥黎、斯宾塞等西方学者的学说，并以此质疑旧制度、旧文化。部分上层人士清楚地意识到社会正在发生变化，并且确认甲午战争后的十年是变化加速而不可逆转的转折期。

马一浮因为县试夺魁，名声顿噪，遂为当时的浙江巨绅汤寿潜所看中，选为东床。此时的马一浮可谓是少年得意：金榜题名和洞房花烛，大登科后小登科,成就了人生两大快事。大概由于岳父汤寿潜的接济,婚后的马一浮搬到了绍兴府城,在府城觅得了房子,同他的新婚妻子住在一起,并于 1899 年秋季以秀才身份进入府学,继续他的学业。

1903 年 6 月,他应清政府驻美使馆之聘在美国圣路易斯留学生监督公署担任公文撰稿一职。后游历欧美日各国,阅读了大量的西方著作。在此前后,鲁迅兄弟也相继留学日本。

像当时的诸多青年人一样,马一浮以赴美为接触新思潮的契机。他在美国任职约一年,搜集并阅读了大量图书,以至于其阅读内容显得十分驳杂。比如,他读了但丁等人的诗歌、莎士比亚的戏剧、亚里士多德的《政治学》、黑格尔的哲学、斯宾塞的《社会学原理》以及达尔文的《物种起源》等。他还特意阅读了《资本论》,并在日记中写道:"得英译本马格士《资本论》一册,此书求半年矣,今始得之,大快!大快!"他是第一个把《资本论》带进中国的人。

接下来的时间,马一浮就与西湖、与杭州结下了不解之缘了。他可以说是在西湖边居住时间最长的西湖文化名人。

1905 年马一浮从日本回国后,曾与谢无量在镇海焦山海西庵寄住一年,之后回到杭州,先在宝积观巷等住了一段时间,通过湖墅香积寺住持肇安法师的介绍,寄居西湖广化寺,三年后又移居杭州永福寺。

从回国到辛亥革命爆发的这段日子里,马一浮一直在杭州的西子湖畔隐居,远离尘世的动荡与喧嚣,埋头读书和潜心治学。从 1905 年一直到 1938 年,只有在民初时应蔡元培的邀请,出来做过几周的民国教育部的秘书长,不久后便辞官归去。这段隐居的时间相当长久,达 33 年,这也是马一浮最年富力强的时期,包括了他整个的青年时代和中年时代。在这段时期的大部分时间里,马一浮除了去文澜阁读书极少走动,基本上是闭门不出。平日里来访最多的是他的几个学生或私淑弟子。偶尔也有一些国内的知名学者,或因为是他的至交好友而来访见,或因为仰慕他的名声而来登门求教的,但是马一浮从不去访问别的学者。

马一浮的这种作风,不仅使得他在国内的知名学者里面显得十分与众不同,而且似乎更加增添了他的神秘感。加上那个时代国学一路,门庭冷落,学者凋零,本来从业者已经不多,真正能在学识和国学素养方面够资格去西子湖畔造访马一浮并与之攀谈的学者,更是少得可怜,举国也不过是十数人而已。

随着时间的推移,马一浮与外界的交往,越来越少。最后的结果是,唯有那些真正有学问的大学者,如弘一法师、梁漱溟、熊十力等,或者有资格和有诚意向他求学的人如丰子恺以及他的几个学生,才能够与他保持较长久的友谊和往来。马一浮隐居愈久，名声却与日俱增，愈发响亮。尤其是担任了数周的民国教育秘书长，以及数次谢绝了北大和浙大的文科院长的职务聘请之后，马一浮的名声益发的响亮。在 20 世纪的 20 年代到 40 年代里，马一浮犹如国学的象征，以一代宗师的身份，坐镇西湖，博得四方的景仰。

马一浮回国以后，至少有十五年至二十几年是在佛寺的简陋禅房里面居住的，而永福寺似乎也常常成为马一浮接待学者友朋乃至举行学术聚会的场所。这样的经历，在中国近代学术史上也是绝无仅有的，正所谓奇人奇事特立独行。马一浮自从移居广化寺后，由于时间充裕，读书日进，其学术兴趣也日益广泛。广化寺比邻著名的藏书楼文澜阁，这为他的国学研究提供了得天独厚的条件。以后的数年间，他广阅文澜阁所藏四库全书，甚有创获。

其友人弘一法师曾这样说道："马先生是生而知之的。假定有一个人，生出来就读书，而且每天读两本，读了就会背诵，读到马先生的年纪，所读的还是不及马先生之多。"

苏曼殊则在致刘半农的一封信中写道："此间有马处士一浮，其人无书不读，不慧曾两次相见，谈论娓娓，令人忘饥也。"处士，即传统中对隐士的一种称呼。一般来说，成为隐士者，多为道家中人。但一个儒者如果有强烈的道真之心，且无意于世事，那么他也极有可能成为一名隐士。

当代研究马一浮的大家刘梦溪先生言：不是谁都可以了解马一浮。不是简单地读他的书，就可以了解他。他是中国现代学者当中最难解读的一位。

这样一位长期隐居的颜子式人物，何以可以获得如此高的学术和社会声誉呢？接下来我们看马一浮"隐"中之"显"。

二、千年国粹，一代儒宗

1977 年马一浮逝世十周年，浙江省人民政府办公厅举办了追悼会，为马一浮平反。梁漱溟以后学发来的唁电，词曰："千年国粹，一代儒宗。"梁漱溟、马一浮、熊十力同为现代新儒学的开山鼻祖，相互之间有着数十年的交情。马一浮外柔内刚，梁漱溟外刚内柔，熊十力则脾气耿直，缺乏柔性。脾性的不同并不妨碍他们之间的交往和友谊。

熊十力，湖北黄冈人，与马一浮、梁漱溟同为中国现代新儒学的奠基人物。他曾与马一浮非常投契。20 世纪 30 年代时呕心沥血作《新唯识论》从此享誉哲学界。熊十力著《新唯识论》时，其与马一浮的友情正笃，对于马一浮在儒学和佛学方面的造诣也十分叹服。因此，他曾经两次来西湖拜访马一浮，将自己写作《新唯识论》的种种想法和观点拿出来同马一浮讨论。尤其是《新唯识论》中的《境论》章和《明心》章，对马一浮的意见，采纳颇多。当然，马一也惺惺相惜，对熊十力的《新唯识论》推崇备至。马一浮曾经为《新唯识论》作序，将熊十力《新唯识论》的成就赞誉之高，无以复加。

梁漱溟，原籍广西桂林，生于北京。现代新儒家的早期代表人物之一，有"中国最后一位大儒家"之称。梁漱溟与马一浮可以说有终生的友谊。梁漱溟一生都对马一浮十分钦服，而马一浮对于梁漱溟也是十分推崇，尽管两人见面并不多，但是相互之间十分默契。1939年马一浮初创复性书院时，曾经给梁漱溟写信，力邀梁漱溟去书院讲学。在陈述了书院筹备和草创的艰难之后，他称赞梁漱溟乡村建设的宏伟计划及其不辞辛劳深入乡村的实干精神，说是"仁者行劳天下，比于禹、墨。"当然，梁漱溟对马一浮"千年国粹，一代儒宗"的评价，绝不是因为他们的友谊，更重要的是对马一浮正宗儒家理念、思想、教育及德行的高度认同和称赞。

从1905年到1911年，也就是辛亥革命前的这段时间，应该是马一浮人生路途上重要的一个时期。在这段时期里，马一浮以从未有过的热情拼命读书和著述。他在学术上，无论是对西学还是对中学，都有深入的研究，而且也都有很大的设想和计划，且颇有创获。但是，马一浮对当世一些人对于西方文化的功利态度极为不满。一些所谓西学学者，只是略读了一点西方的商业和经济，或者习得一点工科的学问，甚至只是背了几条西方的法律，就自认为了不起了。许多人只是将浅薄的西学知识当作参与政治和经济、谋取功利的资本。

1912年，民国肇建后，教育部长蔡元培邀请马一浮出任教育部秘书长，但马一浮在到任后不久，即和蔡元培就读经一事发生了冲突。原因在于，蔡元培赞成废经，而马一浮认为不但经不可废，还应设立"通儒院"培养精通儒学并兼通古希腊文化之人才，如是，"庶几中土学者可与世界相见……十年、廿年之后，必有人才蔚然兴起，此非一国之幸，亦世界文化沟通之先声也"。他的这些建议，显然不合时宜，更不会得到采纳，而马一浮也仅仅做了很短时间的教育部秘书长即提出辞职。"我不会做官，只会读书，不如回西湖。"

从1912年直到1938年再次出来做事为止，长达26年，马一浮始终身居杭州陋巷，孑然一身，潜心研究儒、释、道等中国传统文化。这期间，马一浮完全放弃了西学的研究，彻底回归传统。

1916年，蔡元培执掌北大，又邀请马一浮赴京，出任北大文科学长，但马一浮回电说："古闻来学，未闻往教。"

浙江大学校长竺可桢，曾三顾茅庐，请马一浮到浙大讲国学。每次，他都得到同样的答复："我不到你这个浙大去，谁要向我请教，必须到我家里来。"

简而言之，他希望做一名儒学的守夜人。马一浮坚持做一名孤独的儒者，虽然是出于他的主动选择，也是时势使然。如果他到大学任教，即须应现代教育之要求而改弦更辙，否则必然显得迂阔而远于事情。这就会使他和校方都陷入两难境地。

如果不是因为抗战爆发，或许马一浮一生都会在隐居中度过。也恰恰是抗战带来的形势所迫，马一浮才有机会到浙大讲课，才有了《泰和会语》《宜山会语》两部代表他思想的讲义，也才有了到四川主办复性书院的机会，及通过复性书院学规展现出的儒家生命教育思想。"千年国粹，一代儒宗"才真正成为现实。

三、生死之爱，生死以之

马一浮不仅是"一代儒宗"，也是一位十分钟情的仁爱男人。

马一浮的童年比较悲情，11岁丧母，19岁丧父。但他对于父母的教诲终身未忘。父亲马延培精于义理之学，去世前一直与马一浮姐弟相依为命。母亲何定珠，出生世族，精通诗书，擅长文学，同时治家严谨。马一浮的幼年，充分禀受了慈爱母亲的教诲。聪慧美丽的母亲，对于高洁自傲的儿子的将来，始终是怀了一份淡淡的隐忧。

马一浮没有兄弟，只有三个姐姐。三姐在他6岁的时候夭折，他17岁时二姐去世。母亲去世后，一直是年长10岁的大姐照料着马一浮的生活起居。大姐在临终时，又嘱咐自己的儿媳妇务必照顾好自己的弟弟。之后的十余年，甥媳妇不负所托，像女儿一样细致地照顾马老先生。但是，马一浮65岁时，照顾他的甥媳妇也病故了。

马一浮的妻子叫汤孝愍，是汤寿潜的女儿。汤寿潜是绍兴社会名重于一时的贤达人士，后任国民政府浙江第一任都督、交通总长。

虽说马一浮和汤孝愍是奉父母严命成就的一段传统的婚姻，但他们的夫妻生活，自始至终，都流动着一种碧波荡漾的怡情。新娘子眉目清好，又知礼知节，兼对家人孝悌有加，有着一种简约含蓄。年轻谦逊的马一浮，没有理由不敬重这样一位款款有致的新娘子。虽然是新婚，理性到了极致的马一浮仍然会在白天出门去访晤自己的文友。柔性的马一浮请自己当时家居的姐姐花时间陪陪春风杨柳般的汤夫人。

马家姐姐是博稽群籍的。她自幼的嬉戏，就是与母亲和乃弟吟诗斗句。新娘未嫁入马家之先，马氏姐弟对于未来的新人就已有一番期待。马家姐姐听说新人是来自朝野归誉的贤者汤寿潜先生的门楣，即已对于新人存了一份景仰之情。马家姐姐先前曾经取笑弟弟：即以汤先生的诗礼世家，新人定然是幼秉庭训、才识不凡的。弟弟这样的才子只怕也会捉襟见肘。但是令人意外的是，汤孝愍不能吟诗，甚至都不识字。

清末民初的旧式女子，无才便是德，不识字大抵上是多数女子的一种生存常态。汤先生自己当时的思维虽然是新式的，可是，对于女孩子的教育，却依然本能地遵循着三从四德的旧训。这也是新旧交替的大时代的前夜，一些新式人物性格的彷徨矛盾之处。当年像鲁迅、胡适之这样的引领时代前行的强者，在处理自己的私生活时，也都无力彻底打破旧的牢笼，安然地走自己的路。所以，新娘汤孝愍的目不识丁，错不在她。只是她嫁进了当时社会中比别人观念新潮了一步的家庭而已。

　　汤孝愍嫁入了马家。马家的男女老幼都是能诗会咏的。汤孝愍就觉得是因为自己过去的懒散，而使父亲的名声蒙羞了。她觉得父亲的过去虽说是疏落于女子的教育，可是只要自己坚持，父亲也未必会阻拦。她开始自怨自艾地想着这样的问题。

　　马一浮探明了事情的原委，内心也有了一种疚然。他答应汤孝愍，一定抽出时间来，教会她读书写字。马家姐姐也找到了汤孝愍，答应与她一起探讨文字。这个时期，马一浮在学术界的名气，渐次地飘出了绍兴的地面，在大江南北声名鹊起。家人鼓励马一浮到外面的世界去走一走，增长一番阅历。1902年，上海的谢无量与马君武君创办《二十世纪翻译世界》杂志。他们力邀马一浮加盟。这样，新婚燕尔的马一浮即辞别了老父与妻子，去到上海求学。丈夫的外出给汤孝愍提供了更多的与马家姐姐相处探讨学问的机会。

　　汤孝愍只要一闲下来，就会缠住马家姐姐问这问那，问题的宗旨始终是不离读书识字的题目。汤孝愍是聪颖早慧的，加上那一段时间发愤研学，在学问上的进展近乎神速。时隔不久，汤孝愍在文章诗书上，就粗略地有了自己的规模。十里荷花飘香的季节，汤孝愍居然是可以大模大样地与马家姐姐咏诗作对、唱答往来了。后来，汤孝愍夫人第一次拿起笔来，给在上海的夫君汇报了自己的求学心得。

　　因为夜以继日的苦学，汤孝愍种下了致命的病根。等到自己都感觉到了一种支持不住了的空虚之时，医生的诊断，已经是肺结核病的晚期。这样的一份结果，由于当时医疗水平的限定，就已然是一种无力挽回的死亡的通知书了。汤孝愍夫人迅速地进入了一种病入膏肓的垂死状态。弥留之际，家人给上海的马一浮拍了一份加急电报，告知妻子危在旦夕。马一浮大惊失色。众目睽睽之下，他的神情都表现出了一种茫然不知所措的游离状态。他星夜往家乡赶回。然而，仍然没有赶得及看爱妻最后一眼。

　　马一浮很奇怪地望着棺木中宛若睡熟了的年轻妻子的遗容，除了她的脸庞有了些微的变小，不敢相信汤孝愍就这样飘然地离诀了人间。他在爱人灵柩合棺前的整整二十四小时内，不吃也不喝，不哭也不闹，只是轻轻握住汤孝愍的了无生机的小手。他就那样安宁沉静地望着仿佛熟睡过去了的今生唯一的爱人。家人都恐怕马一浮是因为悲愤过度而变得痴呆了。在爱妻汤孝愍下葬入土的数日之后，马一浮坐在自己物是人非的清冷的屋子里，像一个孩子般号啕大哭起来。

大悲苦之下，他写下《哀亡妻汤孝愍辞》：

　　孝愍归我三十一月，中间迭更丧乱，无一日不在悲痛中，浮未有与卿语尽三小时者，然浮所言他人所弗能解者，卿独知其意。吾之志、之学、卿之慧盖已能及之。卿虽幼不知书，浮或教以诗，卿辄默记无遗，且好诵悲忿惨痛之篇，往往至于哭泣。盖其性情笃厚，真马浮妻也。卿即死，马浮之志、之学、之性情、之意识，尚有何人能窥其微者！

此时的马一浮，应该是已然抱定了对于逝者的一种此生永远不可释然的深情。古来一些情真意切男子的悼亡词，从苏东坡的"十年生死两茫茫，不思量，自难忘。千里孤坟，无处话凄凉"到陆放翁的"红酥手，黄縢酒，满城春色宫墙柳"，以及纳兰性德的"此恨何时已。滴空阶、寒更雨歇，葬花天气""清泪尽，纸灰起"，总是引人伤感。但对于女人的痴情，能够到达马一浮的深度，这尘世间是很难有可以出乎其右者。此时的马一浮不到二十岁，后来活过了八十五岁的高龄。马一浮后来的一生中都不再有过婚娶。

1927年，四十五岁的马一浮已经成为学术界的一代宗师了。这期间，马一浮与先妻汤孝愍的家人始终保持着良好的交往。岳父逝世之后，亡妻汤孝愍的哥哥诚恳地向马一浮表示了父亲的遗愿：亡女缘薄福浅，希望马先生能再继画眉之乐，不要再孤灯独对苦待自己了。亡妻家人对于自己始终不渝的关怀令马一浮很是感动。

可是，马一浮在闭门叩心自问数日之后，他觉得自己的方寸之心已然是曾经沧海难为水。他的心写满了亡妻汤孝愍的柔情似水。他的今生是真的无力再寻芳了。因此，马一浮毅然在报刊上登出了婉拒友人为他作伐续弦的一封信。云：

　　浮德非虞鳏，生无立锥之地；才谢孔父，已邻衰白之年。分当枯木寒岩，自同方外；此而犹议婚姻，私亦讶其不伦。

当时，一些世伐大户人家的女子，对于声名如日中天的马一浮存了一份幽微的爱慕之情。此信一经刊登，喧嚣而上的议论立即就雨晏风清了。一代儒宗以独特的方式彰显了自己对生死之爱的理解与坚守。

第二节　传统文化的生命精神

作为一代国学大师，马一浮先生对于传统文化的生命精神的挖掘，是其生命人格和思想学问最为重要的内容和贡献。

一、浙大国学讲座的生命精神

1937年卢沟桥事变，日本帝国主义者公然发动了全面对华侵略战争。不久杭州沦陷，马一浮为了避寇一路逃到桐庐、开化。马一浮逃亡之路十分艰辛，其随从又有其甥丁安期及门生王星贤两家合计十五人。除了众人大量的行李之外，马一浮还带着许多书。情形十分狼狈，进退维谷，逐渐难为生计。逼不得已，马一浮给竺可桢写了一封信，提出到浙大讲学的可能性。

由于过去回绝了浙大的礼聘，此次由自己来重提此事，马一浮显得非常不好意思，故措辞十分婉转。他在信里不说浙大国学讲座的应聘，只说希望能够让他和他的同伴依附浙大，可谓用心良苦。其实，马一浮心里清楚，在当时应浙大之聘，已经是无可奈何之事。

马一浮自从避难以来，多年隐居的心境早已经打破，思想中已隐有出山之意，毕竟隐居需要环境，如今国破家亡、民族危难，覆巢之下再无完卵，不仅隐居已变得不可能，生命本身也受到威胁。马一浮虽有首阳之志，无惧效法伯夷、叔齐，为国殉身，但是，一者首阳之举于国事无补，二者他又不能弃身边随行之人于不顾。因此，这种想法虽然从心头掠过，但是立刻就被他自己否定。儒家讲究生死有命，刻意寻死，儒者不为。

不过，乱世之中，生存成了大问题。如果没有稳定的生活来源，这么一大帮子人，一日三餐，很快便难以为继。所以，马一浮在桐庐、开化，已经开始有了出来做事的想法，而自己所能够做的，也就是讲讲课，赚一些讲课费而已。当然，尽管自己的境况窘迫，但是架子还是要有的。过去是自己拒绝了浙大的邀请，如今变得自己要凑上去，无论如何，也不能太丢了面子。因此，在竺可桢先生回信，重申了对马一浮的邀请之后，马一浮又复信强调，他个人去不去讲课，并不重要，重要的是学校应该教什么。如果学校设教有方，注重传统的经术、义理，那么，有没有马一浮都是一样的。而且他的这些看法，不会因为自己需要帮助而改变。

竺可桢是中国现代教育史上少有的极开明的校长，他知道马先生的固执，自然不会与他辩驳，更知道马一浮当时的困难，而且他也一向认为，应该让传统的国学在学校里有一席之地。因此，他不仅表示完全同意马一浮的观点，并且十分爽快地答应了马一浮的其他一干要求，给足了马一浮面子，终于促成了马一浮的浙大之行。1938年3月，马一浮终于接受浙江大学校长竺可的电请，赴江西泰和担任浙江大学"国学讲座"一职。

马一浮应聘浙大国学讲座，无论是对浙大来讲，还是对马一浮自己而言都是一件大事。

对于浙大来说，此举虽有收容解困之意，但是，聘请马一浮这样的名流来宣讲和弘扬国学，原本就是学校的初衷，能成功固然可喜；对马一浮来说，曲就国学讲座一职实乃不得已而为之，因为离自己的理想尚有一段距离，但是客观地说，也确实表现了他愿意出来与国人共赴国难、为民族国家做贡献的诚意。同时，主观上，作为一代宗师，在现代各种思想泛滥之际，要将我国固有的学术尤其是儒学发扬光大，重新唤起国民特别是青年学子们对于国学的信心，以中华民族道德的理想来迎接人类的未来，本来就是马一浮的夙愿。

1938年4月，马一浮一干人从开化出发，坐车一路颠簸，经玉山、常山、樟树而至泰和。抵达泰和时，受到了浙江大学师生的热烈欢迎。他在浙大欢迎会的讲话中说：

> 今因避难来泰和，得与浙江大学诸君相聚一堂，此为最难得之缘会。竺校长与全校诸君不以某为迂谬，设此国学讲座，使之参与讲论，其意义在使诸君于吾国固有之学术得一明了之认识，然后可以发扬天赋之知能，不受环境之陷溺，对自己完成人格，对国家社会乃可以担当大事。

著名历史学家钱穆曾在所著的《国史大纲》的开篇写道，读本国史者，应具备四种观念，其中第一条为："当信任何一国之国民，尤其是自称知识在水平线以上之国民，对其本国已往历史，应该略有所知。"

开设国学讲座时，马一浮也采取了类似的做法。他在第一场讲座上便提出：

> 但愿诸生亦当具一种信念。信吾国古先哲道理之博大精微，信自己身心修养之深切而必要，信吾国学术之定可昌明。不独要措我国家民族于磐石之安，且当进而使全人类能相生相养，而不致有争夺相杀之事。具此信念，然后可以讲国学。
>
> 使诸生于吾国固有之学术得一明了认识，然后可以发扬天赋之知能，不受环境之陷溺，对自己完成人格，对国家社会乃可以担当大事……

马一浮在浙大讲学，以张载"为天地立心，为生民立命，为往圣继绝学，为万世开太平"四句教为宗旨,希望学生"树起脊梁,猛著精采,依此立志",堂堂地做一个有责任心、敢于担当的人。从而于此人欲横流、民族危亡之际,借充厚之修养自拔于流俗,承担起为万世开太平的神圣使命。

马一浮在浙大开讲伊始,首先拈出张载的四句教,颇具深意,的确不愧为一代儒学宗师,出手即不同凡响。要知道,儒学自从鸦片战争以后,在西方学术的冲击下,早已是江河日下。这一中国人奉行了数千年的文化思想传统,中国人乃至许多黄种人一直赖以生存的精神支柱,在辛亥革命推倒中国最后一个封建王朝之后,开始成为革命批判的对象。"五四运动"打倒"孔家店",儒学更是千夫所指,遭遇了一场近乎灭顶之灾。儒学的没落,不仅动摇了民族的文化传统,而且在某种程度上是对民族尊严的一个打击。马一浮是生活在这样的时代!

抗日战争爆发将民族矛盾推到了首位,人们开始重新意识到传统的可贵。儒学也因此重新浮上水面。这是马一浮之所以能够出山来宣讲儒学,以及稍后更加风光地主持复性书院的社会历史的大背景。但是,宣讲儒学,千头万绪,从何处开始确实是个大问题。

马一浮不同于历史上的那些腐儒,也不同于现代的无聊文人和政客,他是现代中国少数能够真正了解儒学意义和价值的人。马一浮清楚地意识到,就鼓动青年学子的爱国热情、振奋和凝聚民族精神而言,在儒学的思想与口号里,张载的四句教是最有力量的!

"为天地立心,为生民立命,为往圣继绝学,为万世开太平",这不仅是孔孟以来儒家的理想,而且一直以来是古代中国人的最高理想境界。它的价值是永恒的,尤其是在民族救亡的年代,这一思想口号的重提,不仅充分体现了其伟大的人格感召力和民族凝聚力,而且必定有助于人们走出文化迷失,重新认识儒学的意义和价值。

马一浮在泰和一方面以张载的四句教来激励学生的民族责任感和民族自尊心,另一方面则开始讲述他体悟多年的"六艺统摄一切学术"的学说。马一浮先生讲国学是"六艺之学",使国学回到了中国文化的初典,可以看作对国学定义的最经典的表述,更容易和现代人的精神世界相连接,也更容易入于现代教育体制。《诗》《书》《礼》《易》《乐》《春秋》"六艺",也就是"六经",是中国学术思想的经典源头,是中华文化的最高级的形态。

马一浮赞叹曰:

> 圣人以何圣?圣于六艺而已;学者于何学?学于六艺而已。大哉,六艺之为道!大哉,一心之为德!学者于此可不尽心乎哉?

1938年10月，浙江大学由赣入桂，迁至广西宜山。马一浮在宜山继续开讲。

马一浮在泰和和宜山讲学，皆由其弟子记录，然后结集刊印，称为"会语"。《泰和会语》与《宜山会语》集中展现了马一浮的新儒学思想体系，也是他三十年治学的思想成果。这些成果不仅是马一浮作为"千年国粹，一代儒宗"的重要印证，在实现中华民族伟大复兴的今天，依然甚至是更为具有其时代意义。如何在优秀传统文化中去落实社会主义核心价值观，安顿我们的生命，从传统文化中吸取智慧和生命力量，马一浮特别强调的张载的四句教，仍然是最为重要的生命精神之所在；而其"六艺之学"强调的回到中华文化最根本的经典中去吸取智慧，依然是我们安顿生命的最根本立足点。

马一浮在浙大讲学虽然为时短暂，前后只有一个学年，但对当时的浙大却有着重要的影响。当时的浙大校长竺可桢先生也常去听马先生的演讲。1938年5月14日下午三点，马一浮在新村10号教室讲《西方近代科学出于六艺》，竺先生到会听讲。当日《日记》云：

《诗》《书》为至善，《礼》《乐》为至美，《易》《春秋》为至真。以《易》为自然科学之源，而《春秋》为社会科学之源。盖《春秋》讲名分，而《易》讲象数。自然科学以数学为依归，其所量者不外乎数目、数量、时间与空间，故自然科学之不能逃于象数之外其理亦甚明显。惜马君言过简单，未能尽其底蕴。

二、浙江大学校歌的词作者

2014年教育部新闻办公室官方微博"微言教育"公布了最受网友欢迎的高校校歌前十名单，《浙江大学校歌》荣登榜首，获得"最美校歌"的称号。这首被誉为中国"最美校歌"的词作者，便是马一浮先生。

1938年11月19日，在广西宜山，竺可桢校长主持校务会议，会议决定以"求是"为浙江大学校训，并决定请著名国学大师马一浮写校歌歌词。马一浮先生郑重其事，颇费了一番斟酌，写下了《大不自多》这首歌的歌词。

马一浮作的这首歌词，因为引用了较多的古典，用的是文言文，不太通俗，且读起来有时比较拗口，竺校长曾考虑改写，但他又觉得，马老作的歌词虽文理艰深，但含义深远，很能体现浙江大学所追求的求是精神，因此，这首歌仍请著名作曲家、当时的中央音乐学院的应尚能教授谱曲，并经校务会议通过，正式定为浙江大学校歌。校歌分三章，或曰三段。

第一章讲的是大学的精神。

> 大不自多，海纳江河。
> 惟学无际，际于天地。
> 形上谓道兮，形下谓器。
> 礼主别异兮，乐主和同。
> 知其不二兮，尔听斯聪。

将这几句歌词用现代白话文表示就是：

> 大海浩瀚而不自满，所以能容纳千江万河。
> 大学学问广阔无际，延伸到整个宇宙天地。
> 超越形体的称为道，有具体形貌的称为器。
> 礼制区别人们差异，音乐使民众和谐相处。
> 明白它们的统一关系，就会更加聪慧明智。

第二章说明国立浙江大学的精神，发挥校训"求是"二字之真谛。

> 国有成均，在浙之滨。
> 昔言求是实，启尔求真。
> 习坎示教，始见经纶。
> 无曰已是，无曰遂真。
> 靡革匪因，靡故匪新。
> 何以新之，开物前民。
> 嗟尔髦（máo）士，尚其有闻。

这一章充分阐释浙江大学"求是"校训所包含的精神：要求是，要创新，要循序渐进，锲而不舍。用白话文翻译就是：

> 有一所国立大学，在中国东南的浙水之滨。
> 它以求是为宗旨，其实就是启迪大家求真。
> 学校教育循序渐进，方能培育出治国才俊。
> 莫言已把握事物本质，更莫言已穷尽真理。
> 没有变革不需因袭，没有旧事物不需更新。
> 怎样改革创新？探究事物，做大众的先导。

第三章讲浙大的使命就是培养优秀的学生。

> 念哉典学，思睿观通。
> 有文有质，有农有工。
> 兼总条贯，知至知终。

> 成章乃达，若舍之在熔。
> 尚亨于野，无咎于宗。
> 树我邦国，天下来同。

核心精神在于强调，浙江大学要培养的是优秀的学生，这样的学生在校时应该坚持不懈地努力学习，出校后要有广阔的胸怀。翻译为白话文就是：

> 诸位年轻的英才，应当明了这些重要道理。
> 要专注于学业，力求思想深刻、识解通明。
> 我们有人文、科学、农业、技术多种学科。
> 要融会贯通，掌握知识的源流和实践运用。
> 日后成才成功，犹如真金经过熔炉的冶炼。
> 要胸襟宽广，不偏守门户之见、宗派之私。
> 努力振兴祖国，使世界各国人民和谐共处。

马一浮是参照古代辟雍的燕乐歌，并考虑今日大学校歌作用的特点来作歌词的。所以，他作歌词竭力取其雅正。对于歌词之所以取其典雅而不求其通俗，他解释说：

> 文章自有体制，但求是当，无取随人。歌辞中用语多出于经，初学不曾读经者，或不知来历，即不明其意义。又谱入曲调，所安声律，亦须与词中意旨相应，故欲制谱之师于此歌峰深具了解，方可期于尽善。

校歌虽不通俗，但由于其典雅、庄严，并突出了浙大的"求是"精神，所以受到竺可桢校长和一干教授的赞赏。马一浮所作的这首校歌歌词，主要取材于《易经》《书经》及《礼记》等儒家经典，是中华先哲嘉言，有至理存乎其间。歌词中包含的儒家经世致用的思想和浙大的"求是"精神，对于鼓舞浙大全体师生奋发向上的勇气、培养学以致用的目的，以及坚定为民族前途团结奋斗的志向，在历史上起到了很大的作用，在今天依然在引领着浙大师生。也因为此，它才在今天被誉为"最美校歌"。

三、复性书院与儒学生命教育

马一浮最突出的贡献，是在倡导儒家学说的教育方面以及在推行儒家思想教育方面所做出的可贵的探索。在这一方面，马一浮的贡献对于现代新儒家来说，是具有开创性的，并且对于后世的当代新儒家的儒学教育实践发生重要的影响。1939年夏，半壁江山已然沦陷。耿直、孤傲，向来拒绝出斋的马一浮，这回却打破"平生杜门"的守则,受重庆国民政府教育部之邀,赴四川乐山创办复性书院,讲明义理,选刻古书。

"复性"之名,为马一浮所定。在《书院之名称旨趣及简要办法》一文中,他解释说:

> 学术人心所以分歧,皆由溺于所习而失之。复其性则同然矣。复则无妄,无妄即诚也……故今揭明复性之义以为宗趣。

换言之,"复性"既是书院之名,也是教学宗旨,如孔子之"克己复礼",亦如王阳明之"致良知",均是以简约且有意味的言语,阐明宗旨所在。在一定意义上可以说,马一浮最核心的学问,就是"复性"二字——恢复人的本性。世上的每个人,无论高低贵贱,都有本然之善。我们应该"复其本然之善,全其性德之真"。

复性书院的主旨在于恢复人的本性,回到人的真实生命本身。马一浮主办复性书院,就是要"以复性为纲领,以返求为功夫"。要求学生下一番反求诸己的功夫,将泥沙滤净,还其人性之原初状态。由是,马一浮以儒家六艺(六经)为一切学问之本根,亦为生命之本根,在复性书院的教学内容和教学形式中,坚持儒学教育的生命导向,落实复性之旨归。

《复性书院学规》是马一浮给复性书院诸生讲的开讲词。在"学规"中,马一浮特别提到了四条基本要求:"一曰主敬,二曰穷理,三曰博文,四曰笃行。主敬为涵养之要,穷理为致知之要,博文为立事之要,笃行为进德之要。四者,内外交彻,体用全该。优入圣途,必从此始。"马一浮的《复性书院学规》四条,既完整地展示了马一浮本人所主张和坚持的儒学教育的基本思想以及他所主张的"复性"教育的根本内容,同时也彰显了儒学教育的生命导向或者说儒学生命教育的基本导向。

《学规》第一条为"主敬为涵养之要者"。这一条重在点明生命之本在其虚明而能润泽涵养,只有当我们以虔敬之心祛除心灵上的杂质,将我们的生命之树植于此深广涵润的根基上,我们才可能真正成长为顶天立地之大人。在马一浮看来,敬,是生命德性的起点、根基,也是成就生命之目标和意义的本根。"尊德性而道问学,必先以涵养为始基。从其成德,亦只是一敬,别无他道。敬也者,所以成始而成终也。"马一浮用"敬"来作为儒学式生命教育的开示词,表面看只是在端正一种生命态度,实际上是在表达一种生命立场,或者说确立一种生命信念,那就是虔敬地对待自己的生命,亦即真诚地对待自己的生命,对生命本身持一种敬畏之心。诚者成也。至诚之心,便可修成至成之命。

《学规》第二条"穷理为致知之要者",是对生命修为路径的开示。这一条重在点明，在主敬以达到心灵虚明照澈的状态后，如何调动我们生命本身的力量，通过内心的体悟和切己的思考，以通达内在于心中的事理，从而充养我们生命的虚灵明觉，达致成己成人成物的生命意义。马一浮说："无事时体认自心是否在腔子里？有事时察识自心是否在事上？如此方是思。方能穷理。""体认亲切时，如观掌纹，如识痛痒。察识精到处，如权衡在手，铢两无差。明镜当台，豪发不爽。如此方有知至之分。"这些在散乱的心中是不可能的实现，因此，要以切己之思穷理致知，必须以主敬涵养为前提。换言之，生命之树干必须生长在生命之本根上。

《学规》第三条为"博文为立事之要者"。这一条重在点明，在主敬以达到心灵虚明照澈的状态的基础上，在穷理而致知的同时，特别从学的角度，如何在学习的过程中知类通达，明了事中之理，以成就人生实践中的事业，丰硕生命的果实。在马一浮这里，"学"的根本只是生命之学，即使是学"文"，也不只是简单的文章之学，而必须是渗入生命之中、生命之根，以不断丰硕生命的果实，即接引人的人格生命的成长，以便可以迈向通达圣贤的成长之路。

《学规》第四条为"笃行为进德之要者"。这一条重在点明，有了心灵的虚明照澈，并能穷理致知、博文立事，还不能算生命意义的完整，真正人的生命的意义在于德性的建立，而德性的建立不是只靠穷理致知、博文立事可以达到的，而必须是笃行，必须靠没有欠缺、没有间断的个人修行，才能让一个人的生命德性日进、意义充实。对于马一浮来说，"学规"是成就一个人的大生命的规矩。正因为这样，"学规"最后才必须将所有的"学"落实在"行"上。因为生命是"活"的，是生生不已的；因此，关乎生命的学问就不只是拿来"说"的，而必须是拿来"做"的。而且，这个"做"并不一定是"建功立业"般的"大事"，同时也是，而且在根本意义上首先是"日用伦常"的视听言动诸般"小事"。

马一浮《复性书院学规》以"敬""诚"作为生命修为的前提，以"学""行"作为生命成长的修为课程，既强调以敬立志、以诚开路、反求诸己，又强调以学立事、以行进德、学以致用，如此不断修为生命、成长生命、日进无疆。《学规》所彰显的这一教育理念和教育思想，秉承了儒家教育一贯的生命导向，同时也为当下中国正蓬勃兴起的现代生命教育事业提供了一个宝贵的参照。

马一浮的《复性书院学规》虽只是个小文本，却是一篇大文章。说是小文本，是因为它只是马一浮整个《复性书院讲录》的开讲词，在马一浮的思想体系和学术体系中占不了大的位置；说是大文章，是因为它是关乎生命本身的学问，是最切己、最实在、最根本的学问。因为读懂了生命，就读懂了万物，也就读懂了天地宇宙。它不只是一般的校规校训,而是具有直透生命根底的儒学生命教育意义。

第三节　哲学式的生死与死亡超越

抗战胜利后,复性书院从四川乐山东迁杭州,暂借西湖葛荫山庄为临时院舍。1948年,书院停办。一场"复性"之旅,几乎无果而终。在此之后,马一浮选择了继续做一名隐士。他在一封信中这样写道:

浮今日离院,从此可自拔于陷阱。贤辈爱我,切勿再牵率老夫堕坑落堑也。

年轻时,他既不期望时人之理解,而宁愿"默守臧密",以待后人。他喜欢作诗,而且曾很自信地说:"但使中国文字不灭,吾诗必传,可以断言。"在复性书院停办后,他更加坚持这些观念。

一、马一浮的晚年生活与死亡超越

马一浮不标新立异,不自构体系,始终只是默默地潜心体究宋明理学。事实上,他忠诚于传统、对儒家文化所做的深刻研究和体验,正是在多灾多难的20世纪,为我们这个伟大的民族延续着一缕文脉。他匿居陋巷、不求闻达的行为本身,恰恰是在践行中国传统文化的为人精神。极少称许他人的熊十力,却说出了一句"马先生道高识远"。

马一浮先生的晚年是凄怆的。1967年,年迈体衰的马一浮因胃疾加剧,被送入浙江医院救治。这一回,灯枯油尽的一代大儒马老,遽逢其酷热难熬的时局,已然自知不起。

马一浮是位读了80年书,不只精通儒释道等传统文化,亦熟谙海外典籍,博览中外医卜命相杂著的大师,是对死看得很坦然的达观之人、超脱之人。马一浮晚年每逢生日亦必作告别亲友的留言诗。1967年6月2日,马一浮先生在杭州病逝,终年85岁。马一浮临终前,照顾他的是汤家终身未嫁的侄女汤俶方。

在生命的最后一刻,马一浮寂然地倚靠于病床,以欹斜的笔迹写下了最后的绝笔词。云:

乘化吾安适,虚空任所之。形神随聚散,视听总希夷。
沤灭全归海,花开正满枝。临崖挥手罢,落日下崦嵫。

大师的淡定与安然令人们肃然起敬。这首诗自始至终都充满着一种乐观的情绪，集中地反映了作者的宇宙观、人生观、生死观。全诗意境旷达、洒脱，充分表达了诗人对生与死的必然，和宇宙万物生生不息的自然规律的彻底了悟。只有马一浮这样的哲人才有如此博大、恢宏的胸怀，能理智、冷静、从容地面对生死。前四句是道家思想，庄子的超脱。第五句用了佛教的沤海之喻，意蕴颇深。"沤"就是一个小水泡。其实一人一物，不过只是小小的浮沤水泡，但也是整个大海的显现。沤生沤灭，生死变幻，最终要归于宇宙无尽的大海之中。庄子讲生死不过是气的聚散，聚则为生，散则为死。生死也如昼夜的变化，我们不必悦生恶死，就像不必喜欢白天，厌恶夜晚一样。有限的人生与无限的宇宙不就是沤与海的关系吗？生与死，不过是平常事而已。按庄子的说法，真人能破死生之惑，不执着生，不厌恶死，一切听其自然，视生与死为一来一往，来时不欣喜，去时不抗拒。

1958年时，76岁的马一浮在杭州拱墅区半山镇马铃山自家祖坟——会稽马氏先茔（yíng）旁边为自己建了一座生圹（kuàng），为的是死后能和父母葬在一起。不仅如此，他还在自己的这座生圹前立了一块墓碑并撰写了一篇碑文——《自题墓辞》：

  孰宴息此山陬（zōu）兮？谓其人曰马一浮。
  老而安其茕（qióng）独兮，将无欲以忘忧。
  学未足以名家兮，或儒墨之同流。
  道不可谓苟悦兮，生不可以幸求。
  从吾好而远俗兮，思穷玄以极幽。
  虽笃志而寡闻兮，固没齿而怨尤。
  惟适性以尽命兮，如久客之归休。
  委形而去兮，乘化而游。
  蝉蜕于兹址兮，依先人之故丘。
  身与名其俱泯兮，又何有夫去留。

虽然只有短短127字，却简洁地记述了自己一生的理想追求，客观地评价了自己的学术思想。在这篇碑文中马一浮先生将死亡比作蝉蜕了一层壳，人的魂魄仍悠游于太虚，作逍遥之游。至于所谓名利等也将随之泯灭，有什么值得留恋呢？需要说明的是，尽管马一浮先生生前有交代，欲葬于马铃山先茔之侧自己生前营建的生圹里，但由于种种原因终未能实现。在简单的告别会后，马一浮骨灰被送往余杭五常公社黄泥岭安葬。

1977年马一浮逝世十周年，浙江省人民政府办公厅举办了追悼会。2017年12月27日，浙江大学成立马一浮书院，致力于中华传统文化的研究、传习与弘扬。马先生的生命与学问可以得到传承。

二、死亡恐惧与哲学式的死亡理想

2013年6月16日《广州日报》发表一篇文章《北大哲学系被公认为"长寿系"的启示》，开篇即言：北大哲学系被公认为"长寿系"，90岁以上学者占1/4，85岁以上学者几乎占一半。北大哲学系楼宇烈教授在《文明之旅》节目中谈到，自己虽然年近80岁，但在北大哲学系不敢称老人。楼宇烈谈到，生理养生节欲，心理养生养情，哲学养生明理。而人生明理至关重要，中国哲学能够养生，儒家进德、道家保真、释家净心，也许正是哲学家长寿的原因。

人类生存于地球一隅，赋予我们生命以意义的不仅是对死亡本身的害怕，还包括肉身湮灭带来的无边恐怖。这种恐怖既有对死亡之不可避免及其带来的痛苦，而且很有可能是毫无意义之痛苦的展望，也包括对坟墓以及身体被钉在一个盒子里，埋到地下，然后成为蛆虫食物的恐惧。然而，一方面，我们被诱导着否认死亡事实本身，并义无反顾地奔向健忘，愚蠢地陶醉于占有金钱财物所带来的肤浅享受；另一方面，肉身湮灭带来的恐怖又使我们盲目地相信某些古代信仰和很多新式说教，它们都能提供意在拯救的巫术以及永生的许诺。

与此形成鲜明对比的是，哲学式的死亡理想却有着使人清醒的力量。哲学式的死亡理想可以有力地消解我们这个时代否认死亡的陈腐观念。正是由于必死之命运的存在，我们才能说形成了自我。正是由于死亡的真实性，无论是我的死亡还是他人的死亡，自我本身才获得了真实性。只有接受自我的丧失，才可能获得自我。也就是说，死亡是生命存在的极限，这是再明显不过的事情。接受了自己必死的命运，也就意味着接受了自己的极限。

我们不能归还不想要的自然和文化礼物，也不能逃避必死之命运的阴影，但是，我们可以改变接受这些礼物的态度。一旦开始接受存在极限之事实，我们就能放弃某些对幼稚的全能之主、世俗财产与不切实际的权力的幻想。

正如西塞罗所说："探讨哲学就是学习如何去死。"对古代大部分哲学家来说，这种观点是不言自明的，它在现代哲学家中也不乏响应者。依此类观点，哲学思考就是为我们的死亡做准备，为死亡提供训练，并培养一种面对死亡的态度，即在不为来生提供许诺的前提下直面肉身湮灭的恐怖。

探讨哲学就是养成将死亡放在嘴边的习惯。通过这样的方式，我们才能开始直面湮灭带来的恐惧感（它束缚着我们），才能指引我们自身逃离或回避。通过谈论死亡，甚至嘲笑我们的脆弱和必死之命运，人类才能接受造物主赐给的有限生命，而这正是人类获得自由的前提。这种自由并不是一种被动的存在状态或者必然性与受制性的缺失。恰恰相反，它是一种连续不断的行为，要求人们接受必然性，接受我们受制于必死之命运的确然无疑。这并不轻松。探讨哲学就是学习爱上那种困难。

哲学式的死亡就是把死亡放在你的嘴里、你讲的话里、你吃的饭里、你喝的酒里。蒙田曾提到埃及人的风俗。在奢华的宴会中，他们会带来一种象征死亡的道具——通常是一具骷髅；它被带到宴会厅中，还有个人专门对他们喊话："喝酒吧，行乐吧，因为你死后，就跟这具骷髅一样。"蒙田从他的埃及趣闻中引申出了这样的寓意："这样，我便养成了不仅在头脑中，而且在嘴巴里也频繁描述死亡的习惯。"正如蒙田所写："学会了怎么死的人们就会忘记如何做奴隶。"预先思考死亡等于提前谋划自由。

在古代，哲学提供面对死亡所必需的智慧是一种惯常的说法。那即是说，哲学家会勇敢地面对死亡，并拥有视死亡若无物的力量。这种哲学式死亡的原初范例是苏格拉底。在《斐多篇》中，苏格拉底坚持认为哲学家在面临死亡时应该高兴。事实上，他走得更远，竟然说："真正的哲学家会为他们的职业而献身。"

几个世纪之后，在斯多葛学派的塞内卡那里，这种苏格拉底式的智慧出现了更为激进的表达，他写道："不懂好好死的人也不会好好活。"对他来说，哲学家会享受漫长的生命，因为他不会为其短暂而担忧。斯多葛学派试图教给我们的是"一些伟大的、至高无上的和近乎神圣的东西"，即面对死亡时的平静。

尽管哲学家们的死亡并非总是像苏格拉底和塞内卡那般高贵，但是，哲学能够教给我们面对死亡的从容，却不会带来任何把美满、幸福等概念看作虚幻的想法。一旦人们学会了哲学式的死亡，就能够带着自制、平静和勇气去面对我们会死的事实。对于中国人来说，先秦儒墨道法各家所倡导的理性化的生死观，一直成为几千年中国人生死的核心信仰，今天依然是我们现代生死学和生死观建构的极为重要的基础。

第四节　中国传统哲学生死智慧

一、墨家：救世的生死观

墨家有十大主张，这里主要讲与生死智慧主题相关的三个方面的内容。一是兼爱与非攻，二是天志与明鬼，三是非命与节葬。墨家创始人墨翟，也就是墨子，传说他是春秋末期宋国人，当然还有各种说法。相传他是中国古代研究科学的先驱者，且手艺非常高超，能够做出很多巧妙的器械。墨翟最喜欢干的事情就是去帮别人守城，他并不特别倾向于哪个诸侯国，而是谁被欺负了就帮谁，目的就是阻止战争。因为人家一看是墨子守城，就不来打了。

墨子周围聚集了一帮人，主要都是没落的手工业者，成立了中国最早的有记载的形成组织的团体就是墨家，组织首领就称为巨子。墨家最基本的主张就是"兼爱""非攻"。因为墨家组织的成员，大多是由于战乱失去家园和工作的手工业者，他们切身感受到战争带给人民的苦难。墨子说："当察乱何自起？起不相爱。"（《墨子·兼爱上》）墨子认为天下纷乱的最根本原因在人与人之间的不相爱，社会乱象也由于人与人之间缺乏爱。所以，墨子指出："爱人者人必从而爱之，利人者人必从而利之。"（《墨子·兼爱下》）只有"相爱"，人类才能和平相处，而"非攻"，不要战争要和平，就是实现人们相爱的第一步。墨子强调视人如己、爱人利人，那么国与国之间自然和亲，人与人间自然和善，家庭自然和睦。

手工业者阶级团体的性质，决定了墨家对生命的理解不同于当时的贵族。其中最大特点就是墨家的成员有信仰，并且具有实用主义的倾向。墨家的信仰就是"天志"，天有意志，与此相关的就是"明鬼"，鬼神存在。墨子说："我有天志，譬若轮人之有规，匠人之有矩。"（《墨子·天志上》）意思是"天志"就是指导我们现实生活的规矩。天的意志简单地说就是"爱人利人者，天必福之；恶人贼人者，天必祸之"（《墨子·天志上》），实际上就是墨子提倡的"兼爱"，我们爱人、利人，上天就会保佑，反之就会被惩罚。其实"明鬼"也是一样，鬼神存在，他们对我们的善恶能够进行奖惩。"天志""明鬼"说到底是为"兼爱"的思想提供信仰的保障，为了使大家切切实实地去贯彻它。

墨子提倡"天志""明鬼"作为信仰的保障，却并没有导向宿命论。恰恰相反，他关注的是我们现实的生活，特别提出了"非命"与"节葬"说。墨子说："命者，暴王所作，穷人所术，非仁者之言也。"（《墨子·非命下》）墨子认为"宿命论"不过是失败者搪塞的理由，面对挫折不该消极地认命，所以倡导"非命论"来拨乱反正。他鼓励大家不折不挠，坚强刚毅，不要向命运低头。可以说，墨家极具一种勤劳工作，追求美好生活的奋斗精神。也正因如此，墨家倡导"节葬""节用"说，认为厚葬久丧容易影响我们现实生活的生产劳动。墨子认为死者入土为安，生者就应该及时地返回到正常的状态，继续正常的工作生活。正因如此，墨子提出了既合孝道，又不奢侈靡费的俭葬法则，旨在倡导丧葬的用度，合理、适合即可，不需在乎形式的繁复与物质的多寡。

总的来说，墨家认为我们的生命不是孤立的存在，人生在世就应当互利互爱，共同创造美好的生活。

二、道家：自然的生死观

道家的生死智慧，我们从三个方面来说，一是自然，二是化，三是真。

道家所讲的"自然"与我们所说的大自然的意思是有差别的。道家所讲的"自然"要拆成"自"与"然"两个字。自是自己，"然"的意思是如此，合起来的意思就是自己如此，自然而然。简单来说，道家用自然去表达对生命的一种理解，我是我自己，我要过适合我自己本性的生活。有这么一个故事，鲁国国君得到了一只很漂亮的鸟，是稀有品种，他就用他觉得最好的东西供养起来，给它漂亮的笼子住着，喂它肉，给它美酒，给它奏乐。可是这只鸟三天就死了。这是为什么呢，庄子说："此以己养养鸟也，非以鸟养养鸟也。"你鲁国国君，是按照你养你自己的方式去养鸟，你自以为你觉得好的，鸟也觉得好。但事实并非如此，鸟的习性是什么，就是自由地嬉戏于林间，筑巢为家，以野虫为食，这才是鸟自己想要的幸福生活。

道家的"自然"告诉我们，如何生活不是别人强加给你的，要自己去赋予适合我们个性的、属于我们个体生命的意义。他促使我们积极地思考自己想要的人生。

道家讲"化"，就是特别针对生死问题而言的。从宇宙大生命来说，庄子认为"万物皆化"，宇宙是一个永恒运动的大生命，庄子说"方生方死，方死方生"，从整个宇宙来看，一个东西的消亡，也意味着它会以另外一种形式出现。对于整个宇宙大生命来说，生与死、终与始都是相互转化的，这是客观的规律，就是一种常态。对于我们个体生命来说非常短暂，它就是大化流行中的一部分，所以在道家看来，生死就像昼夜规律那样平常，没有必要恐惧死亡，也没有必要因为死亡而悲伤得无法自拔，没有必要影响当下的生命状态。

那么，在生与死之间，在短暂的生命中，道家认为什么东西是值得追求的呢？那就是"真"。

道家讲的"真"不与"假"相对，而是"纯粹"的意思，它指的是生命的朴实、纯粹的状态。这个意思从老子以来就开始有了。比如，老子说"朴"，朴素的朴，"朴"的原来意思是未经过雕琢的木头，它就是它天然的那个样子。老子的另一个典型的话语就是"婴儿""赤子"。老子说我们要复归于"朴"，复归于"婴儿"，并不是真的让我们都变回刚出生的小孩，而是让我们在物欲横流的社会中，能够守持住婴儿、赤子那般纯粹的真性情。老子希望大家活得真实些，不用戴着面具活得那么累。道家认为，既然人生短暂，那么就应该活得真实些，有意义些。人生在世，人与人之间不是只有利益的追求和利益关系，还有一份纯情、一份真性情在那里，还有我们的初心与理想在那里。他要守持的就是生命的那份"真",发自内心的,活得最为真实的东西。

总而言之,自然、化与真就是道家的生死智慧。道家的"自然",给了我们赋予自己生命意义的自由;道家的"化"讲一种生死之间的客观规律,站在广阔的大化流行的视野下,平静坦然地审视生与死的问题;道家的"真",要我们活得纯粹,庄子说人生非常短暂,如白驹过隙,要说生死之间,在变化当中的唯一永恒,那就是这份"真",它能带给我们精神的自由,它能焕发我们生命的活力。

三、法家:理性的生死观

法家主要以韩非子为代表,下面从三个方面来介绍,一是法家理性的生死观,二是法家趋利避害的人性论,三是法家对制度的推崇。

法家对于生死的理解继承、发展了道家的思想。韩非子就写了《解老》《喻老》篇。韩非子不同于道家的地方,就是把那个恒常不变的、不可言说的"道",转化为可以知道的"理"——道理的"理"来理解。所以,他非常关注现实中的社会问题。韩非子所讲的"理"和我们说的自然规律、万物变化发展的规律非常相近。他说"定理有存亡,有死生,有盛衰"(《韩非子·解老》),又说"人始于生,而卒于死,始之谓出,卒之谓入,故曰:出生入死"(《韩非子·解老》)。意思就是,存亡、生死、盛衰就是我们这个世界的客观规律,而人呢,就是向死而生的。韩非强调人一生下来就走在通向死亡的旅途上,也就是说人一生下来就注定了死亡,凡事皆有一定的道理与法则,是不可更迭的,人的智慧与天俱来,寿命长短由自然决定。

那么,我们个体生命如何在世间自处呢?韩非子提出了祸福相倚的规律和知足常乐的人生态度。福与祸是相互依存、可以彼此转化的,应用于我们的生活,就是不执着于问题的表象,遇到问题,换一个角度来思考。同时,韩非子说,我们活着就要遵守生命的规律,不必要的过度的思虑与行为会对身心造成损害。所以我们的生命要动静有节、思虑有度,要从知足中感到一种生命的幸福和快乐。人不仅是个体生命,还具有社会性,那么,法家如何理解人类社会的问题呢?

韩非子是荀子的学生,而荀子有"性恶"说。荀子的性恶论,准确地说是人性如果不加以控制,就会有向恶的、不好的方面发展的倾向。韩非子继承了老师的说法,但又有所不同。韩非子的人性论,并没有在本性善恶的范畴讨论,而是用趋利避害的自然属性阐述。因此,可以说法家是理性的代表。韩非子说"夫安利者就之,危害者去之,此人之情也",这是说,我们的人性自然状态下就是趋利避害的。韩非子观察到了古代重男轻女的社会现象,他就指出，生了男孩就庆贺，生了女孩就杀掉，就是因为生男孩更符合家族利益，从这里看出父母对子女的感情也有自私自利的成分。更重要的是，韩非子的人性论是用来解释社会制度的必要性的。他说："夫民之性，恶劳而乐佚。"用现在的话来说，就是我们一般人都是讨厌工作，喜欢放松享乐的。这就是我们的本性。

但是，社会不能任由这样，韩非子说"佚则荒，荒则不治，不治则乱"，在社会生活中，没人去创造物质财富，哪里来的享乐，如果大家都想着什么都不干就能舒舒服服地享乐，那么社会就全乱套了。所以，韩非子说要用"法"去规范它，用赏罚去引导它。这需要注意的是，古代所说的法不是狭义的法律的意思，而是广义的制度的意思。总而言之，就是要建立一整套社会制度体系去规范我们的社会生活。法家对于制度的推崇，实际上缘于他们对趋利避害的人性的不信任：人性不可靠，要靠制度才能保证大家幸福的生活。

四、儒家：心性的生死观

儒家的生死智慧是中国传统生死智慧里最重要的部分。因为儒家的"生死学"可以说从古到今，对我们的影响最大。儒家"生死学"的本质就是一种生命哲学，它将天地自然的运行与社会关系、人伦礼仪、道德教化统一起来，彼此和谐运作，生生不息。

首先，《易传》中的一段话可以说代表了儒家对于"生命"的理解。《系辞上》说："日新之谓盛德，生生之谓易。"《系辞下》说"天地之大德曰生。"生生不息就是儒家对于生命本质的理解。儒家认为宇宙是发展的，生命是延续的，人类社会也是如此。所以中国的传统非常重视谱系，今天大家也都能查到自己家谱族谱，这就是因为我们认为生命是祖先的一种延续，子女是父母生命的一种延续，生命是一个延续的过程。儒家"生死学"的核心是"孝"，"孝"从根本上说，就是对生命根源的追溯与崇敬，落在整个生死学上，就是儒家所说的"慎终追远"。"生，事之以礼，死，葬之以礼，祭之以礼"，儒家重视丧祭之礼，通过葬礼、祭礼来安顿故去的先人，同时起到调整、安顿在世者的作用，乃至通过对死亡的学习提升在世者的生命状态。这里需要注意的是，儒家讲"孝"时，不只是着重在对于自己的父母亲说孝而已。父母是作为我们血缘的生命根源，人是落实在一个通过语言、文字、符号而开启的世界，并且是不离其传统的。儒家讲孝道并没有局限在家庭层面，而是从家庭扩展到了整个天地，乃至视天地万物都与我个体生命息息相关。

第二，儒家对死亡和鬼神的看法。孔子对这一问题的解答是"未知生，焉知死？""未能事人，焉能事鬼？"（《论语·先进》），孔子不对死亡和鬼神现象作知识论的解释，而是将"死"与"生"、"鬼"与"人"作价值的对比，对比的着眼点在于，哪个问题对人生更加具有优先性。儒家并不否认死亡也就是鬼神问题的重要性，但是，相比较而言，"生"的问题比"死"的问题更重要更迫切，"人"的问题比"鬼"的问题更具体更深切。因此，孔子认为人应该优先解决"生"的问题，把"生"的问题解决好后，"死"的问题的解决方案自然会冒出。孔子说"敬鬼神而远之"正体现了他对生死和鬼神的态度。古人认为，人死为鬼，鬼神在孔子这里更多的是逝去的祖先的代名词。他敬鬼神其实是通过祭祀，缅怀先人，来反思自己。"远之"是不想过度渲染未知的鬼神世界，我们祭祀时只要心存敬念即可。因此，可以说儒家更重视的是现世生命的实践。

当然，在现世的生活中，仍然有许多生死问题是不可回避的，所以孔子提出了"死生有命"的生命态度。孔子一生颠沛流离，经历了幼年丧父、中年丧妻、老年丧子等哀痛，故对生命的极限有着深刻的体悟。孔子讲的"命"其实不是天命决定论，而往往指时命，是指我们无法掌控的那部分命运。后来孟子说，一个人因为犯罪被处死了，那叫"做死"，是死于非命。一个人守持正道，坦然接受死亡的命运，就叫作"正命"。同样，我们的人生在世，富贵与否，也受到各种复杂因素的影响。孔子认为，这些往往是不能掌控的，我们生命要做的更重要的事情，是努力提高自己的修为。

第三，儒家在生死之间所追求的价值观。儒家认为，人与动物最大的不同就是人能给自己的生活赋予意义。儒家认为人应该不只是生理上活着，更重要的是要有意义、有价值地活着。所以，这里面就包括了给自己的死亡赋予意义，即对死亡进行价值的评价。同样是死亡，价值可能是不一样的，正如司马迁所言"人固有一死，或轻于鸿毛，或重于泰山"。"重于泰山"的死，有较高的价值，是"值得的"，"轻于鸿毛"的死，价值较低，是"不值得"的。用孟子的话说，那就是"居仁由义"和"舍生取义"。孟子说，非要在大义与生死之间做出抉择的话，要"舍生取义"，哪怕牺牲自己的生命也要去守持它，这实际上成为中华儿女代代相承的民族精神，历史上多少仁人义士都是如此。可以说，儒家以仁义为生命的本位，操守、自尊、义气等高洁的品格凌驾于生死之上。生死对人而言是件大事，但这些品格和仁德的践行更为高尚尊贵。若将生命价值的实践安置于生死之上，那么"死亡"便超脱了生命的范畴。

总的来说，儒家倡导人生的每一刻都是永恒的现在，进而肯定生命的意义，肯定自我的存在，把生命的追求落实在现世此生，抱持着乐天知命的态度，视"己立立人""己达达人"为永世追求的人生准则。儒家看重生命的价值在于将社会责任与生命价值作结合，用有限的生命，善尽生命的职责，也正因如此明确的生命目标，故始终能对生命怀抱热爱。儒家认为人不仅是一种生物存在，也是一种文化存在。从这一意义上说，人具有物质生命，也具有文化生命。一个人的以肉体为载体的物质生命可以死亡，但是，一个人的文化生命——他的姓名、思想、著述、历史功绩等，却并不会轻易死亡，而是可以在身后流传，甚至长远地影响着后人。也就是说，人的生命在某种意义上，实现了文化生命的"不朽"。

主要参考文献

[1] 李芸华. 秋瑾传［M］. 北京：北京时代华文书局，2016.
[2] 文星传. 苏小小传［M］. 北京：中国文史出版社，2017.
[3] 翟叶. 白居易：相逢何必曾相识［M］. 北京：北京燕山出版社，2017.
[4] 王水照，崔铭. 苏轼传［M］. 天津：天津人民出版社，2013.
[5] 郭宏文，陈艳婷. 苏轼：一蓑烟雨任平生［M］. 北京：团结出版社，2019.
[6] 孙跃. 西湖的历史星空［M］. 杭州：浙江大学出版社，2012.
[7] 《情归西湖》编委会. 情归西湖——西湖文化名人墓探寻［M］. 杭州：浙江古籍出版社，2007.
[8] 钱彩. 岳飞传：青少年版［M］. 北京：民主与建设出版社，2017.
[9] 鲍鹏山. 风流去［M］. 北京：中国青年出版社，2017.
[10] 滕复. 马一浮和他的大时代［M］. 厦门：鹭江出版社，2015.
[11] 王占君. 于谦［M］. 北京：华夏出版社，2013.
[12] 杜正贤，陈进，胡建良，等. 西湖名碑［M］. 杭州：杭州出版社，2013.
[13] 邵玉贞. 西湖孤山［M］. 杭州：杭州出版社，2013.
[14] 庞学铨. 品味西湖三十景［M］. 杭州：杭州出版社，2013.
[15] 陈杰，沈建中. 章太炎与西湖［M］. 杭州：杭州出版社，2013.
[16] 盛久远. 西湖文献撷英［M］. 杭州：杭州出版社，2013.
[17] 卢文丽. 西湖印象诗［M］. 北京：光明日报出版社，2018.
[18] 孙跃. 西湖边的红颜［M］. 杭州：杭州出版社，2012.
[19] 杭州图书馆. "西湖传说"故事集成［M］. 杭州：杭州出版社，2013.
[20] 潘光旦. 冯小青性心理变态揭秘［M］. 北京：文化艺术出版社，1990.
[21] 孙昌建，于广明. 西湖印迹［M］. 北京：商务印书馆，2018.
[22] 弘一法师. 悲欣交集——弘一法师自述［M］. 北京：文化艺术出版社，2019.
[23] 徐吉军. 西湖之堤［M］. 杭州：杭州出版社，2008.

[24] 洪尚之. 西湖传说 [M]. 杭州：杭州出版社，2006.

[25] 黄公元. 高僧与西湖 [M]. 杭州：杭州出版社，2006.

[26] 应守岩. 西湖小品 [M]. 杭州：杭州出版社，2007.

[27] 陈相强. 西湖之谜 [M]. 杭州：杭州出版社，2006.

[28] 顾希佳. 西湖风俗 [M]. 杭州：杭州出版社，2004.

[29] 周新华. 西湖亭阁 [M]. 杭州：杭州出版社，2007.

[30] 叶光庭. 西湖史话 [M]. 杭州：杭州出版社，2006.

[31] 孙跃，郑立于. 西湖楹联 [M]. 杭州：杭州出版社，2005.

[32] 孙跃. 西湖匾额 [M]. 杭州：杭州出版社，2007.

[33] 劳伯敏，高念华. 西湖造像 [M]. 杭州：杭州出版社，2006.

[34] 沈建中. 西湖名人墓葬 [M]. 杭州：杭州出版社，2005.

[35] 梅重. 西湖名人 [M]. 杭州：杭州出版社，2007.

[36] 冷晓. 康熙·乾隆两帝与西湖 [M]. 杭州：杭州出版社，2005.

[37] 谢前明，史玉仙. 西湖地名 [M]. 杭州：杭州出版社，2006.

[38] 王建华. 钱镠与西湖 [M]. 杭州：杭州出版社，2005.

[39] 沈建中，许俭. 司徒雷登与西湖 [M]. 杭州：杭州出版社，2007.

[40] 何晓苇，杨兴玉，方永江. 东坡西湖研究 [M]. 北京：中国文史出版社，2017.

[41] 杭州市文化局. 西湖民间故事 [M]. 杭州：浙江文艺出版社，2018.

[42] 林语堂. 苏东坡传 [M]. 张振玉，译. 长沙：湖南文艺出版社，2018.

[43] 刘燕远. 柳如是诗词评注 [M]. 北京：北京出版社，2016.

[44] 辜琮瑜. 最后一堂生死课 [M]. 北京：世界图书出版公司，2011.

[45] 中国医学论坛报社. 死亡如此多情 [M]. 北京：中信出版集团，2013.

[46] 段德智. 死亡哲学 [M]. 北京：商务印书馆，2017.

[47] 杨足仪，向鹭娟. 死亡哲学 [M]. 北京：中国友谊出版公司，2018.

[48] 孙胜杰. 向死而生：哲学大师的死亡笔记 [M]. 武汉：华中科技大学出版社，2013.

[49] 石贺丈士. 幸福死——面对死亡的31个练习，用你想要的方式告别 [M]. 洪逸慧，译. 台北：时报文化出版企业股份有限公司，2017.

[50] 布朗. 最后的陪伴——如何面对亲人的衰老和死亡 [M]. 董燕，译. 北京：华夏出版社，2016.

[51] 克莉. 最后的拥抱 [M]. 李文绮，译. 北京：华夏出版社，2017.

[52] 迈克尔，迪金森. 温暖消逝——关于临终、死亡与丧亲关怀 [M]. 庞洋，周艳，译. 北京：电子工业出版社. 2016.

[53] 德斯佩尔德,斯特里克兰.最后的舞蹈——关于死亡 [M].夏侯炳,陈瑾,译.北京:中国人民大学出版社,2009.

[54] 卡根.死亡哲学 [M].贝小戎,蔡健仪,庞洋,译.北京:北京联合出版社,2016.

[55] 葛文德.最好的告别:关于衰老与死亡,你必须知道的常识 [M].彭小华,译.杭州:浙江人民出版社,2015

[56] 科尔,内比,科尔.死亡课:关于死亡、临终和丧亲之痛 [M].榕励,译.北京:中国人民大学出版社,2011.

[57] 努兰.死亡的脸 [M].杨慕华,译.北京:中信出版社,2016.

生死教育的人文性与人文生死教育（代后记）

《西湖生死学》是一本以生死学和生命教育为理念，以西湖的历史传说、历史人物墓地以及具体景点的样态与生成为载体，以西湖景点涵摄的相关人物的生命故事为依托，贡献给现代人生死智慧的"人文生死学"著作。全书通过对西湖边有代表性的主要历史人物如苏小小、白居易、苏东坡、冯小青、秋瑾、林和靖、岳飞、于谦、弘一法师、马一浮等的"生命叙事"和解读，展示不同的生命样态、生命态度、生命智慧。同时，对照阐释现代生死学的一些重要观念，如生命与死亡的本质、生死互渗的智慧、死亡与传播、生命困顿、生育伦理、安宁疗护、临终关怀、生前预嘱、生死哲学等。

《西湖生死学》这本书是以《西湖生死学》这门课程为基础，在课程讲稿基础上修改撰写而成。因此，在本书即将付梓之际，有必要对《西湖生死学》这门课和《西湖生死学》这本书所表达的一种生死学态度和生死教育立场做些思考。

一、"生死学"及"生死学取向的生命教育"的现实意义

生死学及生死教育（生死学取向的生命教育）具有重要的现实意义。

我们之所以需要生死教育，首先是要唤醒人们的死亡意识。唤醒人们的死亡意识，是要让人们了解两个常常被忽略的生命事实：一是人的生命是有限的；二是人生无常。按理，这两个"事实"近乎生命经验中的常识。但是，恰恰因为它近乎常识，人们也就习焉不察，而更容易忽视它。生死学及生死教育试图给习惯于经验常识的人"当头棒喝"，要我们充分自觉这两个常识：我们每一个人都是会死的，人的生命是有限的，而不是无限的；什么时候会死？什么时候会遭遇什么样的生活场景？不知道！因为人生"无常"。"有限性"（一定会死）和"无常性"（不知何时会死），将我们当下的生命置于一种尴尬和紧张中，这种尴尬和紧张就让我们要认真去反思过去和当下的人生，并规划未来的人生。

用存在主义的话语来说，"常人"在没有被唤醒死亡意识之时，只是沉沦

于日常经验生活，将一切都当成"理所当然"的，只是一个"在者"，"如此这般"地生活着。而死亡意识被唤醒后，我们从"常人"状态下惊醒，我们意识到我们是一个"有死"的存在，我们的生命是有限的，而且这个本来就属于我们的"有死性"到底什么时候会降临自己，自己并不清楚，换言之，它可能随时降临。这就给我们当下生活一种警醒，由此我们会对当下的"日常性"做一种反省，这是不是我希望的和应该的生活状态？这样，我们就从一种纯粹的"在者"状态"在起来"了，而成为只有人才能成为的"此在"，即进入一种自觉谋划、筹划自己生活的生命状态。生死学以及生死学取向的生命教育，便具有这样的警醒作用。这也就是海德格尔所说的"先行到死中去"的生存论意义。

我们需要生死教育，是要帮助人们接纳死亡。"接纳死亡"意识的培育，主要是对症现代社会在"死亡"问题上的三个迷思：一是不愿意谈论死亡，以为谈论死亡不吉利；二是将死亡看作消极的、坏的东西，看成是对我们美好生活的否定；三是现代医学和医疗技术至上主义将死亡看作自己的敌人。所谓"接纳死亡"，就是强调确立一种新的死亡观念（其实应该是原本的死亡与生命的真相）：我们要把死亡作为生命的必要组成部分来接受；我们要承认，死亡是人生正常的、必然的结局；我们要承认，逃避死亡、抗拒死亡既是徒劳的、又是不必要的；我们应该在生活中心平气和地、坦然地面对和接受死亡。

在现代社会，由于社会生活方式的变化、医疗技术的发展、社会生活内容的变化等原因，死亡作为我们生命的一部分的真实性在相当程度上被遮蔽了，死亡不再是人们生活中的日常事件，而是成为医院、殡仪馆、墓园等地方的"专门"事件。正是由于人们无法在生活中经验到死亡事件，死亡被"想象为"十分不吉利的、邪恶的、否定的、消极的、坏的东西，人们都试图将死亡从自己生活中剥离掉，甚至从自己生命中剥离掉。可是，问题在于，死亡作为生命的天然部分，又是每一个人剥离不掉的。由此，现实中的人就生活在一种十分别扭的焦虑和恐惧之中。这种焦虑进一步让人们将死亡推向生命的反面、生活的反面。与此同时，现代医学技术的进步，往往让我们有一种"医学万能主义"的幻想，从而让死亡成为生命中"非自然"的事情。生死学与生死教育，就是要通过不断地去谈论死亡，谈论与死亡相关的各种事情、观念、思想，让人们对"死亡"有一种脱敏，并进而在一定程度上接受这样的观念：死亡是生命中本然的东西，是每一个人都必然面对的生命事件，它并不是绝对消极的、坏的、可怕的东西，而是我们生命的最终"完成"。这种"接纳"就会在一定程度上消解焦虑和恐惧。

我们需要生死教育，是要帮助人们达到生死两安。由于对死亡的无知，以及死亡本身具有的神秘性、超经验性等特征，几乎没有人不恐惧死亡。而死亡又是每一个人必然要经历的生命事件，没有人可以帮忙，必须自己亲自去完成自己的死亡。由此，"将要死亡"以及"死亡"这件事情，不但会吓坏将死的人，也会在相当程度上吓坏将要或者正在失去亲人的家属。因为被"吓坏"，许多人面对绝症匆忙应对，所做的医疗决策缺乏理性；一些人则可能在"将要死亡"这个事实面前完全丧失生活的信心，而选择放弃生命；亲人面对失去亲人这样的让自己生活关系不得不重新界定的事件，也必然有巨大的"失落"感和悲伤。将死的人和其家属面对"将死"和"死亡"，都必然经受十分沉重的内心煎熬，情绪难以平静，心灵难以安顿。

通过对死亡事件的必然性的理解、对死亡过程中各种可能性的分析和预想、预先对自己或亲人死亡做准备，我们实际上可以让逝者和生者完成相对平和的离别，逝者可以心安，生者也可心安。死亡是人类生活中的大事，我们到底应该以什么样的心态去面对自己或亲人的死亡？如果身患绝症，是在痛苦的挣扎中死去，还是在坦然的心态下宁静、优雅地离去？如果亲人处于疾病的终末期，是平静地接纳亲人离开的事实，还是动用一切现代技术手段勉力维持亲人的存在？如果亲人去世，是通过哀悼来恰当地表达亲人离去带来的悲伤，还是呼天抢地抑或长期痛不欲生？这些问题，对每个人都是考验，但并不是每个人天生能解决的。生死学及生死教育，恰恰是致力于教给人们恰当的生死智慧，传达适切的生死态度，帮助我们事先生死两安。

二、华人"生死学"与"生死教育"的应然期待

华人社会的生命教育，一开始就有了自己的"本土化"改造和努力方向，那就是将西方各自开展起来的"生命教育"与"死亡教育"融合在一起，创设出"生死学"，并发展出极为重要的生命教育的"生死学取向"。客观上说，生死学是华人社会学术界创设的一门独特学问或者学科。在将西方死亡学以"生死学"名义转义后，对死亡学本身是一个重大发展，也将生命学做了重要拓展，将生死哲学或者死亡哲学做了经验化的落地连接。这也特别契合华人的文化心理及生死态度。

华人生命教育应该有三个基本的实践目标，这就是成就个体生命成为一个真实的"人""中国人""现代世界的中国人"。因此，基于生命教育的视域，华人生死学的建构应该立足于这样的实践目标。要实现这样的实践目标，在理论上，一方面要在一般意义上建构生死内在关系的学理，实现对"人"的基本理解；另一方面要引入现代西方死亡学及其他相关学科的最新成果，彰显"现代世界"的特性；第三还必须深入挖掘中华传统文化的生死智慧、生死礼俗，

建构"中国人"的生死安顿。相对而言，如何梳理和重建已被破坏的中国人的生死观念、生死智慧、生死礼俗，在华人生死学的建构中，似乎显得更为重要、更为迫切。这种梳理和重建，不该只是简单的理论逻辑建构，还应该是实践逻辑的建构，是可以真正让现实生活中的中国人、"现代世界的中国人"安身立命的建构。因此，华人生死学的建构，必须充分关注、关照并回应当下中国人在现实生活中的重大生死话题，包括生、死、殡、葬、祭、传等方面的重大话题。

现有的生死学理论和生死教育中呈现的生死理论思考、临终关怀以及悲伤辅导几个主要的议题，尽管基本上可以照顾到作为个体生命自己面对生与死的生命课题，但是，给人的感觉，还欠缺生命"永续经营"的维度。就中国人的生死存亡的深刻智慧而言，生死学不应该只是安顿临终者的死亡过程以及丧亲者的悲伤情绪，还必须建构生者与死者之间的永续沟通和内在的生命连接。正因为此，传统中国社会对于祭祀和祭礼的重视，甚至超过丧葬本身。因而，回应生命个体追求不朽的渴望与死亡焦虑的冲突，不能不成为生死学建构中直面的根本性话题。临终关怀及悲伤辅导，只是在安顿死者和生者当下的生命存在，而祭祀则是在建构真正的生死连接，实现幽明感通和生命的永续。

从生命教育视域来说，生死学的建构不是为了生死学的建构本身，而是为了生命教育包括生死教育，是具有实践导向的学理建构。因此，生死学建构必须时刻关照生命教育对象、生命教育实践的现实需要，当然首先是生命需要。生命教育是一项全人终身教育的社会事业，不只是大学生和中小学生需要生命教育，任何一个人、任何一个人际群体、任何一个生命阶段，都需要相应的生命教育，因为都有相应的生命课题、生命困顿和需要激发的生命力及需要彰显的生命意义。由此，生死学建构也必须既有一般的理论建构，又有特定对象的实践话语；既有学理展开，又有生死教育的情怀。因此，生死学的理论建构应该与已经蓬勃开展的生命教育理论研究和教学实践做充分对接，了解生命教育过程中所面对的生命话题、生死课题，做出理论上的说明和应对，而不能闭门造车，就学理言学理。同时，为了满足现实的生命教育需要，生死学的建构还应该尽可能针对不同教育对象和不同阶段的生命群体，提出解决对应的生死困顿、启迪相应的生死智慧、提出相应的解决策略、拟定恰当的教育实践方案。

生死学不是生死哲学，尽管必然有关乎生死的哲学思考和理论梳理；生死学立足于生死的经验现象，对生死相关的话题做理论上的思考并提出实践上的应对策略。因此，生死学本质上是一门基于经验的实践性学科，而不是纯粹抽象的理论学说。由此，生死学的理论建构在依托于哲学、心理学等传统学科的相关理论的同时，还必须充分地依托于现实的实践经验，必须从经验中去获得对生死的体悟和把握。由此，生死学取向的生命教育或者说生死教育，除了一般的生死文化理论探究，教育者和受教育者确实需要有真切的实践面向，需要在真正的生死实践中去观察、了解、学习、思考，并进一步对相关话题做出回应。从这个意义上说，医学及护理院校的教师和学生，在直面生死事件时，是最为需要、也最为恰当的生死教育团队。而人文学者和社会工作者们，则必须放下身段，参与相应的生死事件的经验实践，以突破自己的生命限度，对生死有真切感受，可能更有利于生死学落实在真切的生死教育、生命教育中。

在本书出版之际，"华人生死学与生死教育学会"正式成立，生死学与生死教育在中国有了自己的学术组织，可喜可贺。期待中国的生死学与生死教育事业以此为契机获得更好的发展，以帮助中国人的生命品质、死亡质量越来越能够符合中国人"对美好生活的向往"。

三、《西湖生死学》课程在教学中开展人文生死教育

生死学实际上是有多个面向、多种谈法的。医学、心理学、哲学、伦理学、艺术等，都可以谈生论死，或者经验地谈，或者理论地谈，或者实践地谈。

《西湖生死学》课程既不打算从哲学、宗教视域抽象地、一般地谈论生死智慧；也不打算从医学、心理学视域去谈论具体的死亡焦虑、死亡恐惧及悲伤辅导；不打算从伦理学、科学视域去讨论现代社会遭遇的诸多具体生死难题；也不打算从艺术、文学视域去体会生死故事。

《西湖生死学》课程力图让多个学科相互融合，涉及哲学、文学、艺术、伦理、医学、心理、美学等多个人文社会科学甚至自然科学，将不同学科的知识用于解读生死话题、生死问题、生死事件；力图以西湖这一重要的人文资源为支点，以西湖边不同的生命群体、生命个体的生死叙事为依托，将生死问题、生死智慧呈现出来；力图建构一个西湖历史人物所彰显的生死智慧的基本框架；力图基本展现生死学的主要问题；力图构建一个"人文生死学"的基本构想。

《西湖生死学》课程构思于2018年，2019年春季学期第一次开课，2019年秋季第二轮开课的同时，决定录制在线视频课。2019年12月—2020年1月，由智慧树平台完成课程录像。但因为新冠疫情爆发，课程视频制作到2020年6月才全部完成。2020年春季学期，因为新冠疫情及视频制作的限制，以spoc课程方式开设在线课程，同时进行QQ群的在线视频辅导课。2020年秋季学期，浙江省在线开放课程共享平台申请转为MOOC课程，并与智慧树平台同时开课。与此同时，超星学习通也制作发布优质课程学习包。2021年6

月，入选浙江省一流在线视频精品课。

作为一门通识课程，《西湖生死学》要解决的重点问题是：如何为大学生及社会大众提供合适的生命教育和生死教育内容。"生死"议题本来应该是生命教育的重要内容。新冠疫情的爆发让"生死"问题成为全社会都不得不面对的"真问题"。因此，如何通过生命教育，尤其是生死教育，让人们对生命、死亡、价值、爱等人生重大问题有自觉认识，是切实需要的。2020年12月9日，教育部在"关于政协十三届全国委员会第三次会议第1275号（教育类118号）提案答复的函"（提案名称：《关于新冠疫情后加强全社会生死教育的提案》）中明确提出："把生死教育融入课堂教育教学。重视课程主渠道建设，不断拓展课程教育平台，将生死教育纳入思想品德教学、心理健康教育、思想政治理论课教学，扩大生死教育工作覆盖面。"本课程的研发，在课程主题选择、内容设计及教学形式等多方面，都力图彰显"把生死教育融入课堂教育教学""扩大生死教育工作覆盖面"的精神。

《西湖生死学》课程内容是将现代生死学和生死教育的主要理论和重要知识点融入到西湖历史人物的生命故事中，通过对西湖历史人物的生命叙事和反思，彰显生死本质、生死体验、生死态度、生死价值、生死情怀等生死教育的主要议题。课程共8章，25节，73小节。以小节为单位分别录制为课程视频，共684分钟。除了课程视频资源，另有相关纪录片、文字稿、图片、歌曲、课件等资源。

《西湖生死学》八章课程内容：第一章《导论：直面生死与谈生论死》，介绍现代生死学的产生及其基本观念，学习生死学应有的正确态度。第二章《从苏小小说生死学的大哉问》，以西湖边的苏小小墓为切入点，呈现现代生死学的三大核心议题，即：生从何处来、死向何处去以及活当怎样做。第三章《从秋瑾说生死传播与传承》，以西湖边的秋瑾墓为切入点，了解和理解媒介对于生死传播的作用，丧葬仪式所具有的独特生命意义。第四章《从白居易说生死困顿与超越》，以西湖文化奠基者和代言人白居易的生死故事为切入点，讨论现代生育伦理、爱情伦理以及生活态度等议题。第五章《从苏轼说生死体验与态度》，以苏轼的人生经历和生死体验为切入点，讨论爱情婚姻、家庭人伦、死亡态度等议题。第六章《从岳飞说生死情怀与祭祀》，以岳飞庙为切入点，从祭祀视角解读和理解生死感通和中国祭祀文化的生死学意义，讨论生死情怀、现代祭祀等议题。第七章《从马一浮说生死哲学与智慧》，以马一浮为切入点，理解面对死亡的宗教信仰方式和哲学理性方式，了解中国传统儒、道、墨、法各家的生死观。第八章《结语：西湖边的名人墓》，以西湖边的名人墓为切入点，总体呈现西湖边不同时代的名人墓地，进一步引申生死学的深入思考和人生觉悟。

四、《西湖生死学》课程带来的真实生死感悟

《西湖生死学》课程以生死学和生命教育为理念，以西湖景点（包括历史传说、历史人物墓地、博物馆、纪念馆以及具体景点的样态与生成）为载体，以西湖景点涵摄的相关人物的生命故事为内容，以研究和创作展现西湖景点的生命内涵的文本及影像作品为过程，以提炼和升华体会西湖景点人物故事的生命智慧为目标。

透过该课程，学生了解和理解生死学及生死教育的基本理念，获得生命的成长；发挥学生特长，运用自己的专业技能，创作介绍西湖景点生命内涵的作品，进一步深化和展现西湖的人文魅力、生命活力；通过实地参访、拍摄与资料搜集、撰写，理论联系实际，学生的专业技能、自主学习能力、合作学习能力、探究学习能力得到提升；通过对西湖景点生命内涵及生死智慧的挖掘，实现人文与自然、现实与历史、景点与人物、人生与社会、生与死等个体生命的多重融合，开拓新的人生视野与人生境界。

摘录几段学生的学习感悟，可以了解学生从《西湖生死学》课程中获得的生死感悟。

学生 A：

在学习《西湖生死学》前，我曾觉得死亡对于我来说是沉重而又遥远的事情，而众多影视剧和文学中对于死亡的描写演绎又让我感觉死亡是那样普遍。

直到今年我有一位亲人去世，我直面了死亡，我的内心久久地被震撼，无法接受事实，所以我报了这门课，试图理解接受人终有一死的事实。

学习了《西湖生死学》后我知道死亡不单单令人痛苦，也是有意义的，它使我们的生命富有真实感，生死学也让我知道我的生命的存在，本身也是一个连接一个的生命的延续，是一个又一个奇迹的发生，我的日常本身就浪漫而伟大，我的生命很有意义，我也会更加珍惜生命。我相信，我终会和我的亲人在另一个世界相遇，或是亿万年后的两粒碰撞的石子，感谢《西湖生死学》。

学生 B：

学完《西湖生死学》这门课，我对生死的看法以及对现代生死的观念、西湖边上的名人事迹等有了更新的认知。首先，我认识了很多

西湖边上的名人，那些都是在当时甚至到现在都产生着影响的人们，比如秋瑾、马一浮等。其次，我对现代的生死观念、哲学式的生死观念有了了解和认知，我解开了那个困惑已久的问题："人既然都会死，那活着的意义在哪"，我了解了我们应该怎样对待死亡、怎样看待死亡。最后，我对死亡的看法也有更新的认知，死亡不是一个人的事，我是代表我世世代代的祖先存活于世上。

我觉得《西湖生死学》这门课，我每次上时都很享受其中，我享受这门课在开拓我思维、更新我的传统认知的这种感觉，它区别于我专业课所带来的感受。我也很喜欢老师上课时引用的各种视频、他人的事迹、自身的经验等，比如那个我印象很深的《我为自己办葬礼》，还有《我的五个愿望》等都给我很大的震撼和影响。

学生C：

我觉得课程本身的主题就十分得特别，因为我们中国有着古老的避讳谈"死"这一字的传统，像这样能自由地在课上谈论生死还是头一次。其实，我当初想报这门课就是因为我想了解生死学，想畅快地听人说说生死。我妈是个医生，我小时候经常待在医院里，有时候我就坐在大厅里发呆，看着路过的每一个人，想着他们都有着不同的故事，我很小的时候就明白了人终难逃一死，自己也曾因明白了这一点而陷入深深的困扰，所以当看到学校开设了这门课后，我就想报了，上个学期没报上……好在是这个学期是终于报上了。

感谢这门课，让我知道了什么是真正的向死而生，我之前的想法一直都很消极，认为人活着就是为了等死，上了这门课才知道，原来还可以做生前预嘱，还有临终关怀等程序，感觉世界一下子变得有爱起来了。当然好死的基础肯定是好活啊，我们只有过好自己的生活，才能不留遗憾的离开啊。我们在课上虽然谈论最多的是该怎样面对死亡，但这本质都是叫我们好好活啊！所以感谢《西湖生死学》，这门课程解开了我对死亡的困惑，最重要的是，教我活出精彩的不留遗憾的人生！

这样的感悟，几乎在每学期课程结束后每一位学生的作业中都可以读到。这也在很大程度上激发自己不断完善课程，并进一步推广课程及相关生死学与生死教育观念的的热情。

五、《西湖生死学》从课程到著述的变化

一位选修了《西湖生死学》课程的学生，自发地用8000多字认真梳理了

生死教育的人文性与人文生死教育（代后记）

课程的主要观点，涉及的 12 个方面：现代生死学及其基本精神、学习生死学的态度和意义、个体生命诞生的意味、个体生命死亡的认知形态、生活就是用爱去成就生命、媒介对死亡的解构与建构、丧葬仪式的生命意涵与教育意义、死亡纪念与悼亡文学、生前预嘱与预立遗嘱、安宁疗护与临终关怀、祭祀文化的生命意义、死亡恐惧与哲学式的死亡理解。在观点梳理的最后，留下了以下"综合评论"：

> 梳理资料的过程是对整个课程的再一次回顾，苏小小、秋瑾、白居易、苏轼……这些历史名人的生命故事存留在心，一次又一次地给我带来感动与启发。我认为，贯穿整个课程的这些知识点非常详细、具体地解释了三个问题——什么是生死学？为什么要谈生论死？怎样理解和对待生死？
>
> 我认同现代生死学能引导我们学习多种生死智慧，从而明白由生到死这一阶段我们应该怎么活这一问题。从我个人体验来说，虽然学习了这么多年的知识，但我对人生其实没有一个很清晰、很准确地认知，未来要怎样过下去，我的内心是很迷茫的。正是因为这份迷茫，所以贪生怕死却又浑浑噩噩，并不明白生、死的真谛。生死学谈"生"论"死"，个体生命诞生意味的阐释从事实与想象、时间与空间解答了"生"之辽阔；对死亡认知的探讨则打破我对死亡的局限性认识，使人有更大的视野去俯瞰死亡。只有去了解"死"，才能去理解、正视它，才能以更坦然的心态去对待生命的无常。因此我认为，生死学是十分有意义的，这门学问能引发我们对生命的探寻与思考。短短数十载，知其生死，明其珍贵，是何其重要的一件事！
>
> 死亡的"媒介"、丧葬仪式、死亡纪念等内容则具体地展示了我们对于死亡的一种普遍处理，进一步揭开"死"的神秘面纱。在中国传统文化中，"死"往往会和诡异之事联系在一起，造成"怪力乱神"等笼罩着恐怖气息。而课程中对于处理"死"的这些知识性解释则将"死"正常化。人会死是一件自然的事情，人死了之后的事宜也是自然的。同时，它们还存在着另一重意义——对于生者的意义。死不仅仅是个人的事情，它对家庭、社会、世界都是有影响的。这些"死亡"事宜，能为生者提供生命慰藉。
>
> 随着社会的进步，人们对于"死亡"的观念也在进步。生前遗嘱、安宁疗护等的出现我认为体现出社会对于"死亡"的包容性更高了。人们除了对"生"的追求之外，还上升了一种高度，对死亡有了

更深的认识。我个人是很有生前立嘱和安宁疗护的想法的，自己也能死得有尊严，家人也能不过于悲痛，这是很有积极意义的观念。

　　最近读了《苏格拉底之死》和古罗马皇帝奥勒留的《沉思录》，里面都对死亡阐发了哲理性的思考。比如苏格拉底就将死亡看作长眠，提出灵肉分离的观点。我个人对此是赞同的，死亡并不一定就是终点、并不一定就代表着痛苦，或许它之后又蕴含着灵魂的新生。课程后面对于死亡的哲理思考探究我认为很有价值，不同学派、哲人的生死智慧能帮助我们塑造自己的生死观念，更积极地对待人生，更坦然、沉着地应对无常。

每每读到学生的课程学习感悟、课程学习中所列出的"亮考帮"（亮出自己认为最精彩的一个观点、提一个考考别人的问题、提一个需要他人帮助的问题），听到在课堂讨论中所发出的生死拷问，感受到在西湖边祭拜给我们生死启迪的历史人物的虔诚，作为《西湖生死学》这门课程的开发者内心很温暖。生死事大！人生总是靠意义支撑的，死亡是启迪生命意义的最佳阀门。正是基于这样的温暖体验，基于学生对课程主要观点的再梳理，才在课程教学的基础上修改撰写了《西湖生死学》这部著作，以期为国人生死观念的改变、生死品质的提升做出哪怕一点点贡献。只要有一个人因为读到这本书或者听了这门课而让自己的生命充满意义，我都心满意足。

　　作为著作的《西湖生死学》，在内容上比线上课程的《西湖生死学》内容更加丰富。在线上课程中没有涉及的林和靖、冯小青、苏曼殊、李叔同（弘一法师）、于谦等西湖历史人物的生命故事，在书中得以呈现；关于死亡权利、尊严死亡、人生的自然死亡、自杀、隐居等生死议题，在书中得以展开。

　　最后，在此告知各位读者，《西湖生死学》作为在浙江传媒学院开设的公共选修课，2021年入选浙江省一流在线视频精品课。课程内容在以下平台都有开放资源，搜索"西湖生死学"即可观看。

智慧树（https：//www.zhihuishu.com/）
超星尔雅（http：//erya.mooc.chaoxing.com/）
浙江省高等学校在线开放课程共享平台（https：//www.zjooc.cn/）
西瓜视频（https：//www.ixigua.com/）
哔哩哔哩（https：//www.bilibili.com/）

何仁富
2022年2月28日于浙江桐乡